VIVENDO A SEMANA SANTA

PE. ANTÔNIO CARLOS DE OLIVEIRA SOUZA, C.Ss.R.
PE. LUIZ CARLOS DE OLIVEIRA, C.Ss.R.
PE. JOSÉ ULYSSES DA SILVA, C.Ss.R.
PE. JOSÉ LUIZ MAJELLA DELGADO, C.Ss.R.

VIVENDO A SEMANA SANTA

O Mistério Pascal Celebrado no Brasil

EDITORA SANTUÁRIO
Aparecida-SP

Dados Internacionais de Catalogação na Publicação (CIP)
(Câmara Brasileira do Livro, SP, Brasil)

Vivendo a Semana Santa: o Mistério Pascal celebrado no Brasil / Antônio Carlos de Oliveira... | et al. | — Aparecida, SP: Editora Santuário, 1996.

Outros autores: Luiz Carlos de Oliveira, José Ulysses da Silva, José Luiz Majella Delgado.

ISBN 85-7200-349-5

1. Mistério Pascal 2. Páscoa 3. Semana Santa I. Oliveira, Luiz Carlos de. II. Silva, José Ulysses da III. Delgado, José Luiz Majella.

96-0303 CDD-264

Índices para catálogo sistemático:

1. Semana Santa: Liturgia: Cristianismo 264

Projeto Editorial: Fl. Castro, C.Ss.R.

Organizador: José Dutra (Da Equipe do Deus Conosco)

Composição, impressão e acabamento:
EDITORA SANTUÁRIO - Rua Padre Claro Monteiro, 342
Fone: (0xx12) 3104-2000 — 12570-000 — Aparecida-SP.

Ano: 2007 2006
Edição: **13 12 11 10 9 8 7 6**

APRESENTAÇÃO

VIVENDO A SEMANA SANTA...

Título sugestivo para um livro. E o subtítulo —*Mistério Pascal celebrado no Brasil* — também desperta pelo menos curiosidade. E surgem três perguntas: qual a proposta deste livro? quem o escreveu? a que público se dirige?

Havia uma expectativa, que gerou uma sugestão: a de se fazer um livrete especial, contendo as cinco grandes celebrações da Semana Santa: Domingo de Ramos, Quinta e Sexta-feira Santa, Sábado Santo (Vigília Pascal) e Domingo da Ressurreição do Senhor.

A sugestão foi apresentada e, por sua vez, iluminou uma idéia... E da idéia nasceu um projeto: Não apenas um livrete, mas um livro inteirinho só da Semana Santa. E não só das cinco grandes celebrações, mas que apresentasse também aspectos históricos e folclóricos; comentários litúrgicos e paralitúrgicos; instruções para os ministros ordenados (sacerdotes e diáconos); e, por fim, instruções para ministros leigos.

E aqui fica respondida a primeira pergunta: A proposta de *Vivendo a Semana Santa* é mostrar como se celebra o Mistério Pascal no Brasil e também despertar o interesse para um maior enriquecimento das celebrações, retomando, talvez, aspectos que já caíram no esquecimento.

Para a segunda pergunta apresentamos quatro autores e um organizador, de acordo com o projeto do livro, que contém cinco partes distintas:

1ª. **Histórico** da Semana Santa, incluindo aspectos folclóricos.

Autor: Pe. Antônio Carlos de Oliveira Souza, C.Ss.R.

2ª. **Comentários litúrgicos e paralitúrgicos,** para introduzir e conduzir as celebrações, de modo a favorecer a maior participação dos fiéis. Serve de apoio para as celebrações.
Autor: Pe. Luiz Carlos de Oliveira, C.Ss.R.

3ª. **Liturgia da Semana Santa.** É o Roteiro de cada celebração, em todas as suas partes, com os ritos iniciais, Liturgia da Palavra, Oração da Comunidade e Liturgia Eucarística.
Organizador: José Dutra, da Equipe do "Deus Conosco".

4ª. **Instruções para Ministros ordenados.** São sugestões para preparar e realizar as diversas celebrações e idéias básicas para homilias, inclusive para as procissões, sermão das sete palavras e descida da cruz.
Autor: Pe. José Ulysses da Silva, C.Ss.R.

5ª. **Instruções para Ministérios leigos.** Roteiros e sugestões de como preparar os materiais destinados às celebrações, como também orientar o pessoal designado para os diversos serviços litúrgicos.
Autor: Pe. José Luiz Magella Delgado, C.Ss.R.

Quanto ao público a que se dirige, *Vivendo a Semana Santa* tem como destinatários diretos:

— Párocos
— Vigários Paroquiais
— Diáconos
— Equipes de Liturgia
— Institutos Religiosos
— Comunidades organizadas.

Mas podemos dizer que se destina também aos fiéis em geral, que poderão aqui encontrar informações históricas e folclóricas interessantíssimas, orientações e sugestões para uma mais intensa participação nas celebrações do Mistério Pascal de Cristo.

De nossa parte, estamos felizes em apresentar este belo livro: *Vivendo a Semana Santa*. E nosso desejo é que atenda plenamente à expectativa de todos.

Fl. Castro, C.Ss.R.

PRIMEIRA PARTE

HISTÓRICO DA SEMANA

I. O SENTIDO DAS FESTAS CRISTÃS

As festas são tão antigas quanto a própria humanidade. "Celebrar uma festa é festejar de maneira diferente a aprovação do mundo, que se efetua permanentemente, todos os dias."[1]

As festas são celebrações de acontecimentos que são recordados e atualizados pelos fiéis num clima de ação de graças e de louvor. Algumas festas têm origem em acontecimentos da natureza cósmica que se repetem periodicamente. Outras são fatos significativos da vida dos indivíduos e das famílias, das comunidades e coletividades maiores. As festas são assim fatos cultuais, pois o ser humano religioso inclui um agradecimento ao Criador do mundo em que mora e o motivo concreto dessa celebração.

Os cristãos possuem uma profunda ligação com o povo judeu e com sua religião. Conheceram muitas festas comemorativas das ações salvíficas de Deus em favor de seu povo. O acontecimento de Jesus Cristo veio dar sentido novo a diversas festas judaicas, dando um caráter soteriológico a muitas celebrações que ganharam um sentido próprio para os cristãos.

O ano litúrgico da Igreja surgiu de um fato decisivo para nós cristãos, como de um coração, que é o centro mais íntimo de um organismo, de onde partem e para onde tornam todos os vasos sangüíneos. O coração humano é o centro vital que irriga todas as células. Como órgão central, o coração abas-

---

1. PIEPER J., *Zustimmung zur Welt.* Eine Theorie des Festes, Munique, 1963, p. 53; cf. Id., *Musse und Kult.* 6ª ed., Munique,1961.

tece de sangue todas as suas partes, até as mais longínquas e tênues ramificações.

O ano litúrgico surgiu assim e se desenvolveu a partir da experiência central do cristianismo como de um coração: o fato da Paixão-Morte e Ressurreição de Jesus.

Muitas vezes as pessoas pensam que o Natal é a festa mais importante do calendário litúrgico e que o primeiro domingo do Advento tenha sido o início cronológico do ano litúrgico. Nossa sociedade de consumo, as leis da economia de mercado dão um destaque especial a essa festa, mas nem sempre foi assim.

O próprio início do ano civil não era igual para todos os países cristãos durante o período da Idade Média. Caio Júlio César modificara o antigo mês romano lunar de 28 dias. Como o ano solar tinha um pouco mais de 364 e 1/4 de dias, não podia ser exatamente dividido por 28, de modo que o calendário romano já se afastara tanto das estações que outubro estava caindo em julho (mês assim chamado em honra ao grande Júlio). Júlio César mandou então chamar um astrônomo egípcio de Alexandria e, seguindo o seu parecer, reformou o calendário criando o ano de 365 dias, com um bissexto de quatro em quatro anos. Assim o começo do ano romano, das calendas de março (dia primeiro) foi antecipado para as calendas de janeiro (dia primeiro de janeiro).

Embora esse calendário se tenha firmado e imposto em todo o Ocidente, havia ainda datas divergentes quanto ao início do ano. No reino franco, até o século VIII, e em Veneza, até 1797, o início do ano era ainda primeiro de março. Até o século XV, sobretudo na França, o início do ano era a Páscoa da Ressurreição. Principalmente na Escandinávia e na Alemanha, até o século XVI, o Natal era o início do ano. 25 de março, Festa da Anunciação do Senhor, era tido como o verdadeiro dia da Encarnação do Senhor; sobretudo na Itália e na província de Treveris era considerado o início do ano. Desde o século VII, no Império Bizantino e nos territórios que estavam sob sua influência, o início do ano era em primeiro de setembro.

Como se pode ver, o ano civil era tão diversificado que não havia um conceito único para o ano litúrgico ou eclesiástico. Quando se colocaram os textos do primeiro domingo do Advento cada vez mais no início dos livros litúrgicos (Sacramentários), desde os séculos X-XI, começou aparecer o conceito de que o ciclo anual das festas da Igreja começava com o primeiro domingo do Advento.

Esse tipo de colocação favoreceu a idéia de que o ciclo anual das festas cristãs procurava oferecer aos fiéis todas as etapas da vida de Jesus, desde o seu nascimento até sua segunda vinda do fim dos tempos. O ciclo das festas cristãs não é uma representação cênica espiritual da vida de Jesus, integrada, com maior ou menor habilidade, no ciclo anual.

O ano litúrgico surgiu do Mistério Pascal e se tornou uma grande e frondosa árvore com muitos galhos, ramos e folhas. Sempre nasce do encontro da comunidade com o Senhor Ressuscitado, que é recordado, atualizado e vivido nos momentos da vida. O Mistério Pascal é, pois, o centro e a fonte do ano litúrgico.

II. A SEMANA SANTA

O Mistério Pascal é considerado o fato primordial da nossa fé e o centro de todas as celebrações litúrgicas cristãs. Histórica e teologicamente, o ano litúrgico surgiu e se desenvolveu como ação pascal e da redenção de Jesus. Examinando os dias da celebração da paixão, morte e ressurreição do Senhor, percebemos que são núcleo das celebrações e constituem o que chamamos de Semana Santa.

1. A origem da Semana Santa

Ao lado do domingo, como o dia habitual da comemoração da morte e ressurreição do Senhor, desde muito cedo na história da Igreja apareceu uma comemoração anual da Páscoa de Jesus.

Os textos do Novo Testamento não possuem uma afirmação precisa sobre esse ponto. Mas Paulo manifesta a consciência de que a comunidade cristã assumira um novo sentido para a Páscoa Judaica: "Purifiquem-se do velho fermento para serem uma massa nova, já que vocês são ázimos. Pois Cristo, nossa páscoa, foi imolado. Celebremos a festa, não com fermento velho, nem com um fermento de malícia e de perversidade, mas com ázimos de pureza e de verdade" (1Cor 5,7-8).

Podemos, pois, supor que as comunidades neotestamentárias celebravam a memória do Mistério Pascal nos dias da festa da Páscoa judaica, embora a separação da celebração cristã, em relação à festa judaica como dia de comemoração da Libertação, só aos poucos se tenha processado nas comunidades judaico-cristãs.

No século II, aparece a célebre controvérsia pascal conforme os diversos testemunhos que confirmam essa dificuldade nas comunidades.[2]

A causa dessa controvérsia era decidir o dia da comemoração anual do mistério pascal: se deveria ser celebrado no dia 14 do mês de Nisan, primeiro dia da lua cheia do primeiro mês da primavera, independentemente de um dia certo da semana, ou no domingo seguinte ao 14 de Nisan.

O primeiro costume era observado pelos cristãos da Síria e da Ásia Menor. O segundo era celebrado em Roma, na maior parte das igrejas. O primeiro grupo era representado pelos bispos da Ásia Menor: Policarpo de Esmirna (+ entre 156 e 168) e Polícrates de Éfeso (+ 200); o outro era liderado pelos papas Aniceto (+ 166) e Victor (+ cerca de 200). Ambos invocavam a seu favor a Tradição Apostólica, embora os nomes dos Apóstolos citados variassem de um grupo para outro.

Daqui pode-se concluir que se mencionava uma festa pascal cristã no século II, embora fosse celebrada desde o século I, conforme o testemunho da História Eclesiástica de Eusébio de Cesaréia.[3]

Os dois grupos celebravam uma festa litúrgica com uma ceia eucarística que terminava o jejum preparatório. Embora com datas diversas, as duas modalidades tinham o mes-

---

2. Cfr. CASEL, O., Epistola Apostolorum, aparecida entre 130 e 140, Melitão de Sardes (+ antes de 190) e Apolônio de Hierápolis (+170).

3. *Historia ecclesiae* V, 23-25, SCWARZ, E. , 5ª ed., 1952, 209-214.

mo fim: celebrar o Mistério Pascal em sentido pleno. Os que celebravam no dia 14 de Nisan acentuavam a morte e paixão de Jesus; e o grupo de Roma e das demais Igrejas enfatizavam a ressurreição e glorificação de Cristo.

O Concílio Ecumênico de Nicéia, em 325, colocou fim às disputas sobre a data da Páscoa, prescrevendo que deveria ser celebrada no domingo depois da primeira lua cheia da primavera.[4] Essa determinação evitou que a celebração da Páscoa Cristã fosse celebrada no mesmo dia da Páscoa Judaica.

Recentemente, surgiu o desejo de fixar a data da Páscoa. Esse desejo nasceu da convicção de que a festa da ressurreição de Cristo tem por objeto um acontecimento histórico e, por isso, uma comemoração anual, conforme a distribuição do tempo determinado pelo ciclo solar, deveria ser celebrada na mesma data do ano solar. O estreitamento entre os povos e continentes com os modernos sistemas econômicos exige uma rigorosa distribuição do tempo e determina uma uniformidade segura entre os períodos de trabalho e os períodos de lazer. Para as leis de mercado e estatísticas de trabalho, para o cálculo da produtividade e o planejamento a longo prazo, a irregularidade dos dias festivos é um multiplicador de dificuldades. Por causa disso, o Concílio Vaticano II prescreveu: "*O Sagrado Concílio Vaticano II, tendo na devida conta o desejo expresso por muitos, no sentido de dar à festa da Páscoa um domingo determinado e de se estabelecer um calendário fixo, depois de ter ponderado maduramente as conseqüências que poderão resultar da introdução do novo calendário, declara o seguinte:*
"*1. O Sagrado Concílio não se opõe à fixação da festa da Páscoa em um domingo certo do Calendário Gregoriano, com o consentimento dos interessados, principalmente os irmãos separados da comunhão com a Sé Apostólica.*
2. Igualmente declara não se opor à iniciativa para introduzir um calendário perpétuo na sociedade civil" (Sacrosanctum Concilium 747-748).

Para uma fixação da festa da Páscoa, sabemos das dificuldades de precisar com segurança a data da Ressurreição

---

4. Cfr. RIGHETTI II, 208.

de Cristo. As dificuldades históricas sobre a biografia de Jesus abrem uma série de probabilidades conforme os diversos estudos e descobertas científicas que já apareceram e poderão ainda aparecer.

Quanto ao consentimento dos irmãos separados, há muitas dificuldades por causa do enfoque que se dá mais ou menos à paixão e morte e à ressurreição. As Igrejas Orientais não chegaram a um acordo nas assembléias e acharam difícil uma data comum para todas as Igrejas.

Há constatação de que a lei cerimonial do Antigo Testamento foi ab-rogada com a morte de Jesus. É a esta lei que se deve atribuir a possibilidade pela determinação da festa da Páscoa Judaica segundo os ciclos da lua. Paulo, em suas cartas, não deixa dúvida de que um cristão não pode se submeter às autoridades dos costumes do Antigo Testamento: "*Então, que ninguém pense em criticar vocês sobre questões de alimento e de bebida, ou em matéria de festas anuais, de luas novas ou de sábados. Tudo isso não é mais que a sombra das coisas que deviam vir, mas a realidade é o Corpo de Cristo*" (Cl 2,16.17).

A liturgia do tríduo sacro constitui assim o núcleo da celebração do Mistério Pascal e que, posteriormente, com o Domingo de Ramos e os três dias que o seguem, vão constituir o que chamamos hoje de *SEMANA SANTA*.

Quanto ao nome escolhido para a festa da Páscoa, a língua latina adotou o termo grego *Pascha* derivado do hebraico *pesha*.

2. A Teologia da Semana Santa

Como se pode compreender o sentido e a teologia desta semana que nós chamamos de santa?

A tradição do povo quis recordar os últimos acontecimentos históricos de Jesus de Nazaré. Não se trata apenas de recordar fatos passados, mas de um memorial que deve ser atualizado pelos fiéis. A Semana Santa é semana do encontro com o Cristo-Ressuscitado: nas celebrações litúrgicas, na sua Palavra e na pessoa dos irmãos da comunidade. As celebrações religiosas são a recordação dos últimos acontecimentos da vida terrestre de Jesus de Nazaré. Cada dia da semana é um fato a ser recordado e atualizado.

Trata-se da celebração do Mistério Pascal na sua globalidade, sem fragmentações, embora cada dia seja dedicado a um dos aspectos particulares. Havia e ainda há o perigo de romper a unidade do Mistério, separando excessivamente a celebração da morte da celebração da ressurreição. A leitura de episódios dos evangelhos pode ter uma repercussão nefasta sobre o total da celebração litúrgica e na vida de cada um de nós.

A liturgia da Semana Santa não é um simples jogo de representação teatral, mas atualiza sempre o único Mistério Pascal que não pode ser fragmentado. Por questão metodológica e para maior compreensão dos leitores, vamos tratar da Semana Santa como está nos moldes de hoje, esquecendo que a celebração do tríduo sacro tem seu núcleo mais representativo e cronológico do Mistério Pascal.

III. OS DIAS DA SEMANA SANTA

1. O Domingo de Ramos na História

No século IV, já encontramos em Jerusalém notícias sobre uma celebração que procurava recordar o mais exatamente possível a entrada de Jesus de Nazaré na cidade.[5] Na descrição desse ingresso do Senhor em Jerusalém não se fala em uma celebração eucarística. Menciona-se apenas uma oração à cruz depois do lucernário. Essa procissão tinha um grande sucesso.

---

5. *... quando começa a hora undécima, lê-se o trecho do evangelho no qual as crianças com ramos e palmas vão ao encontro do Senhor, dizendo: "Bendito o que vem em nome do Senhor". Logo o bispo se levanta e o povo também. Depois, do alto do monte das Oliveiras, se faz a pé toda a caminhada. Todo o povo caminha à frente do bispo com hinos e antífonas, respondendo sempre: "Bendito o que vem em nome do Senhor". Todas as crianças do lugar, mesmo ainda as que não sabem andar, por serem pequenas demais e que são carregadas nos braços pelos pais, todas trazem ramos, uns de palmeira, outros de oliveira: assim a multidão acompanha o bispo do mesmo modo como naquele dia o Senhor foi acompanhado. Do alto do monte até a cidade e daí, atravessando-a toda, até Anastasis, todos fazem o percurso inteiramente a pé, mesmo se são damas ou personagens insignes. Desta forma acompanham o bispo respondendo aos salmos. Assim, andando devagar para que o povo não se canse, chega-se a Anastasis quando já está escuro. Ao chegar, embora seja tarde, celebra-se o lucernário, faz-se ainda uma oração à Cruz e despede-se o povo.* (ETHERIE, Journal. . . , cit . , 31, 24: ed. H. Pétré, cit, 223.)

No Oriente, todo o dia do domingo estava ligado ao tema dessa entrada. Essa procissão assume naturalmente o caráter de uma dramatização. No Egito, a cruz será carregada em triunfo: em Jerusalém, o bispo percorre as ruas montado num jumentinho.[6]

Esses costumes passarão do Oriente para a Espanha e daí para a Gália. Assim, no século VII, encontramos na Gália o Domingo de Ramos celebrado com toda a solenidade. Os Livros litúrgicos nos contam uma bênção dos ramos sobre o altar, sem falar da procissão. Esta, contudo, é claramente atestada no século IX.

Em Roma, entretanto, no domingo que antecede à Páscoa, se lê o evangelho da Paixão do Senhor. Assim, aos poucos, a atenção da comunidade cristã se concentra sobre a Paixão, como se vê nos 19 sermões de S. Leão Magno, pronunciados por ocasião da Paixão. Em Roma, o Domingo de Ramos se torna assim o domingo *De Passione*. Todavia, com a chegada do Pontifical romano-germânico, do século X, e sua introdução em Roma, por volta do século XI, a procissão dos ramos se torna um costume.

O Pontifical Romano do século XII nos descreve o que acontecia na mesma época na Gália e em Mogúncia. As Igrejas de Roma adotam oficialmente essa procissão. Na basílica papal de Latrão, a liturgia de ramos é celebrada com certa discrição. O papa benze os ramos numa capela do seu palácio e a procissão se dirige à basílica para a eucaristia. Os fiéis seguram nas mãos os ramos e caminham cantando antífonas.

2. A celebração do Domingo de Ramos nos dias de hoje

O Vaticano II restaurou a ordem dos domingos da Quaresma. De fato, na segunda metade do século VII, o quinto domingo da Quaresma começou a chamar-se primeiro domingo da Paixão ou Domingo de Ramos. O Vaticano II recolocou

6. A. BAUMSTARK, *Liturgie comparée*, Principes et méthodes pour l'étude historique des liturgies chrétiennes. Paris, Chevetogne, 1953, 158-159.

em vigor o quinto domingo da Quaresma antes da Páscoa: chama-se agora Domenica in Palmis de Passione Domini.

Essas modificações na liturgia deste domingo suscitam um problema antigo. A antiga tradição romana celebrava antes de tudo a Paixão do Senhor, no domingo antecedente à Páscoa. Na lógica dos fatos ocorridos seria melhor celebrar apenas a entrada do Senhor em Jerusalém, como se fazia na Espanha, na Gália e no Oriente. Em Roma, as comunidades estavam afeiçoadas à celebração do Domingo da Paixão, considerada como uma síntese do que se haveria de celebrar, em detalhes, durante a semana imediatamente seguinte. A liturgia romana integrou na celebração do Domingo da Paixão também a entrada de Jesus em Jerusalém.

A reforma do Vaticano II prevê três tipos de formas de celebração da entrada de Jesus em Jerusalém:

a) A primeira forma consiste numa procissão que vem de fora e tem como ponto de partida um lugar de reunião dos fiéis, fora da igreja. A celebração se inicia com um cântico, por exemplo, *Hosanna filio David*. O celebrante saúda os presentes e os convida a participar ativamente da celebração, dando significado ao que se recorda e se quer atualizar hoje.

Há proclamação do evangelho que conta a entrada de Jesus em Jerusalém e se inicia a procissão para dentro da igreja. Chegando ao altar, que pode ser incensado, omite-se o rito de introdução e se diz a oração da missa. O sacerdote, desde o início da celebração, deve usar paramentos de cor vermelha e não mais roxa.

b) A segunda forma tem como cenário a própria igreja. Há uma entrada solene, os fiéis estão reunidos diante da porta da igreja, levando nas mãos ramos de oliveira ou de palmeira. Benzem-se os ramos, proclama-se o evangelho. Tudo se faz num local apropriado no corpo da igreja e, depois, o celebrante se dirige à cadeira, onde reza a coleta da missa.

c) A terceira forma é mais simples e consiste num canto de entrada que comemora a entrada de Jesus em Jerusalém. Onde não se puder realizar nem a procissão nem a entrada solene na Igreja, pede-se que se faça uma celebração da palavra que recorde o episódio da vida de Jesus que se quer comemorar.

O Ordo do Vaticano II suprimiu a proclamação do relato da Paixão na terça e na quarta-feira santas. Mas é proclamado no Domingo de Ramos, conforme um dos relatos dos Sinóticos.

3. Segunda, Terça e Quarta-feira Santas

A celebração da segunda-feira e terça-feira da Semana Santa não remonta aos primeiros tempos da liturgia da Igreja. Esses dois dias tiveram também um formulário próprio de missa conforme o Sacramentário Gelasiano.[7]

A Quarta-feira, porém, tinha uma celebração em que se fazia ao menos uma liturgia especial da Palavra. Temos assim duas celebrações: de manhã, uma reunião comunitária simples com a liturgia da Palavra. Ao anoitecer, uma celebração eucarística (missa).

4. A Quinta-feira Santa

a) A manhã da Quinta-feira Santa

A liturgia da manhã na Quinta-feira Santa conhece primeiro e apenas uma reconciliação dos penitentes. A seguir, poderá ser celebrada uma eucaristia para os que não podem observar o jejum até a missa da ceia. Introduz-se também uma consagração dos óleos.

Na Gália, até o fim do século VII, a bênção dos óleos realizava-se durante a Quaresma e não na Quinta-feira Santa.

b) A manhã da Quinta-feira hoje

O Vaticano II introduziu algumas modificações na reforma litúrgica de 1955. A bênção dos santos Óleos e a consagração do Crisma são ocasião para reunir o clero em torno do bispo. Assim, a Quinta-feira Santa torna-se um dia sacerdotal,

---

7. *Sacramentarium Gelasianum*, nn. 334-343: ed. L. C. Mohlberg, cit, pp. 54s.

com a renovação das promessas próprias dos sacerdotes, durante a missa crismal. E a concelebração durante a ceia vespertina é um sinal da unidade do sacerdócio.

Hoje é muito importante que a missa do Crisma não seja celebrada apenas pelo bispo e pelo clero, mas se dê a todos a oportunidade de solenizar o sacerdócio comum dos fiéis, valorizando o ministério ordenado e os outros ministérios da Igreja. Devido às dificuldades em participar de duas celebrações no mesmo dia, uma de manhã e outra à noite, a celebração do Crisma pode ser antecipada para outro dia próximo da Páscoa.

c) A tarde da Quinta-feira Santa

A Quinta-feira Santa é um dia de Alegria, Amor e Gratidão. Recorda-se o exemplo de Jesus que quis lavar os pés dos discípulos, dando-nos o testemunho de serviço e humildade. Recorda-se principalmente a celebração da Ceia do Senhor, na qual ele se dá como Pão da Vida e Vinho da Salvação. Foi nessa ceia de despedida que ele nos deixou o sacerdócio ministerial, para a perpetuação de seu Corpo e Sangue no meio de nós como Presença de Compromisso, Partilha e Missão.

1. Formação e evolução

Na Igreja Romana, a Quinta-feira Santa, até o século VII, marca o fim da Quaresma e do jejum penitencial e tem início, com a Sexta-feira Santa, o jejum infrapascal, na espera da ressurreição do Senhor.

Na parte da manhã da Quinta-feira Santa, a Igreja romana conhece apenas a reconciliação dos penitentes até o século VII. Não encontramos nenhum vestígio da comemoração da Ceia do Senhor. Era celebrada com todo o esplendor a liturgia eucarística como ápice da Páscoa do Cristo Ressuscitado. Os penitentes reconciliados são levados à mesa da eucaristia, à qual são admitidos de novo na noite de Páscoa.[8]

---

8. Cfr. Sobre a Reconciliação na Quinta-feira Santa, ver A. NOCENT. *O Sacramento da penitência e da reconciliação*, em *Anamnesis*, v. 4, 1989, p. 184.

O Concílio de Cartago, em 397, mostra-nos que a eucaristia é celebrada na Quinta-feira Santa. Conforme uma carta de Sto. Agostinho a Januário, constatamos que existem duas possíveis celebrações de missa: uma de manhã para aqueles que não podiam suportar o jejum até a meia-noite, e outra de noite.

A partir do século VII, podemos perceber a evolução da liturgia romana da Quinta-feira Santa, embora haja ainda muitas divergências entre os liturgistas.[9] Parece-nos que em Roma, naquela época, eram celebradas três missas: uma de manhã, outra ao meio-dia e outra de noite. A missa da consagração dos óleos, como a da noite, não possuía liturgia da palavra mas começava imediatamente com a oferta.

O rito do Lava-pés já se encontra em Jerusalém nos meados do século V. Depois, esse costume se propagou para o Oriente e Ocidente. A liturgia da Quinta-feira Santa sofrerá ainda dois acréscimos. O primeiro consistirá na trasladação solene do que restou das sagradas espécies para um "tabernáculo provisório", onde serão adoradas até a comunhão do dia seguinte.

Na antiga liturgia romana, conservava-se o que restava do pão consagrado num cofre, que era depositado na sacristia, sem maiores sinais de honra. Durante a missa sucessiva, no início da celebração, o cofre era apresentado ao pontífice, após sua entrada; este venerava as sagradas espécies por uns instantes, e depois eram levadas ao presbitério para serem depositadas no cálice do vinho consagrado no momento da fração.[10]

Quando a devoção ao Santíssimo Sacramento aumentou, as espécies que sobravam receberam honras particulares. O Papa Urbano IV, a partir da metade do século XIII, estendeu a toda a Igreja a festa do Corpo de Cristo (11 de agosto de 1264). O tabernáculo provisório da Quinta-feira Santa tornou-se ocasião para manifestação da adoração à Eucaristia. Quando a Quinta-feira Santa recebeu na sua liturgia alguns sinais

---

9. Para compreensão das diversas tendências, cfr. H. SCHMIDT, *Hebdomada Sancta*, cit., p. 733-736.

10. M. ANDRIEU, *Les Ordines romani du haut moyen Âge*, II Lovaina, 1948, p. 82.

de tristeza, por exemplo a abolição do som dos órgãos e das campainhas, o *"tabernáculo provisório"* foi considerado pela devoção popular como sendo sepulcro de Cristo, embora a liturgia não tivesse ainda celebrado sua morte.

O segundo acréscimo é a desnudação do altar, que representa o despojamento de Cristo na cruz, simbolizado pelo tirar as toalhas do altar, as flores e ornamentos.

2. A celebração da Quinta-feira Santa hoje

As reformas litúrgicas do Papa Pio XII, em 1955, já tinham reintroduzido, à noitinha, ou ao menos depois das 4 horas da tarde, uma celebração eucarística para recordar a instituição da Ceia do Senhor. As leituras ficaram as mesmas e não existia ainda a concelebração, a não ser na ordenação episcopal ou sacerdotal.

O Vaticano II fez uma reforma mais profunda. Alterou-se a oração inicial, ressaltando o fato da última Ceia; as leituras procuraram centrar-se sobre o fato da Ceia do Senhor. A primeira leitura recorda a celebração da *Pesha* judaica (Êx 12,1-8.11-14) que será *"transformada pelo Novo Cordeiro Pascal, criando um novo povo"*. A segunda leitura conta-nos a Ceia do Senhor conforme o relato de São Paulo (1Cor 11,23-26). O Evangelho nos relata a cena do Lava-pés dos discípulos (Jo 13,1-5), tornando-se um sinal claro do amor de Jesus pelos que o seguiam.

O costume do Lava-pés, imitando o gesto de Jesus, era antigo na Tradição da Igreja. Desde o século IV aparece em todas as liturgias. O Concílio de Toledo (634) o exige com firmeza, mostrando ser uma obrigação em todas as igrejas da Espanha e da Sicília. A reforma do Missal, em 1970, tornou-o obrigatório em todas as celebrações da Ceia do Senhor, constituindo parte integrante do gesto de doação de Jesus, ato a ser recordado e atualizado nas comunidades de hoje. A Adoração ao Santíssimo Sacramento, que se faz ao fim da Ceia do Senhor, permaneceu como costume de acompanhar a memória de Jesus na angústia e na agonia daquela noite de Quinta-feira Santa.

5. A Sexta-feira Santa
Celebração da Morte do Senhor

a) Formação e evolução

A Igreja Antiga celebrava a Sexta-feira Santa como comemoração da morte do Senhor. Temos testemunho do século IV, com detalhes que serão decisivos para a liturgia romana.[11]

Até esse tempo, o centro da celebração era a liturgia da Palavra. O roteiro dessa celebração nos aparece descrito por Justino, na sua *I Apologia*. Temos nesse roteiro o núcleo primitivo da nossa liturgia da Palavra, fundamentado em linhas gerais sobre a celebração hebraica da manhã do sábado.[12]

A primeira parte da celebração da manhã da Sexta-feira Santa conservou essa estrutura, exceto algumas variantes: leituras, cantos, homilias, orações solenes e uma das formas da chamada "*Oração Universal*" atual.

Na Liturgia de Roma encontramos uma prostração do bispo, que nesta hora rezava em silêncio, depois uma primeira leitura seguida de um *Tractus*, depois uma segunda leitura, que precedia o canto da Paixão, e, por fim, as orações solenes.

A liturgia romana sofre, porém, o influxo do relato feito por Egéria no seu *Itinerarium* ou *Peregrinatio ad loca sancta*, que aparece no século IV. No seu diário, Egéria descreve o que acontecia na Sexta-feira Santa, em Jerusalém, onde se venerava a Cruz de Cristo: "Coloca-se uma cátedra para o bispo, atrás da Cruz, onde ele se acha naquele momento. O bispo senta-se na cátedra. Diante dele se prepara uma mesa coberta com um pano de linho; os diáconos ficam de pé em torno da mesa; é trazido um estojo de prata dourada, onde se guarda o santo lenho da Cruz; o estojo é aberto e exposto. Coloca-se sobre a mesa o lenho da Cruz e a inscrição. Depois de os ter posto sobre a mesa, o bispo, permanecendo sentado, apóia as mãos nas extremidades do santo lenho e os diáconos, de pé ao redor, vigiam. O motivo dessa vigilância é este: é costume que todos os fiéis e catecúmenos se aproximem, um por um, e, inclinando-se sobre a mesa, beijem o santo lenho e depois se retirem;

11. Dizionario Patristico et di Antichità. v. 1. Casale Monferratto, 1983, col. 1.108.
12. Apologia I. Ed. L. Partigny. Paris, 1904, p. 142-143 (Textes et documents 1).

ora, narra-se que, não sei quando, alguém, com uma mordida, levou um fragmento do santo lenho: por esse motivo, os diáconos que estão ao redor prestam atenção para que ninguém, ao se aproximar, ouse repetir tal gesto. Assim todos desfilam, um por um, em frente à Cruz: inclinam-se, tocam primeiro com a fronte, depois com os olhos, a Cruz, a inscrição, depois beijam a Cruz e se retiram, mas ninguém a toca com as mãos.[13]

Os livros litúrgicos não mencionam nenhum cântico de acompanhamento para a veneração da Cruz. Somente depois do século VII aparece um cântico, o da antífona *Ecce Lignum crucis,* com o Salmo 118. Nesses livros não se fala do uso de cobrir ou descobrir a cruz. A origem desse uso e seu significado são obscuros, embora seja fácil de intuir a dramatização que se dava a tal cerimônia.

Não se comungava nesse dia da Sexta-feira Santa até o século VII. No ORDO XXIII (700-750), encontramos a seguinte rubrica: nem o papa nem os bispos comungam na Sexta-feira Santa. Quem desejar comungar, deve fazê-lo consumindo o que foi conservado da eucaristia celebrada na Quinta-feira Santa. Quem não deseja comungar dessa forma, pode ir às outras igrejas de Roma.[14]

Estamos assim diante de um duplo costume. Na liturgia romana da época, havia o costume de se comungar sob as duas espécies. Os documentos antigos falavam em termos explícitos sobre a *reserva do pão e do vinho consagrados.*

b) A celebração da Sexta-feira Santa hoje

A reforma litúrgica de Pio XII, em 1955, introduziu a comunhão aos fiéis. No mais, conservou a maior parte dos costumes anteriores. O Vaticano II fez profundas modificações nessa liturgia. A celebração já tinha sido fixada na parte da tarde pelo ORDO precedente. Havia também a possibilidade de se fazer a liturgia da Palavra na parte da manhã e deixando para a tarde a veneração da cruz e a comunhão. Os motivos pastorais, no entanto, exigiram que se fizesse uma só cerimô-

13. ETHERIE, *Journal de voyage*, 37, 1-3; Ed. H. Petré (SCH 21, 233, 235) Paris 1948.
14. M. ANDRIEU, *Les Ordines romani. . .* cit. 272 (ORDP XXIII).

nia, para não obrigar as pessoas a se reunirem duas vezes no mesmo dia.

Nesse dia não há assim celebração da eucaristia-missa, mas apenas a Comemoração da paixão e morte do Senhor. Essa atitude de respeito pelo jejum, abstinência, tristeza e silêncio é feita na Esperança. Pela morte veio a Vida; pelo fracasso aparente, a salvação dos homens. Esse Mistério da salvação dos homens pela morte do Filho de Deus é loucura para quem vive numa sociedade de consumo, de produção, de sucesso e de glórias efêmeras. Mas *aquilo que é loucura de Deus é mais sábio que os homens, e o que é fraqueza de Deus é mais forte que os homens* (1Cor 1,25).

A celebração da Morte do Senhor consta de leituras bíblicas (Is 52,13 até 53,12; Hb 4,14-16; 5,7-9) e da narração da Paixão do Senhor (Jo 18,1-19,42). Logo após a liturgia da palavra, fazem-se as *Preces da Igreja Universal*. Essa oração universal mostra a dimensão da catolicidade da Igreja como a grande Comunidade. Seguem-se a *Adoração da Cruz e a Liturgia da Comunhão*. A Sexta-feira Santa é um convite ao respeito e à simplicidade, recordando a Morte do Senhor. Só entende a Vida quem compreende o Mistério da Dor e do Sofrimento. Comemorar a morte do Senhor é comprometer-se com o Cristo Verdade e Vida, que nos dá o sentido do *Transcendente e do Eterno*. O Mistério da Redenção ganha sentido maior na ressurreição, ou seja, na passagem do mundo da tristeza para a Alegria, da escravidão para a Liberdade, das trevas para a Luz, do egoísmo do pecado para Vida de Amor.

6. Sábado Santo

O Sábado Santo foi considerado um dia sem liturgia, no qual não se celebra a eucaristia. O fato de não se celebrar a eucaristia não era anormal no início do cristianismo, pois não era celebrada habitualmente. Havia apenas, nesse dia, o último exorcismo solene feito pelo bispo, conforme nos testemunha Hipólito de Roma.[15]

---

15. HIPÓLITO DE ROMA, *La Tradition Apostolique*, 20, 43.

No tempo de Inocêncio III (+1216), a celebração da vigília vinha fixada em detalhes, com 12 leituras. No século VII, a Vigília Pascal tinha início na tarde do sábado, embora se esperasse a noitinha para se celebrar a eucaristia. As leituras começavam pelas duas horas da tarde, havia a bênção do fogo novo e o cântico do *Exultet*.

Essa antecipação da liturgia tinha uma série de conseqüências negativas, pois os textos da celebração falavam em "feliz noite", e a cerimônia se passava em plena luz do dia. O Papa Pio V proibiu celebrar a eucaristia de tarde, e assim alguns começaram a celebrar a Vigília no sábado cedo. O Papa Urbano VIII suprimiu a festa como preceito, acabando assim com a popularidade da Vigília. Foi por causa desses percalços que a reforma Litúrgica de Pio XII e o Vaticano II fizeram mudanças radicais nas celebrações.

7. A celebração do Tríduo Sacro

A partir do século IV iniciou-se a celebração do *Sacratíssimo Tríduo do Senhor crucificado, sepultado e ressuscitado*, conforme nos relata Santo Agostinho.[16] Santo Ambrósio de Milão já usara a expressão Triduum Sacrum.[17]

A expressão Tríduo Pascal começa a ser usada a partir de 1930. A celebração eucarística da noite de Quinta-feira Santa e as outras cerimônias, até à Vigília Pascal, formam um conjunto de unidade do mistério pascal que levou o Papa Leão Magno a definir a noite de Páscoa como *Pascale sacramentum*.[18]

a) O Sábado Santo

1. Origem e evolução

A Igreja primitiva celebrava todo domingo como a memória da ressurreição de Cristo. Não se tem nenhum testemunho sobre a celebração num domingo preestabelecido como o dia da Ressurreição do Senhor, antes do século II. A partir do século II, encontramos testemunhos com detalhes sobre o modo

---

16. AGOSTINHO DE HIPONA, *Epist. 55*, 24: PL 33, 215.
17. AMBRÓSIO DE MILÃO, *Epist, 23*, 12-13: PL 16, 1030.
18. LEÃO MAGNO, *Serm., 72*, 1: CCL 138 A, 441.

de celebrar a Vigília Pascal. Recorda-se o jejum durante um ou dois dias que precedem a Vigília.[19]

Esse jejum não tinha conotação exclusivamente ascética. O jejum penitencial da Quaresma terminava na Quinta-feira Santa. Na Sexta-feira Santa começava um jejum na espera da ressurreição do Senhor.

A Didascalia dos Apóstolos nos dá detalhes desse costume: *Na Sexta-feira e no Sábado, o vosso jejum será total e não tomareis alimento algum. Reuni-vos em comunidade, não durmais, vigiai a noite inteira com orações, súplicas, salmos, a leitura dos profetas, do evangelho e dos salmos... até as três horas da noite que segue o sábado. Só então cessará vosso jejum.*[20]

Examinando as fontes litúrgicas, podemos sintetizar que, bem cedo, três elementos marcavam a Vigília Pascal: a celebração da palavra, o batismo, a celebração eucarística.

2. *A liturgia da palavra*

A vigília das leituras é essencial para a celebração da noite pascal. Todas as liturgias apresentam uma grande variedade de textos, tanto no número como no tamanho. São tantos os detalhes nas liturgias copta, bizantina e romana, que não podemos entrar em pormenores.

3. *O batismo*

O costume de benzer a água é de origem muito antiga. Temos testemunhos do século II, III e IV, onde se pede que a água seja repleta do Espírito. Uma vez que era preciso ir das igrejas, onde era feita a liturgia da palavra, até o batistério, onde a água devia ser consagrada, começou-se a cantar uma ladainha para acompanhar a procissão. Aparece ainda a bênção do círio, quando os sacerdotes e diáconos, com as velas acesas, entram para o ofício das leituras. Há ainda o cântico do *Gloria in excelsis*.[21]

---

19. TERTULIANO, *De Jeiunio* 2, 14; CCL 2, 1258, 1271.
20. *Didascalia et Constitutiones Apostolorum*. Ed. F. X. FUNK, Paderborn 1905, v. 1, 288.
21. M. ANDRIEU, *Les Ordines romani*, cit., 190 (ORDO XVII).

4. A celebração da eucaristia

Conforme o testemunho de Justino, a celebração da eucaristia começa imediatamente depois dos sacramentos da iniciação.[22]

Ao lado dos três componentes fundamentais da Vigília Pascal (palavra, iniciação e eucaristia) foram acrescentados dois elementos simbólicos: a bênção do fogo novo e a procissão do *Lumen Christi* com a *laus cerei*.

Para iluminar as basílicas, onde se reuniriam os fiéis para a celebração, o único meio era acender um fogo, do qual com tições tiravam a luz para iluminar o ambiente sagrado. Depois de apagar as lâmpadas, no fim do lucernário, era preciso pensar na luz para os ofícios do dia seguinte. Por isso, no século IX, encontramos em Roma uma bênção do fogo na Sexta-feira Santa. Na noite da Páscoa, essa bênção do fogo, como a do círio pascal e da água batismal são vislumbres da redenção que se celebra. O cântico do *Exultet*, sob diversas formas, aparece no fim do século IV.

b) A Celebração da Vigília hoje

Antes da reforma litúrgica de 1955, a primeira parte da liturgia era reservada quase ao clero e aos ministros. Essa cerimônia tinha participação de apenas um grupo restrito de fiéis. Após a reforma de Pio XII e do Vaticano II, essas celebrações foram reformuladas.

A celebração da noite do Sábado Santo abrange diversas partes: 1. A celebração da luz; 2. A celebração do círio; 3. A liturgia da Palavra; 4. A liturgia Batismal; 5. A liturgia eucarística.

1. A celebração da luz

É o início da comemoração da Ressurreição do Senhor. Esse fato é a Nossa Vitória, garantia de nossa fé. As cerimônias são um convite à Alegria, à Esperança.

---

22. JUSTINO, *I Apol.* 65: ed. L. Pautigny, Textes et Documentes, I, Paris, 1904, 138.

A bênção do fogo novo, tirado da pedra, é símbolo da luz, da fé que procede de Cristo, pedra fundamental da Igreja. Dele sai o fogo que ilumina e abrasa os corações. É um costume que se originou na Gália (França) e pretende ser um sacramental substitutivo das fogueiras pagãs, que se acendiam no início da primavera, em louvor da divindade Votan, com a finalidade de se obter uma rica colheita dos frutos da terra.

O costume de se extrair fogo, golpeando uma pedra, provém da Antigüidade germânica pagã. A pedra passa a ser símbolo do Cristo que ilumina e abrasa os corações. Ele é a pedra angular que, sob os golpes da cruz, jorrou sobre nós o Espírito Santo.

2. O círio pascal

O círio pascal provém do costume romano de iluminar a noite com muitas lâmpadas. Essas lâmpadas passam a ser símbolo do Senhor Ressuscitado dentro da noite da morte. Originalmente o círio tinha a altura de um homem, simbolizando Cristo-luz que brilha nas trevas.

Os teólogos francos e galicanos enriqueceram-no com elementos simbólicos. Aparecem assim as inscrições de *Cristo, ontem e hoje, Princípio e Fim*, e a primeira e a última letra do alfabeto grego (alfa e ômega). Coloca-se ainda o ano litúrgico corrente, pois Cristo é o centro da História e a ele compete o tempo, a eternidade, a glória e o poder pelos séculos.

Colocam-se, ainda, cinco grãos de incenso, numa espécie de cravo de cera vermelha, rezando: *Por suas santas chagas, suas chagas gloriosas, Cristo Senhor nos proteja e nos guarde. Amém*. O sacerdote acende depois o círio, que é a Luz de Cristo. Entoa-se o refrão: *Eis a Luz de Cristo*. E todos respondem: *Demos graças a Deus!*

À porta da igreja ergue-se o círio e canta-se pela segunda vez: *Eis a Luz de Cristo!* E todos respondem: *Demos graças a Deus!*

Todos acendem suas velas no fogo do círio pascal e a procissão entra pela nave da igreja, que está nas trevas. Chegando ao altar, entoa-se pela terceira vez o canto: *Eis a Luz de Cristo!* E o povo responde: *Demos graças a Deus!*

Acendem-se então todas as luzes da igreja.

O cortejo, que se forma atrás do círio pascal, é repleto de símbolos. É alusão às palavras de João: *Eu sou a Luz do mundo; o que me segue não caminhará nas trevas, mas terá a luz da vida* (Jo 8,12). O círio, conduzido à frente, recorda a coluna de fogo pela qual Javé precedia na escuridão da noite o povo de Israel, ao sair da escravidão do Egito, e lhe mostrava o caminho (Êx 13,21).

Chegado ao altar, depois da solene entronização e incensação do círio, o sacerdote entoa a *Proclamação solene da Páscoa*, cantando o *Exultet*, tirado da palavra latina inicial desse canto solene. As idéias centrais desse canto, de autor desconhecido, são tiradas dos pensamentos de Santo Agostinho e de Santo Ambrósio. Canta as maravilhas da libertação do Senhor, vindo em socorro da humanidade e protegendo seu povo eleito. É um canto de louvor, ação de graças a Deus pelas maravilhas operadas na libertação do Egito. Esses fatos maravilhosos atingem sua plenitude pela vida, morte e ressurreição de Jesus, única Luz que ilumina todo homem que vem a este mundo. É o cântico da Vitória de Cristo que realizou a *Passagem, a Páscoa,* para a vida do amor e da fraternidade.

3. A liturgia da palavra

A liturgia da palavra abrange as leituras bíblicas, sendo duas do Novo Testamento, a Epístola e o Evangelho. É uma alusão ao mistério de nossa Libertação. Por razões de ordem pastoral, é aconselhável a omissão de algumas leituras. Podese diminuir o número de leituras do Antigo Testamento, mas nunca se deve omitir a narração da passagem do Mar Vermelho, pelo seu caráter de figura tipológica do mistério Pascal. Para cada leitura há um Salmo Responsorial e uma oração. Após a sétima leitura, que é a última do Antigo Testamento, acendem-se as velas do altar e o sacerdote entoa o canto *Gloria in excelsis*, juntando ao canto o som festivo dos sinos da igreja. Após a primeira leitura do Novo Testamento (Epístola), o sacerdote (ou outra pessoa indicada, ou o coral) entoa o cântico solene do *Alleluia*, quebrando o clima de tristeza que acompanhava o tempo da Quaresma. Esse canto solene, repetido gradativamente três vezes, em tom cada vez mais alto, representa a saída de Cristo da sepultura e a entrada solene no mundo da glória e da luz dos céus. Por fim, proclama-se o evangelho, contando o relato da ressurreição, fato central da fé cristã.

4. A liturgia batismal

Após a liturgia da palavra segue-se o batismo de alguns fiéis perante a comunidade. É o momento justo para a celebração do sacramento do batismo, como entrada solene na comunidade daqueles que acreditam no Cristo ressuscitado.

A apresentação dos candidatos à comunidade e o cântico da ladainha de Todos os Santos mostram a universalidade da Igreja. A bênção da água batismal é feita com o simbolismo do mergulho do círio pascal na água, dando-lhe a força do Espírito Santo.

A renúncia do mal e a profissão solene de fé dão um caráter participativo à comunidade. Caso haja batizado de adultos, eles recebem também o sacramento da confirmação pela imposição das mãos do ministro do batismo, caso o bispo esteja presidindo a celebração. Quando não há batismo-confirmação, sempre se benze a água, que é levada solenemente até a pia batismal. É feita ainda a aspersão da água benta, recordando o batismo que deve ser renovado pela contínua inserção na fé e renúncia ao mal.

5. Liturgia eucarística

A liturgia eucarística, com a apresentação das oferendas e a prece, atinge o clímax da celebração pascal. O prefácio exalta o verdadeiro Cordeiro, que, morrendo, destruiu a Morte e, ressuscitando, deu-nos uma Vida Nova. Toda a prece eucarística é plena de alegria, louvor e ação de graças, pois Cristo se faz presente pessoalmente e não apenas nos sinais-símbolos.

A presença do Ressuscitado se faz atuante no ósculo da Paz, recordando Jesus que dirige a saudação aos discípulos na tarde do dia da Ressurreição.

c) O domingo de Páscoa

No início do cristianismo, o domingo de Páscoa não tinha uma liturgia própria, porque a celebração pascal se desenvolvia até a madrugada. Após a reforma litúrgica de 1955 e 1970, o domingo passa a ser considerado como uma festividade verdadeira e própria.

A celebração desse dia é plena de alegria e esperança. As leituras são sempre as mesmas em todos os ciclos anuais. A seqüência pascal marca a emoção e a esperança da comunidade. Jesus Cristo é o vencedor da Morte. Ele rompeu as barreiras do tempo e do espaço. Ele é um convite à nossa ressurreição.

Em muitas comunidades, muitos fiéis não tomaram parte no Tríduo Sacro. Por isso os sacerdotes e a comunidade precisam tomar consciência da unidade da morte e ressurreição de Cristo como sendo um todo do Mistério Pascal.

IV. A SEMANA SANTA E O FOLCLORE

A Semana Santa possui uma série de tradições que revelam alguns aspectos da religiosidade popular.

Esses costumes do povo vão ganhando conotações que variam conforme os diversos lugares. Alguns são de origem religiosa e, através dos tempos, vão perdendo sua identidade primitiva. Outros são revestidos de elementos do folclore e vão ganhando características próprias com o fenômeno da urbanização, secularização e até certo secularismo.

Examinemos alguns desses costumes e símbolos.

1. Procissões da Semana Santa

As procissões religiosas, desfiles de fiéis, seguindo andores ou acompanhando imagens de santos padroeiros, são uma constante no Brasil, desde 1549.

Quando Tomé de Sousa colocou o pé em terra, tomando posse das novas povoações, o fez solenemente, não em passo militar, mas em forma de romaria ou procissão.

Os jesuítas adotaram e propagaram tais atos devocionais, às vezes com caráter festivo, às vezes de cunho penitencial, para atrair os índios e a edificação dos colonos.

As procissões são assim formas de piedade popular que ocupam grande destaque no sentimento religioso do nosso povo. São muito freqüentes nas festas dos padroeiros e santos das cidades e, de maneira especial, na Semana Santa.

a) Procissão de Ramos

A bênção e a procissão de Ramos são um memorial e atualização do fato ocorrido em Jerusalém. Jesus entra na cidade cavalgando a montaria dos pobres — o jumento. Ele veio não para ser servido e dominar pela força, mas para servir e dar exemplo de doação e de amor. Há o costume popular de conservar os Ramos nas casas para se queimarem em dias de tempestades, como proteção contra raios e trovoadas. É sinal de nosso compromisso com o Cristo que nos ensina o amor a Deus e a dedicação aos irmãos.

b) Procissão do Depósito

Em algumas cidades do interior do Brasil há o costume de se levar a imagem do Senhor dos Passos ou de Nossa Senhora das Dores para outra capela ou igreja, que não seja a matriz. Essa procissão acontece no Domingo de Ramos, à noite, ou na terça-feira santa. Faz-se uma procissão onde se canta, se reza, e as imagens são levadas para uma capela chamada de Depósito.

Em algumas cidades do Vale do Paraíba, como Guaratinguetá, essa procissão noturna se chama também de *Transladação*. As imagens de Nossa Senhora das Dores e do Senhor do Passos são transferidas das igrejas para outras capelas da cidade.

Em Guaratinguetá, a procissão do Senhor dos Passos leva a imagem do Cristo da Capela do Cemitério dos Passos para a Igreja de São Benedito, onde será velada por toda a noite. Ao passar pela Matriz de Santo Antônio, outra procissão sai dessa igreja, a de Nossa Senhora das Dores, que é seguida só por mulheres e vai até a Igreja das Graças.

Há o costume de alguns acompanhantes da procissão dos passos levarem velas acesas e plantas características da Semana Santa, como: arruda, manjericão, alecrim, guiné e sálvia. Essas plantas adquirem poderes sobrenaturais e curativos para diversos males do corpo e do espírito.

As imagens que seguem nessas procissões são de tamanho natural, datadas do início do século XIX ou do final do século XVIII. São de bela roupagem bordada em cetim ou veludo e de muito valor artístico. Essas imagens são de grande realismo, com a presença de cabelos, pestanas, olhos de vidro e resinas aparentando sangue.

c) Procissão do Encontro

Na Quarta-feira Santa, à noite, existe uma tradição muito antiga e comovente que se faz na maior parte das cidades do interior do Brasil. É a procissão do encontro entre Nossa Senhora das Dores e o Bom Senhor Jesus dos Passos.

As mulheres fazem uma procissão carregando a imagem de Nossa Senhora das Dores, com cantos penitenciais, com as figuras bíblicas das "mulheres piedosas": Verônica, que teria enxugado o rosto ensangüentado de Jesus numa toalha, na qual ficou estampada a sua face; Maria Madalena e outras mulheres que acompanharam a caminhada de Jesus para o Calvário.

Outra procissão é feita só pelos homens, que carregam a imagem do Senhor dos Passos, figura de Jesus Cristo coroado de espinhos, ensangüentado, escarrado e carregando uma cruz às costas. Em determinado local, ou praça, se dá o encontro. Um pregador faz a dramatização da cena, recordando o que aconteceu na Sexta-feira Santa. Faz um apelo à conversão, recorrendo à dramaticidade da dor de Nossa Senhora e das Dores e sofrimentos de Jesus. O sermão tem o costume de ser mais exortativo e até moralizante. Após o sermão, a Verônica entoa um hino e mostra a toalha ensangüentada com a face esculpida no pano.

d) A cerimônia do Lava-pés

A cerimônia do Lava-pés vem educar a comunidade para o serviço. Essa cerimônia costuma ser bem dramatizada pela piedade popular. O celebrante representa Jesus de Nazaré que lava os pés de seus discípulos.

Em algumas comunidades, os Apóstolos são caracterizados por 12 homens ou meninos, vestidos conforme a época de Jesus e recebem um pão abençoado. É a parte mais concorrida e participada pelo nosso povo, recordando a instituição da Ceia, as últimas palavras de Jesus e seu gesto de humildade e serviço.

Após a celebração da eucaristia, dá-se a desnudação dos altares. O Santíssimo Sacramento é levado para um altar lateral ou capela, sendo acompanhado por uma pequena procissão no interior da igreja, ao som das matracas, cuja origem está ligada às catacumbas dos antigos cristãos.

Após a procissão, os altares são despidos de toalhas, flores e ornamentos; e se cobrem com panos roxos os crucifixos e as imagens.

O Santíssimo Sacramento é velado com orações e cantos, durante toda a noite e até a hora da celebração da morte do Senhor, na Sexta-feira Santa.

Essa vigília é muito concorrida por todos os membros da comunidade, substituindo os discípulos que acabaram caindo no sono naquela noite da prisão e dos sofrimentos de Jesus de Nazaré.

e) A Procissão do Fogaréu

Em algumas cidades, como em Goiás Velho, logo após a celebração da eucaristia, faz-se a procissão da prisão ou do fogaréu. Os homens, envolvidos em capuzes brancos, saem pela cidade com tochas acesas, representando a prisão de Jesus no Horto das Oliveiras. São dramatizações, representando os soldados que, naquela noite, saíram à procura de Jesus pelo Horto das Oliveiras e arredores de Jerusalém. Os homens, vestidos de capuzes brancos, com tochas acesas na escuridão, dão um toque de dramaticidade e de recordação daquela noite, em que

Jesus de Nazaré foi traído por um discípulo, Judas Iscariotes, que conduziu os sacerdotes e soldados na captura do Mestre.

f) A Procissão do Senhor Morto

Essa celebração dramática acontece na Sexta-feira Santa. Prepara-se um Calvário, com o Senhor Crucificado, acompanhado de algumas figuras bíblicas.

Em geral, aparecem a figura de Maria, Mãe de Jesus, caracterizada como a Senhora das Dores. Tem-se o costume de se colocar Maria Madalena, Verônica, São João Apóstolo e, em alguns lugares, se colocam ainda as figuras de Abraão e de Moisés, representando o Antigo Testamento.

Abraão vem ainda acompanhado pela figura de Isaac, com o feixe de lenha, representando o sacrifício que Javé pedira a Abraão no Antigo Testamento. Moisés representa toda a Lei.

O pregador representa de forma dramática a Morte de Jesus, fazendo alusão às suas 7 últimas palavras. Algumas personagens, representando os discípulos, ajudam a tirar o crucificado da cruz, após a pregação que o sacerdote faz para cada gesto da descida da cruz. Tiram-se a coroa de espinhos, os cravos, os braços e depois todo o corpo. As personagens que despregam o crucificado têm o costume de se vestir com uma túnica branca e com um capuz na cabeça.

Após o sermão da descida da cruz, o corpo de Jesus, simbolizado pela imagem, é colocado num esquife funerário. Em silêncio e, com muita dor e piedade, é acompanhado em procissão pelas pessoas.

A procissão é seguida em silêncio, ao som das matracas e com cânticos de dor e de piedade. A devoção popular faz dessa celebração o ponto alto da Semana Santa. Todos acompanham e rezam, como se fosse de fato um enterro real.

Há ainda o costume de se beijar o Senhor Morto após a chegada à Igreja, com clima de piedade, tristeza e meditação.

Existem algumas tradições populares que são marcantes na Sexta-feira Santa. Ao meio da Sexta-feira Santa, muitos já vão à igreja para o beijamento do Senhor Morto. Geralmente é uma imagem de tamanho natural, com cabelos naturais, que está deitada num esquife, com lençol e fronha bordados de roxo. Nossa Senhora das Dores está colocada próxima ao Senhor Morto, em pé, e se tem o costume de se trocar o dinheiro que se dá de esmola por outra moeda de valor menor "que se guarda durante o ano todo para não se ficar pobre".

Há ainda o costume de levar uma fita estreita ou até barbante para medir a altura das imagens. Essa medida é posteriormente usada na cintura da pessoa, em geral duas voltas, para curar "puxamento" ou asma, ou mesmo outros males ligados ao corpo.

Alguns fazendeiros não tiram leite nesse dia ou, quando tiram, dão para os pobres ou para o asilo.

Interessante notar a figura da Verônica que se veste de preto, com o rosto coberto, acompanhada por um grupo de mulheres chamadas *Beús*. A função dessas mulheres é representar as mulheres de Jerusalém e responder ao canto de Verônica.

g) A Procissão da Ressurreição

Em algumas cidades do Brasil há o costume de se fazer a procissão do Cristo-Ressuscitado logo após as cerimônias do Sábado Santo. Em outras, essa procissão é feita bem de madrugada, no Domingo da Ressurreição, ao nascer do sol. Leva-se o Santíssimo Sacramento ou então uma imagem do Cristo-Ressuscitado.

Normalmente, há uma banda musical que entoa cânticos de vitória, hinos marciais religiosos. Tem-se o costume de soltar foguetes e o repicar solene dos sinos. Essas procissões estão desaparecendo nas grandes e médias cidades.

2. Malhar o Judas

São bonecos de palha ou de pano, que são rasgados e queimados no Sábado da Aleluia. É uma tradição antiqüíssima e muito popular na Península Ibérica que se espalhou por toda a América Latina, desde os inícios da colonização.

Os Judas, no Rio oitocentista, tinham fogos no ventre e apareciam conjugados com demônios, ardendo numa explosão apoteótica, sendo extremamente aplaudida pelo povo. Os Judas eram pendurados nos galhos de árvores ou postes, logo depois que os sinos anunciavam o canto do Aleluia, depois do fim da missa. O Judas queimado é uma personificação do mal e constitui vestígios dos cultos agrários, espalhados pelo mundo.

Registram-se festas de alegria, nas proximidades do equinócio de verão, princípio ou fins das colheitas, para obter os melhores frutos dos trabalhos do campo. Havia o costume de se queimar manequins representando o deus da vegetação. Pela magia simpática, o fogo é o sol, e o processo se destinava a garantir às árvores e plantas o calor e a luz indispensáveis, submetendo a figura ao poder das chamas.

Com vários nomes, Homem da Quaresma, Judas da Quaresma, Homem de Palha etc., o sacrifício do apóstolo mau é uma convergência de tradições vivas no universo agrícola.

No Brasil, é um costume muito antigo, desde o século XVIII. Havia o costume de se fazer o julgamento de Judas, sua condenação e execução. Antes do suplício, alguém lê o Testamento do Judas, que é colocado no bolso do boneco. O testamento é uma sátira das pessoas e coisas locais, com graça e humor para quem pode identificar o autor anônimo.

Em algumas cidades, como São Paulo, o Judas costuma ser a figura de algum político ou homem público que o povo considera como traidor da comunidade. Esses bonecos são arrastados, enforcados e queimados, personificando aqueles que atrapalharam a vida do povo no ano que passou.

3. Alguns Símbolos da Páscoa

A festa da Páscoa possui uma série de símbolos que fazem a cidade e a população viverem um clima especial. São sinais-símbolos que aparecem nas lojas e nas vitrinas, que muitas vezes comercializam o sentimento religioso; e esses símbolos acabam se transformando e perdendo o seu sentido original.

Vamos apresentar aqui alguns que já não são tão conhecidos, e que acabam perdendo o espaço e o sentido religioso.

a) O peixe e os peixinhos

O Peixe é um dos símbolos mais antigos dos primeiros cristãos, ao se referirem a Jesus Ressuscitado. Na época das primeiras perseguições, a palavra peixe, escrita em grego, passou a ser lida como: Jesus Cristo Filho de Deus Salvador: ICTYS: Iesoús Christós Theóu Yiós Sotér. Assim, nas casas, nas roupas, nas conversas e nos túmulos, a figura e a palavra PEIXE passaram a ocupar um lugar de destaque. O simbolismo do peixe serviu ainda para recordar o milagre da multiplicação dos pães e dos peixes (Mt 14,17), que era um sinal condutor ao Cristo, seu autor.

A relação com a Páscoa se acha no fato de as aparições de Jesus, após a Ressurreição, estarem quase sempre ligadas à presença do peixe. Temos assim em João: *Quando saltaram em terra, viram umas brasas preparadas e um peixe em cima delas, e pão* (Jo 21,9). Em Lucas (24,42-43), os discípulos estavam apavorados e amedrontados com sua aparição. Jesus pediu algo para comer, a fim de acalmá-los e convencê-los de que era ele mesmo: *Ofereceram-lhe um pedaço de peixe assado.Tomou-o e comeu à vista deles.*

b) Os sinos, as vestes brancas, o aleluia

Os sinos festivos, que repicam na noite da Ressurreição, recordam o momento da subida de Jesus Cristo aos céus.

Nas cidades pequenas, todos os sinos da igreja repicam de maneira solene e alegre no canto do Aleluia. Soltam-se rojões e o ar se enche de festa e alegria.

As vestes brancas e paramentos, que se usam na noite da Vigília Pascal, recordam a alegria dos primeiros batizados, os neófitos que se revestiam de vestes brancas, simbolizando a vitória sobre a morte.

As igrejas se adornam com toalhas de linho e flores brancas. Essa cor foi adotada pelos primeiros cristãos como símbolo da alegria, da vitória e da pureza de Deus.

Na narrativa da Transfiguração do Senhor no monte Tabor, a catequese primitiva é explícita: *E ali se transfigurou diante deles: seu rosto ficou resplandecente como o sol e suas vestes ficaram brancas como a luz* (Mt 17,2). No sepulcro, Maria Madalena encontra *um jovem sentado do lado direito, vestido de uma túnica branca* (Mc 16,5).

O cântico do Aleluia é um dos símbolos mais expressivos das aclamações de louvor e de alegria. É uma expressão hebraica: HALLELUI-YAH que significa: Louvai a Javé, ou Salvai-nos, Javé. Essa expressão era muito usada no Antigo Testamento (cfr. Tb 13,22; Sl 111; Sl 104; Sl 135). No Novo Testamento, encontramos no Apocalipse o cântico glorioso do Aleluia: *Depois disso, ouvi como que um forte ruído de uma imensa multidão, no céu, que clamava: Aleluia*! (Ap 19,1).

Os cristãos adotaram essa expressão para manifestar a alegria da ressurreição. Esse canto é entoado três vezes num crescendo, proclamando a Boa Nova da Ressurreição do Senhor. O músico Haendel eternizou essa aclamação no célebre ALELUIA, o grande Hino da Ressurreição, em seu Oratório "O Messias".

c) O girassol

O Girassol é um dos símbolos pascais menos conhecido em algumas regiões. É porém muito rico em conteúdo.

Assim como para sobreviver essa planta precisa ter sua corola voltada para o sol, do nascente ao poente, também os cristãos, da aurora ao ocaso de suas vidas, precisam estar voltados para o Sol-Cristo. Cristo é a Luz, a força, a energia. O cristão sem uma ligação com Jesus não encontra significado para sua vida. Expressões litúrgicas revelam esta realidade: Em, por e com Cristo. *Sem mim vocês não podem fazer nada* (Jo 15,5).

Obs.: Os símbolos litúrgicos do círio pascal e do Cordeiro, já foram apresentados em textos anteriores.

4. Alimentos típicos da Semana Santa

Existem alguns alimentos que são consumidos durante a Quaresma e a Semana Santa, num clima de piedade ou por tradições religiosas.

a) Bacalhau e pinhão

Como havia a proibição de se comer carne nas sextas-feiras da Quaresma e, atualmente, na Sexta-feira Santa, há uma tradição portuguesa de se comer bacalhau, seja como bacalhoada com batatas, azeitonas, azeite, ovos e couve, seja em forma de bolinhos fritos saboreados com azeite.

Antigamente o bacalhau era comido em todas as sextas-feiras da Quaresma e, hoje, apenas na Sexta-feira Santa, "nem que seja um pedacinho", como uma tradição remanescente.

Em alguns lugares do Vale Paraíba há também o costume de se comer pinhão, vindo das cidades serranas. Depois de cozido, é degustado puro, com sal ou manteiga.

b) Paçoca

A paçoca de amendoim é um alimento muito usado na Semana Santa. E alguns até dizem que "Semana Santa sem paçoca não é Semana Santa".

Três ingredientes básicos formam a paçoca: amendoim torrado, farinha e açúcar.

Em algumas cidades, como em São Luís do Paraitinga e Jambeiro, a farinha de milho é preferida. Em outras, como em Cunha e Guaratinguetá prefere-se a farinha de mandioca.

Costuma-se socar a farinha de mandioca ou de milho num pilão, junto com açúcar e pitada de sal. Conforme boa receita e tradição, "não presta socar a paçoca depois do meio-dia da Quinta-feira Santa, pois pode-se estar socando as costas de Nossa Senhora".

5. Preceitos populares da Quaresma

Existem alguns ditados populares que se usam na Quaresma e na Semana Santa que revelam a piedade popular, certos medos e temores que vêm do inconsciente coletivo religioso.

Citamos alguns sem entrar em maiores análises e explicações:

— Não presta casar na Quaresma. O casamento não duraria muito.

— Sexta-feira Santa é um dia "pesado" e triste, porque Jesus foi preso, entra em agonia e morre. Por isso, é proibido rir, falar alto, brincar, cantar, e as mulheres não se pintam.

— Não presta gritar, ralhar com crianças, brigar, matar animais na Sexta-feira Santa, pois o diabo está solto e pode ser atraído para dentro de casa.

— Não presta varrer a casa após o meio-dia da Quinta-feira santa, pois se estarão varrendo as costas de Nossa Senhora.

— É bom plantar um pé de arruda na noite de Sexta-feira Santa para afastar o mau olhado da casa.

— Na Sexta-feira Santa devem-se cobrir todos os espelhos da casa para não se olhar a própria imagem.

— As plantas, como arruda, manjericão, alecrim, guiné e sálvia são consideradas como "plantas da Semana Santa"; e, sendo levadas às procissões pelos devotos ou colocadas nos andores, adquirem poderes sobrenaturais e podem ser usadas em chás para males do corpo e da alma.

— Não presta acompanhar a Procissão do Enterro com o namorado, pois acaba com o namoro.

— Não presta rir das figuras bíblicas da Procissão do Senhor Morto (Maria Madalena, Verônica e as *Beús*, José de Arimatéia, Abraão, Isaac, Moisés etc. . .), porque dá azar para o resto da vida.

— Comer carne na Sexta-feira Santa é pecado e faz os dentes afundarem nas gengivas.

— Não se deve tomar leite na Sexta-feira Santa, pois o leite vira sangue.

— Na Sexta-feira Santa é pecado tomar vinho, porque se bebe o sangue de Cristo.

— No Sábado da Aleluia é aconselhável buscar água benta na igreja e espalhá-la nos quatro cantos da casa, pois espanta o azar da residência.

— No Sábado Santo é aconselhável lavar o rosto e não se deve enxugá-lo. Em seguida, deve-se bater nas portas da casa, gritando, pois assim se espantam os demônios e espíritos maus.

SEGUNDA PARTE

COMENTÁRIOS DA LITURGIA E PARALITURGIA

I. DOMINGO DE RAMOS

A. BÊNÇÃO E PROCISSÃO DOS RAMOS

Bendito o que vem em nome do Senhor

1. INTRODUÇÃO

Em Jerusalém, tanto tempo atrás, Jesus entrava de modo triunfante, aclamado pelas multidões. Hoje, na mesma cidade, cristãos de todo o mundo fazem o mesmo percurso que Jesus fez, manifestando a fé e conservando a mesma fé, embora com um sofrimento muito grande, por causa das perseguições que lá ainda existem. Nós fazemos o mesmo gesto com a mesma fé. Santo André de Creta nos ensina: "Corramos, pois, com aquele que se dirige a Jerusalém para chegar logo à Paixão, e imitemos aqueles que foram ao seu encontro. Não vamos com ramos de árvores, mas para colocar debaixo de sua pessoa nossas próprias pessoas com um Espírito de humanidade e coração sincero, para ouvir sua palavra que vem a nós e dar lugar a Deus".

A celebração de hoje tem dois momentos: Bênção dos ramos, com a procissão entusiasmada de louvor, e a Missa, onde retomamos o caminho da Quaresma na reflexão sobre a Morte e Ressurreição do Senhor. Os ramos são abençoados; e nós os levaremos para casa num sinal de compromisso com aquele que aclamamos.

A multidão, somando crianças e estrangeiros, aclama. Marca o momento da ruptura de Jesus com os aristocratas e com os chefes dos Judeus. Podemos ver que é o mesmo povo que receberá a intervenção de Pentecostes. São aqueles a quem foram revelados os segredos do reino (Lc 10,21). São os verdadeiros adoradores do Pai (Jo 4,23).

Jesus vem como o Messias predito pelo profeta Zacarias: manso, na montadura do povo, como Davi, indicando um projeto de reino da Justiça, do Amor e da Paz, tendo quebrado toda violência. Toda a natureza o acolhe: são os ramos de palmeira e oliveira. São crianças que, se forem caladas, falarão as pedras. Os ramos de palmeira significam a vitória de Cristo sobre a morte, pela ressurreição, e o sentido da vida. Os ramos de oliveira significam sua unção espiritual. É o Cristo, do qual nos vem toda a força, toda a vida.

Com todo o nosso ardor celebremos e aclamemos, exultando com sua glória. Este amor nasce em nosso coração quando nós somos tão amados de Cristo. Não se trata de um ato do passado, de uma recordação. O hoje do mistério celebrado leva a reconhecer a divindade de Jesus. Somos chamados a compartilhar de sua paixão e ser instrumento para a redenção do mundo. *(Pág. 71, nº 1)*

2. BÊNÇÃO DOS RAMOS

A bênção dos ramos evoca a caminhada de Jesus à Jerusalém terrestre. Estimula-nos e convida a continuar a caminhada até a Jerusalém celeste, o céu. *(Pág. 72, nº 5)*

3. EVANGELHO DA ENTRADA DE JESUS EM JERUSALÉM

A narração da entrada de Jesus em Jerusalém mostra o gesto de Jesus, como o rei da paz, cuja vitória está na humildade que quebra as armas da violência. É também realização do Deuteronômio (Dt 18,15) que fala do profeta como Moisés. Assim temos as características de seu reino: simplicidade, acolhimento de todo tipo de pessoa. Mostra igualmente a vitória sobre sua dolorosa Paixão. Se houve a recusa pelos chefes que o crucificaram, já houve uma vitória, uma aceitação fundamental por parte do povo, os pobres de Javé, aqueles que cantam para Deus. Como o acolhe hoje o nosso povo? A glorificação por parte de muitíssimos do povo é já o anúncio de sua glorificação da cruz. É também sua gloriosa ressurreição, meta final de sua caminhada para Jerusalém. Os discípulos compreenderão mais tarde, à luz da ressurreição.

Ano A: *(Pág. 72, nº 6A);* **Ano B:** *(Pág. 73, nº 6B);*
Ano C: *(Pág. 74, nº 6C)*

4. PROCISSÃO

Nós imitamos agora o gesto das multidões que acolheram Jesus como o Bendito que vem em nome do Senhor. Entramos com ele na cidade, aclamando e tendo nele as mais profundas esperanças. Com a mesma disposição façamos a caminhada para nossa cidade, na firme manifestação de que temos uma opção: Jesus é o centro de nossa vida. Os ramos serão a lembrança do compromisso e deste encontro de hoje; nós os usaremos nos momentos de tempestades na vida, para nos dar segurança naquele que vem em nome do Senhor. Mais que uma recordação, é nossa caminhada com Cristo para sua entrega a Deus, ato central de nossa redenção. *(Pág. 75, nº 7)*

B. MISSA

5. ORAÇÃO

A celebração da Eucaristia começa com a oração da missa. A missa tem caráter de reflexão sobre a Paixão, mudando o festivo da procissão. É no acolhimento de sua palavra, de sua pessoa redentora que nos tornaremos participantes de seu mistério. A oração da missa, lembrando o exemplo de humildade de Cristo demonstrada no seu sofrimento, conduz a comunidade a aprender de sua paixão para chegar à sua ressurreição. *(Pág. 76, nº 8)*

6. PRIMEIRA LEITURA *(Is 50,4-7)*

A leitura da Palavra traz o Cristo na sua Paixão. Ela não é só um sofrimento, mas uma escolha que o Filho de Deus fez, na sua encarnação, de chegar ao extremo de sua igualdade com as pessoas, para fazer a ressurreição de todos.

A primeira leitura é o terceiro cântico do Servo de Javé. A liturgia identifica este servo com Jesus que, pelo sofrimento e humilhação (arrancar a barba) e resistência, nos entende e ensina a aprender da dor e do sofrimento a aproximar-nos das pessoas e a falar com elas. *(Pág. 76, nº 9)*

7. SEGUNDA LEITURA *(Fl 2,6-11)*

O servo de Javé, Jesus, humilhou-se ao extremo sofrimento: morte de cruz. Sua aniquilação é sua exaltação. Somos convidados a ter os mesmos sentimentos de Jesus: participar de sua morte para chegar à sua ressurreição. Este é seu Evangelho. *(Pág. 77, nº 11)*

8A. EVANGELHO (Paixão do Senhor)

Ano A: *(Mt 26,14-27,66; ou 27,11-54)*

Jesus realiza sua paixão na total entrega ao Pai, na plena liberdade de seu dom. É abandonado, traído, renegado. É o homem que morre pelo povo. *(Pág. 78, nº 13A)*

8B. EVANGELHO (Paixão do Senhor)

Ano B: *(Mc 14,1-15,47; ou 15,1-39)*

O sofrimento e a morte de Jesus levam a crer: este homem é o Messias, Filho de Deus. A fé é completa quando passamos por Jesus na cruz para chegar à ressurreição com ele. Quando o véu do templo se rasga, podemos também entrar no santuário do novo relacionamento de Deus com seu povo. *(Pág. 87, nº 13B)*

8C. EVANGELHO (Paixão do Senhor)

Ano C: *(Lc 22,14-23,56; ou 23,1-49)*

A caminhada de Jesus desde a Galiléia chega aos seus passos finais com a proclamação do letreiro da cruz: este é o rei dos judeus! Fala também: lembra-te de mim quando estive-

res no teu reino, diz o ladrão. E Jesus: hoje estarás comigo no paraíso. O centurião dá glória a Deus: este homem era justo.
(Pág. 95, nº 13C)

9. MENSAGEM

Acolhamos a chegada de Cristo para implantar o reino de Deus em nós. Acolhamos sua Paixão. Agora, durante este tempo que nos separa de sua Ressurreição, estejamos firmes na palavra, seguros na sua cruz, procurando entender os caminhos que nos levam a segui-lo de perto para estar no momento mais alto da ressurreição.
(Pág. 106, nº 24)

II. SEGUNDA, TERÇA E QUARTA-FEIRA DA SEMANA SANTA

A idéia central destes três dias da Semana Santa resume-se nas Palavras do Prefácio da Paixão II: "Já se aproximam os dias de sua Paixão salvadora e Ressurreição gloriosa, pelos quais é vencida a soberba do antigo inimigo e se faz memória do Sacramento de nossa redenção".

As leituras do profeta Isaías continuam apresentando os cânticos do Servo de Javé, descrevendo Jesus Cristo na sua missão de Messias Redentor.

Os evangelhos retomam cronologicamente os últimos acontecimentos da vida de Jesus, deixando clara a posição de Judas Iscariotes como ladrão ganancioso, traidor e covarde. Representa ele o inimigo, dominado pelo mal. Ele é a expressão do mundo das trevas. Representa o inimigo maior que persegue o justo. Isto notamos nas antífonas e salmos das liturgias.

As orações das coletas, orações sobre as oferendas e de ação de graças lembram os méritos da Paixão como remédio, fonte de vida eterna, perdão, graça da ressurreição e esperança da vida eterna. A Paixão de Cristo, sua morte que celebramos, não são lembranças de um fato passado, mas da vida em plenitude. Na quarta-feira faz-se aceno à ressurreição. Toda celebração culmina sempre na esperança e certeza da ressurreição, meta de todo Mistério Pascal de Jesus.

Note-se que há uma ligação com Pedro, o discípulo que segue Jesus de perto, passando pelo sofrimento que ele passou. É a imagem do discípulo fiel e fraco que merece da parte de Jesus esta palavra: satanás pediu insistentemente para peneirar-te como trigo, mas eu orei para que tua fé não desfaleça. Estas lembranças de Pedro provêm das diversas Igrejas de Roma, onde se fazem as Estações nestes dias.

III. TRÍDUO PASCAL

Chegamos ao ponto culminante de toda a liturgia da Igreja. É o Tríduo Pascal. Não se trata de um Tríduo preparatório para a festa da Páscoa, mas são os três dias de Cristo crucificado, morto e ressuscitado. Tem início na celebração da Ceia do Senhor, na Quinta-feira Santa, na missa vespertina, terminando com o domingo de Páscoa.

Estas celebrações não são mais que uma lembrança do passado. Não têm a finalidade de contar a história, mas tornar presente, atualizar, tornar vivo o mistério de Cristo, que se entrega ao Pai por nós, e fazer-nos participantes deste seu dom, vida e comunhão com o Pai. Celebrando, vivemos tudo aquilo que fazemos através dos ritos celebrados. A Palavra de Deus anuncia a Salvação presente e os sinais sacramentais tornam presente ao cristão esta salvação. Cada cristão é convocado a participar ativamente das celebrações, conhecendo e sabendo o dom oferecido pela participação. Na oração, meditação da Palavra, na fraternidade celebrativa, no esforço de entrar em comunhão com o Cristo sofredor e ressuscitado, chegaremos ao que a Igreja nos propõe: renovados pelos sacramentos pascais, possamos chegar à glória da ressurreição.

A melhor maneira de celebrar o Tríduo Pascal é a participação atenta nas leituras, que proclamam o mistério da salvação presente e a comunhão com os símbolos e ritos realizados, não só com o corpo, mas com o coração cheio de fé.

IV. QUINTA-FEIRA SANTA

A. MISSA DO CRISMA E BÊNÇÃO DOS SANTOS ÓLEOS

1. INTRODUÇÃO

Nesta manhã de Quinta-feira Santa, ou em outro dia oportuno, a Igreja reúne a comunidade diocesana: o Bispo, os Sacerdotes e fiéis. Nesta ocasião celebra-se o nascimento do sacerdócio que é participação na consagração de Jesus Cristo, o Messias. A antífona de entrada da missa diz: "Cristo Jesus fez de nós um reino e constituiu-nos sacerdotes para Deus seu Pai" (Ap 1,6). A unção do batismo, da crisma e da ordenação sacerdotal conferem ao cristão, que quer dizer ungido, sua característica sacerdotal e seu ministério a serviço do povo sacerdotal. Chamado a servir ao Senhor pela unção do Crisma, presta culto a Deus no cotidiano, oferecendo sacrifícios espirituais através das boas obras. Escolhido para o sacerdócio, serve o povo sacerdotal nas coisas que se referem a Deus (Hb 5,1). Sacerdotes não substituem o Cristo sacerdote, mas são dele sinal visível e eficaz.

Nesta Eucaristia são abençoados: o óleo para o Batismo, chamado óleo dos Catecúmenos: o óleo do Crisma, para o sacramento da Crisma, ordenação sacerdotal e episcopal. Abençoa-se também o óleo dos enfermos para o alívio das dores e o perdão dos pecados.

O Evangelho dá o sentido da unção: proclamar a libertação, curar os cegos, dar liberdade aos oprimidos e proclamar o ano da graça do Senhor. Jesus fala: "hoje se cumpriu esta passagem da Escritura que acabais de ouvir". Igualmente pela unção dos santos óleos, que é a efusão do Espírito para o bem da Igreja, realiza-se esta Escritura no hoje da comunidade, através de cada cristão que se une a Cristo pela mesma unção. A Igreja une-se a Cristo pela unção, partilha de sua Paixão e Morte e chega à Ressurreição com ele. *(Pág. 107, nº 1)*

2. ORAÇÃO

Unidos a Cristo pela mesma unção, somos testemunhas da Redenção. *(Pág. 108, nº 2)*

3. PRIMEIRA LEITURA *(Is 61,1-3a.6a.8b-9)*

A unção realizada pelo Espírito de Deus é a promessa de libertação, conforto e aliança eterna. *(Pág. 108, nº 8)*

4. SEGUNDA LEITURA *(Ap 1,5-8)*

Cristo Senhor do Universo, ungido pelo Espírito, é aquele que nos ama e por isso faz de nós um povo que tem amizade e diálogo com Deus, povo sacerdotal, povo que entende o caminho do Pai como Cristo anunciou e viveu. *(Pág. 109, nº 10)*

5. EVANGELHO *(Lc 4,16-21)*

Cristo diz que a profecia de Isaías se realiza nele. Disse isto na sua pátria, no meio de seus parentes e amigos. O espírito nos une para libertar, confortar e curar em nossa realidade concreta, em nosso dia-a-dia, no dia de hoje. A frase da Escritura é para nós: "Hoje se cumpriu esta passagem da Escritura que acabais de ouvir". *(Pág. 110, nº 11)*

6. RENOVAÇÃO DAS PROMESSAS SACERDOTAIS

Nossos Sacerdotes, presididos pelo Bispo, fazem agora a renovação de seus juramentos sacerdotais, do dia de sua ordenação. É tão bonito ver em nossos queridos padres esta disposição de serem sempre fiéis. É um estímulo a sermos fiéis à nossa unção, ao nosso compromisso. É um convite a colaborar com eles, apoiá-los, perdoá-los e ser com eles o povo sacerdotal, que caminha para o Pai, realizando hoje o reino de Deus. *(Pág. 110, nº 12)*

7. PROCISSÃO DOS SANTOS ÓLEOS

Após a renovação das promessas sacerdotais, os diáconos, ou, na falta deles, alguns sacerdotes, os ministros encarregados de levar os óleos e os leigos, que vão levar o pão, o vinho e a água para a celebração eucarística, dirigem-se à sacristia ou ao lugar onde estão preparados os óleos e as oferendas. Voltam ao altar na seguinte ordem:

1. Ministro levando recipiente com perfumes (se o Bispo for fazer a mistura do crisma).
2. Ministro com o óleo dos catecúmenos.
3. Ministro com o óleo dos enfermos.
4. Diácono ou sacerdote com o óleo destinado ao crisma.
5. Outros ministros e os leigos com o pão, o vinho e a água.

No altar, os óleos são apresentados ao Bispo, na ordem de chegada, com as palavras:

— *Eis o óleo dos catecúmenos.*
— *Eis o óleo dos enfermos.*
— *Eis o óleo para o santo crisma.* *(Pág. 111, nº 16)*

8. BÊNÇÃO DOS ÓLEOS

(Antes da preparação das ofertas ou no final da missa.)

a) Óleo dos enfermos: Esta bênção recorda que o óleo produzido da árvore serve para refazer as forças do corpo humano. Conforme S. Tiago, deve ser aplicado nos doentes para que cure as enfermidades do corpo e da alma, dê forças para suportar as dores com fortaleza e conseguir o perdão dos pecados. *(Pág. 115, nº 23)*

b) Óleo dos catecúmenos: Usado no Batismo, para que os catecúmenos (os que vão ser batizados) possam ter força de renunciar ao demônio e ao pecado antes de se aproximarem da fonte da vida e aí renascer. *(Pág. 116, nº 28)*

c) Óleo do Crisma: Pela unção do Crisma os cristãos são inseridos no Mistério Pascal de Cristo, mortos, sepultados e ressuscitados com Cristo, participando do seu sacerdócio real e profético. Pelo sacramento da Crisma, recebem a unção espiritual do Espírito Santo como Cristo recebeu. *(Pág. 117, nº 29)*

d) Observação: Os óleos, ao final da missa, são entregues para serem levados às comunidades. É o sinal da unidade diocesana. É o povo de Deus que, sendo à imagem do Filho, é convocado à unidade em torno de seus pastores.

9. ANTES DA ORAÇÃO EUCARÍSTICA

No dia da instituição da Eucaristia e do Sacerdócio, louvemos e agradeçamos a Deus pelo dom que Cristo nos faz de seu mistério de Morte e Ressurreição, concedido à comunidade através de seus sacerdotes unidos à comunidade e a serviço dela. Partilhando a oferta de Cristo ao Pai, comungamos seu mistério e nos unimos entre nós, como corpo de Cristo, que continua a missão salvadora e amorosa de testemunhar a todos as riquezas daquele que nos chamou das trevas à sua luz admirável. *(Pág. 114, nº 22)*

10. MENSAGEM

Refeitos pelo sacramento pascal que recebemos, animemos nosso coração a entrar hoje no espírito do Tríduo Pascal, conscientes que, participando deste mistério, nós o tornamos presente em nossa vida e passamos para o Pai como o Cristo. Ungidos pelo Espírito, exercemos em nossa vida a missão de Cristo: testemunhar, pela celebração e pela vida, a vida nova que recebemos destes mistérios celebrados. *(Pág. 119, nº 30)*

B. MISSA VESPERTINA DA CEIA DO SENHOR

1. INTRODUÇÃO

A celebração abre o Tríduo Pascal e é início dos acontecimentos do Mistério Pascal de Cristo.

Estão presentes nesta celebração todos aqueles momentos pelos quais passou o Senhor Jesus e aos quais ele associa sua Igreja.

Nesta noite, temos diversos elementos que encontramos na Palavra de Deus e nas orações: lembramos aquela Ceia Pascal que já, desde o Egito, é celebrada pelo povo de Deus. Cristo, dentro desta Ceia, continua a caminhada de seu povo e lhe dá novo sentido. Não será mais o memorial da saída da escravidão do Egito, como veremos na primeira leitura, onde o sangue afugenta um anjo devastador, mas o memorial do Cristo que, com seu sangue na cruz e sua ressurreição, realiza a nova passagem da morte para a vida.

Jesus celebra uma ceia que contém não somente um passado e um presente, onde ele atualiza de maneira ritual seu mistério, mas o futuro. Já se celebram o Corpo que é entregue e o Sangue que é derramado para a vida e salvação de todos. Nós celebramos a eucaristia e temos fé no memorial que ela realiza, tornando presente tudo o que Cristo fez para nos levar ao Reino de Deus, seu Pai. Jesus, ao celebrar sua Ceia Pascal, antecipa e torna presente tudo o que ele realizará nos próximos dias. Vemos aí a unidade do Mistério Pascal: uno na sua realidade e diverso na sua realização.

O Cristo, sumo sacerdote, associa a si os seus, para que continuem fazendo o que ele fez: "fazei isto em memória de mim". Todas as vezes que comemos o pão e bebemos o vinho, anunciamos a morte do Senhor, proclamamos sua presença salvadora e santificadora. Nisto associa a si os apóstolos, como continuadores de sua missão sacerdotal, sacerdotes a serviço do povo sacerdotal naquelas coisas que se referem a Deus.

Dentro desta Ceia ele dá um mandamento, que é o seu, o único: o que vos mando é que vos ameis uns aos outros e que sejais um. O corpo unido dos fiéis conservará a memória. Sua Eucaristia e amor se reduzem a um gesto que Ele mesmo fez: tomou uma bacia e lavou os pés dos discípulos. Quem não aceita este modo de ser não tem parte com ele como diz a Pedro. E seremos seus discípulos se fizermos como ele fez. O amor que faz ser autêntica a Eucaristia será o serviço humilde e dedicado, o modo de ser dos ministros de Cristo, o que Cristo foi como sacerdote. Sua presença permanente no Santíssimo Sacramento nos estimula e anima a viver sempre os frutos salutares de sua paixão para chegar à Ressurreição. *(Pág. 120, nº 1)*

2. ORAÇÃO

Deus constituiu Cristo Sacerdote para seu povo. Unidos a Ele vivemos seu mistério. *(Pág. 121, nº 7)*

3. PRIMEIRA LEITURA *(Êx 2,1-8.11-14)*

A Saída do Egito, libertação do povo de Deus, é lembrada no memorial da Ceia Pascal que continua tornando presente a ação libertadora de Deus. É prefiguração da Eucaristia que é memorial do Cristo que salva e liberta seu povo. Nós, no Salmo Responsorial, damos graças a Deus oferecendo o cálice da salvação. *(Pág. 121, nº 8)*

4. SEGUNDA LEITURA *(1Cor 11,23-26)*

No ambiente de fraternidade de uma Ceia, Jesus institui a Eucaristia. Oferece à Igreja o mais precioso dom: no sinal do pão e do vinho dá seu Corpo e Sangue e sua entrega a Deus. Participando da Eucaristia, sacrifício que ele oferece e do qual participamos, entramos em comunhão com Deus e com os irmãos. *(Pág. 135, nº 10)*

5. EVANGELHO *(Jo 13,1-15)*

Cristo manifesta o fundamental de sua pessoa: o servo que se humilha e se põe a serviço inaugurando um novo modo de ser diante de Deus, mostrando o sentido de sua missão redentora: um serviço a Deus e aos homens, que se realiza na sua paixão e morte. Chama à imitação: "Dei-vos o exemplo, para que façais a mesma coisa que eu fiz". Só serão reais no mundo a morte e ressurreição do Senhor no momento em que o serviço fraterno e caridoso se tiverem implantado. Aí teremos passado da morte para a vida.

Lava-pés: No momento central da celebração há a memória do gesto de Jesus que dá sentido a todo o seu mistério. É a escola de ser cristão e de atingir a maturidade da fé cristã: descobrir o serviço fraterno como o elemento que nos faz unidos ao mistério de Cristo. *(Pág. 135, nº 11)*

6. ORAÇÃO EUCARÍSTICA

A oração que agora fazemos, acompanhando o sacerdote, é a Grande Ação de Graças (Eucaristia) pela obra de Jesus no seu mistério de Morte e Ressurreição. Nela, por Cristo no Espírito damos glória ao Pai. A oferta, a oblação que fazemos, como diz a prece eucarística, é para honrar o dia em que Cristo confiou aos seus discípulos a celebração dos mistérios de Seu Corpo e Sangue (Cânon Romano). Acentua-se o hoje da celebração: Celebramos o dia santíssimo no qual Jesus Cristo foi entregue à morte por nós. *(Pág. 138, nº 19)*

7. TRANSLADAÇÃO E ADORAÇÃO DA EUCARISTIA

Terminada a celebração eucarística, o Santíssimo Sacramento é levado para o altar, onde ficará para a adoração dos fiéis. É um gesto necessário para se conservar a Eucaristia para a celebração da Sexta-feira Santa. A comunidade assume este momento para manifestar sua adoração e agradecimento pelo imenso dom de Cristo presente e permanente entre nós. A Eucaristia conservada para levar aos doentes é uma oportunidade para continuarmos celebrando a Eucaristia dentro de nós e no mundo, dando permanentes graças a Deus e conduzindo o mundo a que seja fraterno. *(Pág. 140, nº 24)*

8. DESNUDAÇÃO DO ALTAR

A cerimônia que encerra a celebração da Ceia do Senhor e dá o sentido para o dia seguinte é a manifestação exterior da mente da Igreja: despojar-se de tudo para se centrar no Cristo sofredor que faz sua imolação. São retirados do altar todos os objetos e enfeites, ficando completamente despojado de tudo. O Centro é Cristo no seu mistério de total abaixamento. É o modo como devem viver os cristãos nestes dois dias: reflexão, recolhimento, deixando de lado a distração e ocuparse só com o Cristo. *(Pág. 140, nº 25)*

V. SEXTA-FEIRA SANTA

Celebração da Paixão do Senhor

1. INTRODUÇÃO

Hoje não celebramos a Eucaristia, porque a Igreja tem esta longa tradição de não celebrar missa na Sexta-feira Santa. Nós nos reunimos para comemorar e reviver a paixão do Senhor. A Igreja contempla Cristo que, morrendo, se oferece como vítima ao Pai, para libertar toda a humanidade do pecado e da morte. Nós adoramos nesta celebração o mistério de nossa salvação e dispomos nosso coração na fé e no arrependimento, para que possamos ser curados e santificados pelo sacrifício de Cristo.

Aos pés da Cruz, a Igreja em oração quer trazer as dores de toda a humanidade, para que o sangue precioso de Cristo possa curar todos os males e fazer crescer a semente do reino plantada pela sua Palavra, regada com seu sangue e cuidada com a força da sua Ressurreição.

A celebração de hoje tem 4 partes:

Paixão proclamada: Liturgia da palavra
Paixão invocada: Solene Oração Universal
Paixão venerada: Adoração da Cruz
Paixão comungada: Comunhão eucarística.

Proclamando o acontecimento da Paixão, nós nos tornamos participantes e recebemos a força de sua Cruz. Assim, diante do mistério da morte de Cristo, nós nos sentimos impelidos a não deixar ninguém fora deste sangue que nos liberta e lava. Cheios de amor, veneramos a cruz, num gesto de adoração àquele que se entregou até à última expressão do Amor. Nada faltou da parte de Deus, para nos amar e demonstrar a verdade de sua proposta de vida nova.

Comungando, fazemos um só corpo com ele e com todo o povo de Deus. Como diz a oração final da celebração: "Ó Deus, que nos renovastes pela santa morte e ressurreição do vosso Cristo, conservai em nós a obra de vossa misericórdia, para que, pela participação deste mistério, vos consagremos sempre a nossa vida". *(Pág. 141, nº 1)*

2. INÍCIO DA CELEBRAÇÃO

Os celebrantes e ministros aproximam-se em silêncio do altar.

Todo o povo se ajoelha.

Os celebrantes podem prostrar-se ou ajoelhar-se, em sinal de profunda reflexão e compenetração no mistério que vão celebrar. Após alguns instantes, levantam-se e dirigem-se aos seus lugares.

O povo fica de pé.

Voltado para o povo, o celebrante que preside reza a oração. *(Pág. 141, nº 2)*

3. ORAÇÃO

Pedimos a Deus que, pelo sangue de Cristo derramado na cruz, se lembre de suas misericórdias e nos santifique pela sua constante proteção. *(Pág. 141, nº 3)*

PAIXÃO PROCLAMADA

Liturgia da Palavra

4. PRIMEIRA LEITURA *(Is 52,13-53,12)*

A Palavra de Deus apresenta o cântico do Servo de Javé, uma profecia sobre o Cristo sofredor que assumiu nossas dores, curando-nos por suas chagas. Ele ofereceu sua vida como expiação. Sua morte é vida para todos nós, pecadores. O salmo reza com Jesus na Cruz sua entrega a Deus: "Em vossas mãos, Senhor, entrego o meu espírito". A morte de Jesus culmina num grande grito de certeza de vida que está nas mãos de Deus: "Senhor, eu ponho em vós minha esperança". No servo sofredor estamos todos nós, também para viver. *(Pág. 141, nº 4)*

5. SEGUNDA LEITURA *(Hb 4,14-16; 5,7-9)*

A Palavra de Deus desta leitura explica quem é o servo de Javé, sofredor: Ele é o sumo sacerdote, aquele que nos dá plena segurança de nos aproximarmos do trono da graça, "para conseguirmos misericórdia e alcançarmos a graça de um auxílio no momento oportuno". Ele é o mediador e sabe entender nossas enfermidades, pois passou por elas, menos no pecado. Pela sua obediência, teve seus clamores ouvidos. Deus o ressuscita. Dá-nos assim garantia que nossa luta contra todo mal será ouvida e temos uma ressurreição semelhante à sua. "Por isso Deus o elevou acima de tudo", nos diz São Paulo (Fl 2,9). Por meio de seu sofrimento e morte temos na casa do Pai um mediador, alguém da nossa parte, a nos garantir. *(Pág. 143, nº 6)*

6. EVANGELHO (Paixão do Senhor) *(Jo 18,1-19,42)*

João narra a Paixão não somente como um fim trágico de Cristo, mas como o caminho de sua glorificação. Jesus dizia: Quando for exaltado da terra atrairei todos a mim. Jesus não morre empurrado por um sistema. Tem plena consciência de sua missão de unir todos os dispersos. Tem força suficiente para crer que sua paixão e morte são a Revelação do amor do Pai: O Pai amou tanto o mundo que deu seu Filho.

Esta morte está direcionada exercendo total influxo na Igreja, figurada por Maria ao pé da Cruz recebendo o discípulo. Ali nascem os sacramentos do sangue, Eucaristia e água, batismo. Ele culmina com o dom do Espírito: Inclinando a cabeça, entregou o Espírito. Bem dizem os santos padres: Do lado de Cristo adormecido na Cruz nasceu a nova Eva, a Igreja, fecundada pelo Espírito, gerando filhos para Deus. *(Pág. 144, nº 8)*

PAIXÃO INVOCADA

7. SOLENE ORAÇÃO UNIVERSAL

No dia da celebração da paixão de Cristo para a salvação de todos, a Igreja abre os braços e o coração para realizar uma oração de intercessão pela salvação do mundo. A Igreja, que tem por cabeça o Cristo Sacerdote, em nome e por meio dele apresenta ao Pai suas grandes intenções. Toda a humanidade é trazida nesta oração aos pés da Cruz, na qual Cristo morre. É o primeiro resultado da morte de Cristo: abrir-se e preocupar-se com o mundo inteiro. *(Pág. 150, nºs 9 a 17)*

PAIXÃO VENERADA

8. ADORAÇÃO DA CRUZ

A liturgia está centrada no sacrifício de Cristo. Por isso se apresenta a Cruz para a adoração. Não adoramos a madeira da Cruz, mas a pessoa de Cristo crucificado e o mistério significado por esta morte por nós. Mesmo sendo um momento de morte, a liturgia não deixa de estabelecer que Cristo está vivo e ressuscitado.

Adoramos vossa Cruz, Senhor, louvamos e glorificamos vossa santa Ressurreição, pois pelo lenho da Cruz veio a alegria ao mundo inteiro.

A Cruz é sinal da vitória de Cristo que arrebenta as portas do mal. É a expressão máxima do amor do Pai: "Deus tanto amou o mundo, que lhe deu o seu único Filho" (Jo 3,16).

A Cruz é a árvore da vida, cujo fruto bendito nos faz viver eternamente. Não podemos esquecer que na Cruz está o projeto de morte de todos os males do mundo. Ela é a libertação. *(Pág. 154, nº 18 a 20)*

PAIXÃO COMUNGADA

9. COMUNHÃO EUCARÍSTICA

O momento da comunhão é a profissão de fé no Cristo que está vivo e que, pela comunhão, nos torna um só corpo com ele. O sangue que nos remiu nos livrou da morte e do mal, afastou o tentador, que queria dominar sobre nós e estabelecer em nós o mal, e introduziu-nos no Reino de justiça, de amor e de paz.

Assim nós estamos em comunhão com Cristo e com toda a Igreja, e fazemos de nossa vida a vida de Cristo. Comungando Cristo, comungamos seus sentimentos, ao se entregar ao Pai, e comungamos a vida que ressurge. *(Pág. 162, nº 21)*

ENCERRAMENTO

10. ORAÇÃO DEPOIS DA COMUNHÃO

Pedimos a Deus que, pela nossa participação no mistério da paixão e morte de Cristo, conserve em nós a obra de sua misericórdia. *(Pág. 162, nº 23)*

11. ORAÇÃO SOBRE O POVO

O sacerdote pede para o povo a bênção de Deus, perdão, consolo e crescimento na fé, e que a redenção se confirme em nós.

Assim termina esta celebração, mas a vivência do Tríduo Pascal continua. Mesmo a celebração das tradições populares da Procissão do Enterro e das Dores de Maria não devem nos desviar daquele pensamento central da Igreja para os dias de hoje e de amanhã: meditação, silêncio e reflexão diante do túmulo de Jesus, que morreu e "desceu à mansão dos mortos" como rezamos no Creio. É a solidariedade de Cristo com todos os mortos, como foi solidário com todos os vivos. Significa que Cristo é Salvador de todos, em todos os tempos. Sua morte é uma vez por todas. Sejamos solidários com Cristo que é solidário conosco. *(Pág. 162, nº 23)*

VI. VIGÍLIA PASCAL

Ressurreição do Senhor

1. INTRODUÇÃO

Noite mais clara que o dia! Assim canta a Igreja na Vigília Pascal, mãe de todas as celebrações da Igreja. Com o acender do círio pascal, na noite escura, dá-se início à celebração. Assim a Ressurreição de Jesus dentre os mortos ilumina o mundo com a serenidade de sua luz.

A Vigília Pascal foi restaurada, mas ainda não se tem consciência de sua riqueza e necessidade. A "Semana Santa" não termina com a sepultura de Jesus, nem a Páscoa consiste na queima do Judas. Todas as celebrações litúrgicas tomam seu sentido a partir da Ressurreição de Jesus. Nela também nasce e toma sentido toda a vida cristã. Celebrar esta noite santíssima é ressuscitar com Cristo. A vitória de Cristo é a vitória de todo o cristão.

A Páscoa cristã tem sua história no Antigo Testamento. A ordem de Deus era que fosse celebrada sempre. Recordando as maravilhas operadas por Deus na história da salvação, olhavam para o futuro de libertação total que traria o Messias. O Messias veio, e é Jesus. Ele tem sua Páscoa, passagem libertadora para a vida nova. A Páscoa Cristã, continuando tão grande tradição, enriquece e dá o conteúdo novo que é Cristo e sua obra. Mas dá o complemento a tudo o que foi rezado no passado. Não mais um cordeiro é aquilo que salva, mas Cristo é a Páscoa de nossa salvação. Olhamos também para o futuro: a realização de todas as promessas garantidas pela Ressurreição e a realização da vida nova e vida de cada um que nasceu de novo.

A celebração da Vigília Pascal tem quatro momentos:
Liturgia da Luz
Liturgia da Palavra
Liturgia Batismal
Liturgia Eucarística *(Pág. 163, nº 1)*

LITURGIA DA LUZ

2. BÊNÇÃO DO FOGO E PREPARAÇÃO DO CÍRIO

Segundo antiga tradição, o fogo aceso com pederneira (tirando da pedra), simboliza o Cristo, luz que sai do túmulo de pedra. Com ele se acende o Círio Pascal. Ele é a imagem e símbolo de Cristo ressuscitado, luz do mundo, que entra pela Igreja escura e vai iluminando lentamente, até atingir o clarão total. A luz é Cristo.

O Círio é preparado: faz-se nele uma cruz explicando que Cristo salvou pela Cruz. São colocadas as letras A e Z, dizendo que Cristo é o princípio e o fim. Colocam-se 5 grãos de incenso, dizendo que Cristo nos salva pelas suas chagas. Acende-se o Círio e se inicia a procissão em direção ao altar. É a coluna de fogo que guia o novo povo resgatado de uma escravidão e salvo pelas águas do batismo, entrando no Reino de Deus, presente na Eucaristia.
(Pág. 163, nºs 3 e 4)

3. PROCLAMAÇÃO DA PÁSCOA

Canto da Proclamação da Páscoa (Precônio): Na alegria de Cristo Ressuscitado são proclamadas as festas pascais. Celebram-se as maravilhas de Deus nesta noite. Celebra-se a alegria da luz. Não se esquece da abelhinha que produziu a cera com a qual foi feito o Círio, imagem e símbolo de Cristo que conduz o seu povo.
(Pág. 165, nº 6)

LITURGIA DA PALAVRA

4. INTRODUÇÃO

A celebração da Vigília Pascal tem um elemento forte: a liturgia da Palavra. Nela celebra-se o Cristo que é Palavra do Pai, luz do mundo. Ele está presente na Palavra lida na comunidade. É a proclamação da História da Salvação e das maravilhas realizadas por Deus, até chegar a Cristo, maravilha que permanece não como uma história passada, mas como vida da qual participamos. São 7 (sete) leituras do Antigo Testamento e 2 (duas) do Novo Testamento, sendo uma da Carta de São Paulo aos Romanos e outra dos Evangelhos. Do Antigo Testamento não é obrigatório ler todas. Recomenda-se, porém, que sejam escolhidas pelo menos três. E a leitura do Êxodo (14,15-

15,1) não pode ser omitida. A Igreja recomenda que o critério de escolha das leituras seja o pastoral e não a comodidade. Elas são uma excelente catequese do Mistério Pascal de Cristo. *(Pág. 168, nº 7)*

5. PRIMEIRA LEITURA *(Gn 1,1-2,2 ou 1,1.26-31a)*

A criação do mundo e do homem, primeiro gesto de salvação.

A Criação do mundo e do homem são os primeiros gestos do amor de salvação de Deus: Criação e Ressurreição vêm juntas, pois em Cristo ressuscitado se faz presente a nova criação. A criação em Cristo encontra seu 7º dia, dia do repouso, e o homem, o ingresso no Paraíso. Em Cristo todas as coisas se fazem novas. Todo o mundo criado, juntamente com o povo fiel, canta a Glória do Cristo. O homem é o centro da criação. Em Cristo, novo homem, novo Adão da história, a criação e toda a humanidade tomam novo sentido e têm nele sua garantia. O mundo é o lugar da salvação. *(Pág. 168, nº 8)*

6. SEGUNDA LEITURA *(Gn 22,1-18 ou 22,1-2.9a.10-13.15-18)*

O Sacrifício de Abraão, nosso Pai na fé.

Abraão é chamado por Deus a constituir o povo de Deus. Tantas são as promessas. Mas Abraão é colocado à prova. Responde com fé e generosidade!

O povo de Deus é nascido não do sangue, mas da fé no Deus que chama a compartilhar de seu plano de vida. Cristo é o novo cordeiro que está em nosso lugar, na resposta total e fiel a Deus. Sua descendência será grande como as areias da praia. *(Pág. 172, nº 11)*

7. TERCEIRA LEITURA *(Êx 14,15-15,1)*

Passagem do Mar Vermelho.

O povo de Deus tem uma forte experiência de libertação através das águas do mar. São as maravilhas de Deus que acompanham a criação e formação do povo de Deus.

O novo povo passa pelas águas do Batismo, que lhe dão não uma liberdade humana, mas a passagem da morte para a vida. A Páscoa é passagem que se faz presente na vida de cada cristão através de sua passagem com Cristo nos sacramentos. *(Pág. 175, nº 14)*

8. QUARTA LEITURA *(Is 54,5-14)*

A Nova Jerusalém caminha para o esplendor da luz do Senhor.

A Nova Jerusalém é figura da Igreja, novo povo de Deus, reunido em Cristo numa só família pelo seu sacrifício pascal.

Novo povo, na unidade do Pai, do Filho e do Espírito, é instruído pela Palavra de Deus. Será povo Santo.
(Pág. 177, nº 17)

9. QUINTA LEITURA *(Is 55,1-11)*

A salvação é oferecida gratuitamente a todos os povos.

O povo de Deus não é isolado e fechado. A salvação é como um banquete oferecido a todos os povos. É uma aliança prometida a todos. Deus é generoso em sua promessa, sua Palavra não cai em vão, mas produz sempre o fruto.
(Pág. 179, nº 20)

10. SEXTA LEITURA *(Br 3,9-15.32-4,4)*

Fonte de vida e sabedoria.

Fazemos parte de um povo novo pelo Batismo. Somos constantemente chamados a procurar a sabedoria e a caminhar na luz de sua lei, que é um jugo suave e de leve peso. A lei dos ressuscitados é o amor de Cristo. *(Pág. 180, nº 23)*

11. SÉTIMA LEITURA *(Ez 36,16-17a.18-28)*

Um coração novo e um Espírito novo.

Pela Ressurreição de Cristo todos serão transformados e reunidos em um único povo purificado pela água do

Batismo. O coração transformado receberá um Espírito novo, estabelecendo-se uma aliança de amor e de mútua pertença, fruto da Páscoa. A oração que segue a leitura evoca a ação de Jesus restaurador de todas as coisas. A Igreja reunida é o ponto de chegada de todo o caminho de salvação iniciado no gesto criador de Deus. *(Pág. 182, nº 26)*

12. HINO DE LOUVOR

Canto do Glória:

Depois de uma longa Quaresma, tempo de reflexão e penitência, chegamos ao momento de celebrar a alegria da Ressurreição. É o hino de louvor e adoração ao Cristo vivo, na unidade do Pai e do Espírito. *(Pág. 184, nº 29)*

13. ORAÇÃO

Rezamos a alegria desta noite santíssima iluminada pela Ressurreição. Pedimos a Deus o espírito filial e o reavivamento da comunidade cristã. *(Pág. 184, nº 30)*

14. OITAVA LEITURA (Epístola) *(Rm 6,3-11)*

Cristo ressuscitado dos mortos não morre mais.

Pelo Batismo estamos unidos à morte de Cristo, com ele caminhamos na Vida nova. Somos semelhantes a ele. A morte não tem mais domínio sobre ele. Consideremo-nos mortos ao pecado e vivos para Deus. *(Pág. 185, nº 31)*

15. ACLAMAÇÃO AO EVANGELHO (Canto do Aleluia)

Aleluia! Louvado seja Deus!

O sacerdote entoa solenemente o Aleluia que significa: Louvores a Deus. É o momento da explosão de alegria. Santo Agostinho dizia ao seu povo: com o canto do Aleluia nós exprimimos o tempo da alegria, do repouso e do triunfo representados pelos dias pascais. Não temos ainda o objeto de nosso louvor, mas caminhamos para ele, o Cristo, no seu reino definitivo. *(Pág. 186, nº 33)*

16. EVANGELHO

Ano A: *(Mt 28,1-10)*

Ao raiar do dia, surge a nova luz. O anúncio feito às mulheres é simples: "Sei que procurais Jesus, que foi crucificado. Ele não está aqui! Ressuscitou, como havia dito". Tornamse elas as primeiras anunciadoras: "Ide depressa contar aos discípulos que ele ressuscitou dos mortos". *(Pág. 186, nº 34A)*

Ano B: *(Mc 16,1-7)*

As mulheres entraram no túmulo e viram um jovem vestido de branco. Tiveram medo. Disse ele: "Vós procurais Jesus de Nazaré, que foi crucificado? Ele ressuscitou, não está aqui. Vede o lugar onde o puseram. Ide, dizei aos discípulos e a Pedro que ele irá à vossa frente, para a Galiléia. Lá o vereis". *(Pág. 187, nº 34B)*

Ano C: *(Lc 24,1-12)*

"Por que estais procurando entre os mortos aquele que está vivo? Ele não está aqui. Ressuscitou!" Voltaram as mulheres do túmulo e foram contar aos discípulos. Pedro correu ao túmulo, debruçou-se, mas só viu as ligaduras. Voltou para casa admirado com o sucedido. *(Pág. 187, nº 34C)*

LITURGIA BATISMAL

17. EXORTAÇÃO

A Igreja, desde os primeiros séculos, ligou a noite pascal com a celebração do Batismo. Toda a celebração é estruturada sobre o tema do Batismo e nossa vida em Cristo Ressuscitado. Baseia-se no pensamento de Paulo que o Batismo é uma imersão em Cristo, na sua morte e o ressurgimento com Cristo na sua ressurreição.

Nas comunidades de muitos catecúmenos, neste momento da celebração recebem o Batismo aqueles que devem ser batizados.

Se houver Batismo de adultos, estes recebem também a Crisma e Eucaristia. Batismo, Crisma e Eucaristia formam um só sacramento da iniciação cristã.

Com palavras próprias ou seguindo a fórmula do Missal Romano, o Celebrante faz breve exortação ao povo sobre o significado e a importância do Batismo. *(Pág. 188, nº 35)*

18. LADAINHA DE TODOS OS SANTOS

O rito da Liturgia Batismal inicia-se com a ladainha de todos os santos. Invocamos a presença de toda Igreja celeste e terrestre para que esteja orando junto, implorando o dom do Batismo para aqueles que ora renascem. O Batismo não é algo pessoal, mas pertence a todo povo de Deus no qual é inserido o batizado. Todos enxertados em Cristo. *(Pág. 189, nº 36)*

19. BÊNÇÃO DA ÁGUA BATISMAL

A solene bênção relembra e faz memória de todas as maravilhas operadas por Deus mediante a água. Ele próprio passou pelas águas do Jordão.

Coloca-se o Círio dentro da água, pedindo ao Cristo que infunda nesta água a força do Espírito Santo, para que quem nela for batizado seja sepultado na morte com Cristo e ressuscite com ele para a vida.

Segue-se o rito do Batismo, se houver pessoas para serem batizadas. *(Pág. 191, nº 38)*

20. RENOVAÇÃO DAS PROMESSAS DO BATISMO

Terminado o rito do Batismo, a comunidade faz a renovação de suas promessas batismais e de seu aprofundamento na fé. É o momento em que nos inserimos mais profundamente no mistério de Cristo Ressuscitado, através dos ritos da Igreja.

Ficam todos de pé com as velas acesas.

(Pág. 193, nº 40)

LITURGIA EUCARÍSTICA

21. ORAÇÃO EUCARÍSTICA

É o momento culminante da celebração. A comunidade, reunida em torno da Páscoa, renova o mistério da imolação e glorificação de Cristo.

Batizados em Cristo, ungidos por seu Espírito, entramos em comunhão total com ele, fazendo sua a nossa vida, participando do seu mistério.

Transformados em homens e mulheres novos, nesta noite santíssima fazemos uma ação de Graças a Deus, pelo que Deus realizou em Cristo: ele é o cordeiro de Deus que tirou o pecado do mundo; morrendo, destruiu a morte e, ressuscitando, restaurou-nos a vida.

Vivos em Cristo, com ele viveremos no amor. O abraço da paz será o símbolo da paz instaurada por Cristo. Paz que dá testemunho ao mundo da vitória do Ressuscitado. As promessas se cumpriram: surgiu um novo céu e uma nova terra no gesto de amor e de fraternidade universal. *(Pág. 195, nº 46)*

VII. DOMINGO DA PÁSCOA NA RESSURREIÇÃO DO SENHOR

Transbordando de alegria Pascal (Prefácio)

1. INTRODUÇÃO

A liturgia do domingo de Páscoa é passagem da morte para a vida, pois celebramos de maneira eminente a Ressurreição do Senhor. Neste momento vivemos uma realidade passada e ao mesmo tempo presente e atual: vencida a morte, celebra-se a vida. Jesus Cristo, o Cordeiro imolado, tirou o pecado do mundo; morrendo destruiu a morte, ressurgindo deu-nos nova vida. O mundo exulta. A mão do Senhor, que pousou sobre Cristo, pousa agora sobre nós. O que realizou em Cristo realiza em nós: faz-nos viver. Hoje é um imenso dia. É o dia eterno: "estou sempre convosco".

Iniciamos a oitava da Páscoa. Uma semana toda em que, antigamente, os que eram batizados na noite de Páscoa continuavam vestidos com vestes brancas. Nesta semana vivemos o dia Pascal. A liturgia repete cada dia: "Hoje é o dia que o Senhor fez. Exultemos e alegremo-nos nele". É um dia que dura oito dias. Um só dia é pouco para viver todo o mistério. Iniciamos o tempo Pascal, que vai até a Ascensão e Pentecostes. São 50 dias. Sto. Atanásio chama de grande domingo. Todo o tempo pascal é uma oportunidade que a Igreja recebe para conhecer, amar, celebrar e viver o mistério de nosso amado Redentor Ressuscitado.

A reflexão deste tempo se volta para a Eucaristia, que está inteiramente voltada ao Mistério Pascal, pois nele tem seu início. A liturgia da palavra faz o anúncio do fato da Ressurreição: ele ressuscitou, não está mais no túmulo. Nós comemos e bebemos com ele. Apareceu a Simão. Ele é a pedra que os construtores rejeitaram e tornou-se pedra angular. Os apóstolos são testemunhas. Neste anúncio todos são chamados a viver uma vida nova, a partir da sua ressurreição. Demos graças a Deus, porque ele é bom, porque eterna é a sua misericórdia. *(Pág. 199, nº 1)*

2. HINO DE LOUVOR

Glória! A alegria da Páscoa invade o coração da comunidade que canta a glória de Jesus Cristo, Cordeiro imolado, nossa Páscoa a quem pertence o Reino e a glória.)
(Pág. 200, nº 6)

3. PRIMEIRA LEITURA *(At 10,34a.37-43)*

Pedro vai ao encontro de Cornélio em Cesaréia. Testemunha Cristo morto e ressuscitado, tema fundamental da fé. Cristo vive! Comemos e bebemos com ele. Todo homem, sem distinção pode ser transformado por ele. *(Pág. 200, nº 8)*

4. SEGUNDA LEITURA *(Cl 3,1-4)*

Os sacramentos da iniciação cristã, que nos fazem participar da Ressurreição de Cristo, exigem uma vida inspirada em uma visão nova da realidade, aquela que nasce da cruz gloriosa de Cristo. A moral cristã é pascal. *(Pág. 201, nº 10)*

---

4. SEGUNDA LEITURA (Opcional) *(1Cor 5,6b-8)*

Paulo exorta a comunidade a viver uma vida de fé pura e autêntica. O cristão purificado à luz da ressurreição torna-se digno de celebrar a Páscoa. *(Pág. 202, nº 10)*

---

5. SEQÜÊNCIA

É uma poesia em forma de diálogo, que fala da Ressurreição e da bela experiência que Maria Madalena faz ao encontrar-se com o Cristo Ressuscitado. *(Pág. 202, nº 11)*

6. EVANGELHO *(Jo 20,1-9)*

Pedro, João e Madalena são as primeiras testemunhas da Ressurreição. Por seu intermédio o anúncio do Cristo Ressuscitado chega a todos, como uma mensagem de vida e de esperança. O sepulcro vazio é o testemunho silencioso daquele que coloca vida em nosso mundo. *(Pág. 203, nº 13)*

7. ORAÇÃO EUCARÍSTICA

Os discípulos reconheceram Jesus no partir do pão. Quando nos reunimos para celebrar a Eucaristia, reconhecemos a presença do Cristo ressuscitado que nos faz participantes de seu mistério de morte e ressurreição.

Disponhamo-nos a participar deste dom da Eucaristia, que é fonte de nossa vida de ressuscitados.
(Pág. 207, nº 19)

8. MENSAGEM

A Ressurreição de Cristo leva ao complemento toda a obra da imensa misericórdia de Deus. Nesta celebração do Dia

do Senhor, tornam-se presentes para nós todos os grandes momentos e mistérios de nossa ressurreição: É a nova criação, a nova aliança, o dom do Espírito que nos faz viver na esperança da vinda do Senhor. Celebrando, vivendo no amor, estamos ressuscitados. Vivemos já e agora a vida eterna.
(Pág. 209, nº 24)

TERCEIRA PARTE

LITURGIA DA SEMANA SANTA

I. DOMINGO DE RAMOS

1. INTRODUÇÃO *(Pág. 41, nº 1)*

2. CANTO DE ENTRADA

3. SAUDAÇÃO

— Em nome do Pai e do Filho e do Espírito Santo.

— Amém.

— Irmãos eleitos segundo a presciência de Deus Pai, pela santificação do Espírito, para obedecer a Jesus Cristo e participar da bênção da aspersão do seu sangue, graça e paz vos sejam concedidas abundantemente.

— Bendito seja Deus que nos reuniu no amor de Cristo.

— Meus irmãos e minhas irmãs: Durante as cinco semanas da Quaresma preparamos os nossos corações pela oração, pela penitência e pela caridade. Hoje aqui nos reunimos e vamos iniciar, com a toda a Igreja, a celebração da Páscoa de nosso Senhor. Para realizar o mistério de sua morte e ressurreição, Cristo entrou em Jerusalém, sua cidade. Celebrando com fé e piedade a memória desta entrada, sigamos os passos de nosso Salvador, para que, associados pela graça, à sua cruz, participemos também de sua ressurreição e de sua vida.

4. ANTÍFONA DA ENTRADA *(Mt 21,9)*

— Saudemos com hosanas o Filho de Davi! Bendito o que nos vem em nome do Senhor! Jesus, rei de Israel, hosana nas alturas!

5. BÊNÇÃO DOS RAMOS *(Pág. 42, nº 2)*

OREMOS: Deus eterno e todo poderoso, abençoai + estes ramos, para que, seguindo com alegria o Cristo, nosso Rei, cheguemos por ele à eterna Jerusalém. Por Cristo, nosso Senhor. — **Amém.**

Ou:

OREMOS: Ó Deus de bondade, aumentai a fé dos que esperam em vós e ouvi as nossas preces. Apresentando hoje ao Cristo vencedor os nossos ramos, possamos frutificar em boas obras. Por Cristo, nosso Senhor. — **Amém.**

(Em silêncio, o sacerdote asperge os ramos com água benta.)

6A. EVANGELHO DA ENTRADA DE JESUS EM JERUSALÉM

Ano A: *(Mt 21,1-11) (Pág. 43, nº 3)*

— O Senhor esteja convosco!
— Ele está no meio de nós!
— PROCLAMAÇÃO do Evangelho de Jesus Cristo, escrito por São Mateus.
— Glória a vós, Senhor!

Naquele tempo, [1]Jesus e seus discípulos aproximaram-
se de Jerusalém e chegaram a Betfagé, no monte das Oliveiras.
Então Jesus enviou dois discípulos, [2]dizendo-lhes: "Ide até o
povoado que está ali na frente, e logo encontrareis uma jumen-
ta amarrada, e com ela um jumentinho. Desamarrai-a e trazei-
os a mim! [3]Se alguém vos disser alguma coisa, direis: 'O Se-
nhor precisa deles, mas logo os devolverá'".

[4]Isso aconteceu para se cumprir o que foi dito pelo pro-
feta: [5]"Dizei à filha de Sião: Eis que o teu rei vem a ti, manso e
montado num jumento, num jumentinho, num potro de ju-
menta".

[6]Então os discípulos foram e fizeram como Jesus lhes
havia mandado. [7]Trouxeram a jumenta e o jumentinho e puse-
ram sobre eles suas vestes, e Jesus montou.

[8]A numerosa multidão estendeu suas vestes pelo caminho, enquanto outros cortavam ramos das árvores, e os espalhavam pelo caminho.
[9]As multidões, que iam na frente de Jesus, e os que o seguiam gritavam: "Hosana ao Filho de Davi! Bendito o que vem em nome do Senhor! Hosana no mais alto dos céus!"
[10]Quando Jesus entrou em Jerusalém a cidade inteira
se agitou, e diziam: "Quem é este homem?" [11]E as multidões
respondiam: "Este é o profeta Jesus, de Nazaré da Galiléia".

— Palavra da Salvação.

— Glória a vós, Senhor!

6B. EVANGELHO DA ENTRADA DE JESUS EM JERUSALÉM

Ano B: *(Mc 11,1-10)* *(Pág. 43, nº 3)*

— O Senhor esteja convosco!

— Ele está no meio de nós!

— PROCLAMAÇÃO do Evangelho de Jesus Cristo, escrito por São Marcos.

— Glória a vós, Senhor!

[1]Quando se aproximaram de Jerusalém, na altura de
Betfagé e de Betânia, junto ao monte das Oliveiras, Jesus en-
viou dois discípulos, [2]dizendo: "Ide até o povoado que está
em frente, e logo que ali entrardes, encontrareis amarrado um
jumentinho que nunca foi montado.
Desamarrai-o e trazei-o aqui! [3]Se alguém disser: 'Por que fazeis
isso?', dizei: 'O Senhor precisa dele, mas logo o mandará de volta'".
[4]Eles foram e encontraram um jumentinho amarrado
junto de uma porta, do lado de fora, na rua, e o desamarraram.
[5]Alguns dos que estavam ali disseram: "O que estais fazendo,
desamarrando esse jumentinho?" [6]Os discípulos responderam
como Jesus havia dito, e eles permitiram.
[7]Levaram então o jumentinho a Jesus, colocaram so-
bre ele seus mantos, e Jesus montou. [8]Muitos estenderam seus

mantos pelo caminho, outros espalharam ramos que haviam apanhado nos campos.

9Os que iam na frente e os que vinham atrás gritavam: "Hosana! Bendito o que vem em nome do Senhor! 10Bendito seja o reino que vem, o reino de nosso pai Davi! Hosana no mais alto dos céus!"

— Palavra da Salvação.

— Glória a vós, Senhor!

Ou, à escolha: *(Jo 12,12-16)*

— O Senhor esteja convosco!

— Ele está no meio de nós!

— PROCLAMAÇÃO do Evangelho de Jesus Cristo, escrito por São João.

— Glória a vós, Senhor!

Naquele tempo, 12a grande multidão que tinha subido para a festa ouviu dizer que Jesus estava chegando a Jerusalém. 13Apanharam ramos de palmeiras e saíram ao seu encontro, clamando: "Hosana! Bendito aquele que vem em nome do Senhor, o rei de Israel!"

14Jesus tinha encontrado um jumentinho e estava sentado nele, como está na Escritura: 15"Não temas, filha de Sião, eis que o teu rei vem montado num jumentinho!"

16Naquele momento, os discípulos não entenderam o que estava acontecendo. Mas, quando Jesus foi glorificado, então se lembraram que isso estava escrito a seu respeito e que eles o realizaram.

— Palavra da Salvação.

— Glória a vós, Senhor!

6C. EVANGELHO DA ENTRADA DE JESUS EM JERUSALÉM

Ano C: *(Lc 19,28-40)* *(Pág. 43, nº 3)*

— O Senhor esteja convosco!

— Ele está no meio de nós!

— PROCLAMAÇÃO do Evangelho de Jesus Cristo, escrito por São Lucas.

— Glória a vós, Senhor!

Naquele tempo, [28]Jesus caminhava à frente dos discípulos, subindo para Jerusalém.

[29]Quando se aproximou de Betfagé e Betânia, perto do monte chamado das Oliveiras, enviou dois de seus discípulos, dizendo: [30]"Ide ao povoado ali na frente. Logo na entrada encontrareis um jumentinho amarrado, que nunca foi montado. Desamarrai-o e trazei-o aqui. [31]Se alguém, por acaso, vos perguntar: 'Por que desamarrais o jumentinho?', respondereis assim: 'O Senhor precisa dele'".

[32]Os enviados partiram e encontraram tudo exatamente como Jesus lhes havia dito. [33]Quando desamarravam o jumentinho, os donos perguntaram: "Por que estais desamarrando o jumentinho?" [34]Eles responderam: "O Senhor precisa dele".

[35]E levaram o jumentinho a Jesus. Então puseram seus mantos sobre o animal e ajudaram Jesus a montar. [36]E enquanto Jesus passava, o povo ia estendendo suas roupas no caminho.

[37]Quando chegou perto da descida do monte das Oliveiras, a multidão dos discípulos, aos gritos e cheia de alegria, começou a louvar a Deus por todos os milagres que tinha visto. [38]Todos gritavam: "Bendito o rei, que vem em nome do Senhor! Paz no céu e glória nas alturas!"

[39]Do meio da multidão, alguns dos fariseus disseram a Jesus: "Mestre, repreende teus discípulos!" [40]Jesus, porém, respondeu: "Eu vos declaro: se eles se calarem, as pedras gritarão".

— Palavra da Salvação.

— Glória a vós, Senhor!

---

7. PROCISSÃO DOS RAMOS *(Pág. 43, nº 4)*

— Caríssimos irmãos e irmãs: A exemplo do povo que aclamou Jesus, em sua entrada em Jerusalém, comecemos com alegria a nossa Procissão dos Ramos.

(Durante a procissão cantam-se cânticos apropriados. Terminada a procissão e estando o povo acomodado em seus lugares, inicia-se a missa com a oração.)

8. ORAÇÃO *(Pág. 43, nº 5)*

OREMOS: Deus eterno e todo-poderoso, para dar aos homens um exemplo de humildade, quisestes que o nosso Salvador se fizesse homem e morresse na cruz. Concedei-nos aprender o ensinamento da sua paixão e ressuscitar com ele em sua glória. Por nosso Senhor Jesus Cristo, vosso Filho, na unidade do Espírito Santo.

— Amém.

9. PRIMEIRA LEITURA *(Is 50,4-7) (Pág. 44, nº 6)*

Livro do profeta Isaías:

[4]O Senhor Deus deu-me língua adestrada, para que eu saiba dizer palavras de conforto à pessoa abatida; ele me desperta cada manhã e me excita o ouvido, para prestar atenção como um discípulo.

[5]O Senhor abriu-me os ouvidos; não lhe resisti nem
voltei atrás. [6]Ofereci as costas para me baterem e as faces para me arrancarem a barba; não desviei o rosto de bofetões e cusparadas.

[7]Mas o Senhor Deus é meu Auxiliador, por isso não me deixei abater o ânimo, conservei o rosto impassível como pedra, porque sei que não sairei humilhado.

— Palavra do Senhor.

— Graças a Deus!

10. SALMO RESPONSORIAL *(Sl 21)*

— Meu Deus, meu Deus, por que me abandonastes?

— Meu Deus, meu Deus, por que me abandonastes?

— Riem de mim todos aqueles que me vêem,/ torcem os lábios e sacodem a cabeça:/ "Ao Senhor se confiou, ele o liberte/ e agora o salve, se é verdade que ele o ama!"

— Cães numerosos me rodeiam furiosos,/ e por um bando de malvados fui cercado./ Transpassaram minhas mãos e os meus pés/ e eu posso contar todos os meus ossos.

— Meu Deus, meu Deus, por que me abandonastes?

— Eles repartem entre si as minhas vestes/ e sorteiam entre si a minha túnica./ Vós, porém, ó meu Senhor, não fiqueis longe,/ ó minha força, vinde logo em meu socorro!

— Anunciarei o vosso nome a meus irmãos/ e no meio da assembléia hei de louvar-vos!/ Vós, que temeis ao Senhor Deus, dai-lhe louvores,/ glorificai-o, descendentes de Jacó,/ e respeitai-o, toda a raça de Israel!

11. SEGUNDA LEITURA *(Fl 2,6-11)* *(Pág. 44, nº 7)*

Carta de São Paulo apóstolo aos Filipenses:

6Jesus Cristo, existindo em condição divina, não fez do ser igual a Deus uma usurpação, 7mas ele esvaziou-se a si mesmo, assumindo a condição de escravo e tornando-se igual aos homens. Encontrado com aspecto humano, 8humilhou-se a si mesmo, fazendo-se obediente até a morte, e morte de cruz.

9Por isso, Deus o exaltou acima de tudo e lhe deu o Nome que está acima de todo nome.

10Assim, ao nome de Jesus, todo joelho se dobre no céu, na terra e abaixo da terra, 11e toda língua proclame: "Jesus Cristo é o Senhor", para a glória de Deus Pai.

— Palavra do Senhor.

— Graças a Deus!

12. ACLAMAÇÃO AO EVANGELHO

— Jesus Cristo se tornou obediente, obediente até a morte numa cruz. Pelo que o Senhor Deus o exaltou, e deu-lhe um nome muito acima de outro nome.

13A. EVANGELHO (Paixão do Senhor)

Ano A: *(Mt 26,14-27,66 ou 27,11-54) (Pág. 44, nº 8 A)*

Observações:

1. *A narração da Paixão do Senhor é apresentada aqui de duas formas: A* ***mais longa****, que vai do começo ao fim; mas pode ser lida a narração* ***mais breve,*** *que se inicia no versículo 11 do capítulo 27 e termina com o versículo 54.*

2. *A parte do* ***Povo*** *pode ser lida por um grupo de 3 ou 4 pessoas.*

Leitor 1: Paixão de Nosso Senhor Jesus Cristo segundo São Mateus:
Naquele tempo: 14Um dos doze discípulos, chamado Judas Iscariotes, foi ter com os sumos sacerdotes 15e disse:
Leitor 3: "O que me dareis se vos entregar Jesus?"
Leitor 1: Combinaram, então, trinta moedas de prata. 16E daí em diante, Judas procurava uma oportunidade para entregar Jesus.
Leitor 2: 17No primeiro dia da festa dos Ázimos, os discípulos aproximaram-se de Jesus e perguntaram:
Povo: **"Onde queres que façamos os preparativos para comer a Páscoa?"**
Leitor 1: 18Jesus respondeu:
Celebrante: "Ide à cidade, procurai certo homem e dizei-lhe: 'O Mestre manda dizer: o meu tempo está próximo, vou celebrar a Páscoa em tua casa, junto com meus discípulos'".
Leitor 2: 19Os discípulos fizeram como Jesus mandou e prepararam a Páscoa.
Leitor 1: 20Ao cair da tarde, Jesus pôs-se à mesa com os doze discípulos. 21Enquanto comiam, Jesus disse:
Celebrante: "Em verdade eu vos digo, um de vós vai me trair".
Leitor 2: 22Eles ficaram muito tristes e, um por um, começaram a lhe perguntar:
Leitor 3: "Senhor, será que sou eu?"
Leitor 1: 23Jesus respondeu:
Celebrante: "Quem vai me trair é aquele que comigo põe a mão no prato. 24O Filho do Homem vai morrer, conforme diz a Escri-

tura a respeito dele. Contudo, ai daquele que trair o Filho do Homem! Seria melhor que nunca tivesse nascido!"

Leitor 2: [25]Então Judas, o traidor, perguntou:

Leitor 3: "Mestre, serei eu?"

Leitor 1: Jesus lhe respondeu:

Celebrante: "Tu o dizes".

Leitor 2: [26]Enquanto comiam, Jesus tomou um pão e, tendo pronunciado a bênção, partiu-o, distribuiu-o aos discípulos, e disse:

Celebrante: "Tomai e comei, isto é o meu corpo".

Leitor 1: [27]Em seguida, tomou um cálice, deu graças e entregou-lhes, dizendo:

Celebrante: "Bebei dele todos. [28]Pois isto é o meu sangue, o sangue da aliança, que é derramado em favor de muitos, para remissão dos pecados. [29]Eu vos digo: de hoje em diante não beberei deste fruto da videira, até ao dia em que, convosco, beberei o vinho novo no Reino do meu Pai".

Leitor 2: [30]Depois de terem cantado salmos, foram para o monte das Oliveiras. [31]Então Jesus disse aos discípulos:

Celebrante: "Esta noite, vós ficareis decepcionados por minha causa. Pois assim diz a Escritura: 'Ferirei o pastor e as ovelhas do rebanho se dispersarão'. [32]Mas, depois de ressuscitar, eu irei à vossa frente para a Galiléia".

Leitor 1: [33]Disse Pedro a Jesus:

Leitor 3: "Ainda que todos fiquem decepcionados por tua causa, eu jamais ficarei".

Leitor 2: [34]Jesus lhe declarou:

Celebrante: "Em verdade eu te digo que, esta noite, antes que o galo cante, tu me negarás três vezes".

Leitor 1: [35]Pedro respondeu:

Leitor 3: "Ainda que eu tenha de morrer contigo, mesmo assim não te negarei".

Leitor 2: E todos os discípulos disseram a mesma coisa.

Leitor 1: [36]Então Jesus foi com eles a um lugar chamado Getsêmani, e disse:

Celebrante: "Sentai-vos aqui, enquanto eu vou até ali para rezar!"

Leitor 2: [37]Jesus levou consigo Pedro e os dois filhos de Zebedeu,
e começou a ficar triste e angustiado. [38]Então Jesus lhes disse:
Celebrante: "Minha alma está triste até à morte. Ficai aqui e vigiai
comigo!"
Leitor 1: [39]Jesus foi um pouco mais adiante, prostrou-se com o
rosto por terra e rezou:
Celebrante: "Meu Pai, se é possível, afasta de mim este cálice.
Contudo, não seja feito como eu quero, mas sim como tu que-
res".
Leitor 2: [40]Voltando para junto dos discípulos, Jesus encontrou-
os dormindo, e disse a Pedro:
Celebrante: "Vós não fostes capazes de fazer uma hora de vigí-
lia comigo? [41]Vigiai e rezai, para não cairdes em tentação; pois
o espírito está pronto, mas a carne é fraca".
Leitor 1: [42]Jesus se afastou pela segunda vez e rezou:
Celebrante: "Meu Pai, se este cálice não pode passar sem que eu
o beba, seja feita a tua vontade!"
Leitor 2: [43]Ele voltou de novo e encontrou os discípulos dor-
mindo, porque seus olhos estavam pesados de sono. [44]Deixan-
do-os, Jesus afastou-se e rezou pela terceira vez, repetindo as
mesmas palavras.
Leitor 1: [45]Então voltou para junto dos discípulos e disse:
Celebrante: "Agora podeis dormir e descansar. Eis que chegou
a hora e o Filho do Homem é entregue nas mãos dos pecado-
res. [46]Levantai-vos! Vamos! Aquele que me vai trair já está che-
gando".
Leitor 2: [47]Jesus ainda falava, quando veio Judas, um dos Doze,
com uma grande multidão armada de espadas e paus. Vinham
a mandado dos sumos sacerdotes e dos anciãos do povo. [48]O
traidor tinha combinado com eles um sinal, dizendo:
Leitor 3: "Jesus é aquele que eu beijar; prendei-o!"
Leitor 1: [49]Judas logo se aproximou de Jesus, dizendo:
Leitor 3: "Salve, Mestre!"
Leitor 2: E beijou-o. [50]Jesus lhe disse:
Celebrante: "Amigo, a que vieste?"
Leitor 1: Então os outros avançaram, lançaram as mãos sobre
Jesus e o prenderam. [51]Nesse momento, um dos que estavam

com Jesus estendeu a mão, puxou a espada, e feriu o servo do Sumo Sacerdote, cortando-lhe a orelha. [52]Jesus, porém, lhe disse:

Celebrante: "Guarda a espada na bainha! Pois todos os que usam a espada pela espada morrerão. [53]Ou pensas que eu não poderia recorrer ao meu Pai, e ele me mandaria logo mais de doze legiões de anjos? [54]Então, como se cumpririam as Escrituras, que dizem que isso deve acontecer?"

Leitor 2: [55]E, naquela hora, Jesus disse à multidão:

Celebrante: "Vós viestes com espadas e paus para me prender, como se eu fosse um assaltante. Todos os dias, no Templo, eu me sentava para ensinar, e vós não me prendestes".

Leitor 1: [56]Porém, tudo isto aconteceu para se cumprir o que os profetas escreveram. Então todos os discípulos, abandonando Jesus, fugiram.

Leitor 2: [57]Aqueles que prenderam Jesus levaram-no à casa do Sumo Sacerdote Caifás, onde estavam reunidos os mestres da Lei e os anciãos. [58]Pedro seguiu Jesus de longe até o pátio interno da casa do Sumo Sacerdote. Entrou e sentou-se com os guardas para ver como terminaria tudo aquilo.

Leitor 1: [59]Ora, os sumos sacerdotes e todo o Sinédrio procuravam um falso testemunho contra Jesus, a fim de condená-lo à morte. [60]E nada encontraram, embora se apresentassem muitas falsas testemunhas. Por fim, vieram duas testemunhas, [61]que afirmaram:

Povo: **"Este homem declarou: 'posso destruir o Templo de Deus e construí-lo de novo em três dias'".**

Leitor 2: [62]Então o Sumo Sacerdote levantou-se e perguntou a Jesus:

Leitor 3: "Nada tens a responder ao que estes testemunham contra ti?"

Leitor 1: [63]Jesus, porém, continuava calado. E o Sumo Sacerdote lhe disse:

Leitor 3: "Eu te conjuro pelo Deus vivo que nos digas se tu és o Messias, o Filho de Deus".

Leitor 2: [64]Jesus respondeu:

Celebrante: "Tu o dizes. Além disso, eu vos digo que de agora
em diante vereis o Filho do Homem sentado à direita do Todo-
poderoso, vindo sobre as nuvens do céu".
Leitor 1: 65Então o sumo sacerdote rasgou suas vestes e disse:
Leitor 3: "Blasfemou! Que necessidade temos ainda de teste-
munhas? Pois agora mesmo vós ouvistes a blasfêmia. 66Que
vos parece?"
Leitor 2: Responderam:
Povo: **"É réu de morte!"**
Leitor 1: 67Então cuspiram no rosto de Jesus e o esbofetearam.
Outros lhe deram bordoadas, 68dizendo:
Povo: **"Faze-nos uma profecia, Cristo, quem foi que te ba-
teu?"**
Leitor 2: 69Pedro estava sentado fora, no pátio. Uma criada che-
gou perto dele e disse:
Mulher: "Tu também estavas com Jesus, o Galileu!"
Leitor 1: 70Mas ele negou diante de todos:
Leitor 3: "Não sei o que tu estás dizendo".
Leitor 2: 71E saiu para a entrada do pátio. Então uma outra cri-
ada viu Pedro e disse aos que estavam ali:
Mulher: "Este também estava com Jesus, o Nazareno".
Leitor 1: 72Pedro negou outra vez, jurando:
Leitor 3: "Nem conheço esse homem!"
Leitor 2: 73Pouco depois, os que estavam ali aproximaram-se
de Pedro e disseram:
Povo: **"É claro que tu também és um deles, pois o teu modo
de falar te denuncia".**
Leitor 1: 74Pedro começou a maldizer e a jurar, dizendo que não
conhecia esse homem! E nesse instante o galo cantou. 75Pedro
se lembrou do que Jesus tinha dito: "Antes que o galo cante, tu
me negarás três vezes". E saindo dali, chorou amargamente.
Leitor 2: 27,1De manhã cedo, todos os sumos sacerdotes e os
anciãos do povo convocaram um conselho contra Jesus, para
condená-lo à morte. 2Eles o amarraram, levaram-no e o entre-
garam a Pilatos, o governador.
Leitor 1: 3Então Judas, o traidor, ao ver que Jesus fora condena-
do, ficou arrependido e foi devolver as trinta moedas de prata
aos sumos sacerdotes e aos anciãos, 4dizendo:

Leitor 3: "Pequei, entregando à morte um homem inocente".
Leitor 2: Eles responderam:
Povo: **"O que temos nós com isso? O problema é teu".**
Leitor 1: 5Judas jogou as moedas no santuário, saiu e foi se en-
forcar. 6Recolhendo as moedas, os sumos sacerdotes disseram:
Povo: **"É contra a Lei colocá-las no tesouro do Templo, porque é preço de sangue".**
Leitor 2: 7Então discutiram em conselho e compraram com elas
o Campo do Oleiro, para aí fazer o cemitério dos estrangeiros.
8É por isso que aquele campo até hoje é chamado de "Campo
de Sangue".
Leitor 1: 9Assim se cumpriu o que tinha dito o profeta Jeremias:
"Eles pegaram as trinta moedas de prata — preço do Precioso,
preço com que os filhos de Israel o avaliaram — 10e as deram
em troca do Campo do Oleiro, conforme o Senhor me ordenou!"

(A leitura mais breve começa aqui.)

Leitor 2: 11Jesus foi posto diante do governador, e este o interrogou:
Leitor 3: "Tu és o rei dos judeus?"
Leitor 1: Jesus declarou:
Celebrante: "É como dizes".
Leitor 2: 12E nada respondeu, quando foi acusado pelos sumos
sacerdotes e anciãos. 13Então Pilatos perguntou:
Leitor 3: "Não estás ouvindo de quanta coisa eles te acusam?"
Leitor 1: 14Mas Jesus não respondeu uma só palavra, e o gover-
nador ficou muito impressionado. 15Na festa da Páscoa, o go-
vernador costumava soltar o prisioneiro que a multidão qui-
sesse. 16Naquela ocasião, tinham um prisioneiro famoso, cha-
mado Barrabás. 17Então Pilatos perguntou à multidão reunida:
Leitor 3: "Quem vós quereis que eu solte: Barrabás, ou Jesus, a quem chamam de Cristo?"
Leitor 1: 18Pilatos bem sabia que eles haviam entregado Jesus
por inveja. 19Enquanto Pilatos estava sentado no tribunal, sua
mulher mandou dizer a ele:

Mulher: "Não te envolvas com esse justo! porque esta noite, em sonho, sofri muito por causa dele".
Leitor 2: 20Porém, os sumos sacerdotes e os anciãos convence-
ram as multidões para que pedissem Barrabás e que fizessem
Jesus morrer. 21O governador tornou a perguntar:
Leitor 3: "Qual dos dois quereis que eu solte?"
Leitor 1: Eles gritaram:
Povo: **"Barrabás".**
Leitor 2: 22Pilatos perguntou:
Leitor 3: "Que farei com Jesus, que chamam de Cristo?"
Leitor 1: Todos gritaram:
Povo: **"Seja crucificado!"**
Leitor 2: 23Pilatos falou:
Leitor 3: "Mas, que mal ele fez?"
Leitor 1: Eles, porém, gritaram com mais força:
Povo: **"Seja crucificado!"**
Leitor 2: 24Pilatos viu que nada conseguia e que poderia haver uma revolta. Então mandou trazer água, lavou as mãos diante da multidão, e disse:
Leitor 3: "Eu não sou responsável pelo sangue deste homem. Este é um problema vosso!"
Leitor 1: 25O povo todo respondeu:
Povo: **"Que o sangue dele caia sobre nós e sobre os nossos filhos".**
Leitor 2: 26Então Pilatos soltou Barrabás, mandou flagelar Je-
sus, e entregou-o para ser crucificado. 27Em seguida, os solda-
dos de Pilatos levaram Jesus ao palácio do governador, e reuniram toda a tropa em volta dele.
Leitor 1: 28Tiraram sua roupa e o vestiram com um manto ver-
melho; 29depois teceram uma coroa de espinhos, puseram a coroa em sua cabeça, e uma vara em sua mão direita. Então se ajoelharam diante de Jesus e zombaram, dizendo:
Povo: **"Salve, rei dos judeus!"**
Leitor 2: 30Cuspiram nele e, pegando uma vara, bateram na sua
cabeça. 31Depois de zombar dele, tiraram-lhe o manto vermelho e, de novo, o vestiram com suas próprias roupas. Daí o levaram para crucificar.

Leitor 1: [32]Quando saíam, encontraram um homem chamado
Simão, da cidade de Cirene, e o obrigaram a carregar a cruz de
Jesus. [33]E chegaram a um lugar chamado Gólgota, que quer
dizer "lugar da caveira".
Leitor 2: [34]Ali deram vinho misturado com fel para Jesus beber.
Ele provou, mas não quis beber. [35]Depois de o crucificarem,
fizeram um sorteio, repartindo entre si as suas vestes. [36]E fica-
ram ali sentados, montando guarda.
Leitor 1: [37]Acima da cabeça de Jesus puseram o motivo da sua
condenação: "Este é Jesus, o Rei dos Judeus". [38]Com ele tam-
bém crucificaram dois ladrões, um à direita e outro à esquerda
de Jesus.
Leitor 2: [39]As pessoas que passavam por ali o insultavam, ba-
lançando a cabeça e dizendo:
Povo: **[40]"Tu, que ias destruir o Templo e construí-lo de novo
em três dias, salva-te a ti mesmo! Se és o Filho de Deus, des-
ce da cruz!"**
Leitor 1: [41]Do mesmo modo, os sumos sacerdotes, junto com os
mestres da Lei e os anciãos, também zombaram de Jesus:
Povo: **[42]"A outros salvou... a si mesmo não pode salvar! É Rei
de Israel... Desça agora da cruz, e acreditaremos nele! [43]Con-
fiou em Deus; que o livre agora, se é que Deus o ama! Já que
ele disse: Eu sou o Filho de Deus".**
Leitor 2: [44]Do mesmo modo, também os dois ladrões que foram
crucificados com Jesus, o insultavam.
Leitor 1: [45]Desde o meio-dia até às três horas da tarde, houve
escuridão sobre toda a terra. [46]Pelas três horas da tarde, Jesus
deu um forte grito:
Celebrante: "Eli, Eli, lamá sabactâni?"
Leitor 2: Que quer dizer:
Celebrante: "Meu Deus, meu Deus, por que me abandonaste?"
Leitor 1: [47]Alguns dos que ali estavam, ouvindo-o, disseram:
Povo: **"Ele está chamando Elias!"**
Leitor 2: [48]E logo um deles, correndo, pegou uma esponja, en-
sopou-a em vinagre, colocou-a na ponta de uma vara, e lhe
deu para beber. [49]Outros, porém, disseram:
Povo: **"Deixa, vamos ver se Elias vem salvá-lo!"**

Leitor 1: 50Então Jesus deu outra vez um forte grito e entregou o espírito.

(Aqui todos se ajoelham e faz-se uma pausa.)

Leitor 2: 51E eis que a cortina do santuário rasgou-se de alto a baixo, em duas partes, a terra tremeu e as pedras se partiram. 52Os túmulos se abriram e muitos corpos dos santos falecidos ressuscitaram! 53Saindo dos túmulos, depois da ressurreição de Jesus, apareceram na Cidade Santa e foram vistos por muitas pessoas.

Leitor 1: 54O oficial e os soldados que estavam com ele, guardando Jesus, ao notarem o terremoto e tudo que havia acontecido, ficaram com muito medo e disseram:

Povo: **"Ele era mesmo Filho de Deus!"**

(A leitura mais breve termina aqui.)

Leitor 2: 55Grande número de mulheres estava ali, olhando de longe. Elas haviam acompanhado Jesus desde a Galiléia, prestando-lhe serviços. 56Entre elas estavam Maria Madalena, Maria, mãe de Tiago e de José, e a mãe dos filhos de Zebedeu.

Leitor 1: 57Ao entardecer, veio um homem rico de Arimatéia, chamado José, que também se tornara discípulo de Jesus. 58Ele foi procurar Pilatos e pediu o corpo de Jesus. Então Pilatos mandou que lhe entregassem o corpo.

Leitor 2: 59José, tomando o corpo, envolveu-o num lençol limpo, 60e o colocou em um túmulo novo, que havia mandado escavar na rocha. Em seguida, rolou uma grande pedra para fechar a entrada do túmulo, e retirou-se. 61Maria Madalena e a outra Maria estavam ali sentadas, diante do sepulcro.

Leitor 1: 62No dia seguinte, como era o dia depois da preparação para o sábado, os sumos sacerdotes e os fariseus foram ter com Pilatos, 63e disseram:

Povo: **"Senhor, nós nos lembramos de que quando este impostor ainda estava vivo, disse: 'Depois de três dias eu ressuscitarei!' 64Portanto, manda guardar o sepulcro até ao terceiro dia, para não acontecer que os discípulos venham rou-**

bar o corpo e digam ao povo: 'Ele ressuscitou dos mortos!', pois essa última impostura seria pior do que a primeira".
Leitor 2: 65Pilatos respondeu:
Leitor 3: "Tendes uma guarda. Ide e guardai o sepulcro como melhor vos parecer".
Leitor 1: 66Então eles foram reforçar a segurança do sepulcro: lacraram a pedra e montaram guarda.
Leitor 2: Palavra da Salvação
Povo: **Glória a vós, Senhor!**

13B. EVANGELHO (Paixão do Senhor)

Ano B *(Mc 14,1-15,47 ou 15,1-39) (Pág. 44, nº 8 B)*

Observação:

*A leitura **mais longa** vai do começo ao fim. A **mais breve,** se for escolhida, inicia com o versículo 1 do capítulo 15 e termina com o versículo 39.*

Leitor 1: Paixão de Nosso Senhor Jesus Cristo segundo São Marcos:
1Faltavam dois dias para a Páscoa e para a festa dos Ázimos. Os sumos sacerdotes e os mestres da Lei procuravam um meio de prender Jesus à traição, para matá-lo. 2Eles diziam:
Povo: **"Não durante a festa, para que não haja um tumulto no meio do povo".**
Leitor 2: 3Jesus estava em Betânia, na casa de Simão, o leproso. Quando estava à mesa, chegou uma mulher com um vaso de alabastro cheio de perfume de nardo puro, muito caro. Ela quebrou o vaso e derramou o perfume na cabeça de Jesus. 4Alguns que estavam ali ficaram indignados e comentavam:
Povo: **"Por que este desperdício de perfume? 5Ele poderia ser vendido por mais de trezentas moedas de prata, que seriam dadas aos pobres".**
Leitor 1: E criticavam fortemente a mulher. 6Mas Jesus lhes disse:

Celebrante: "Deixai-a em paz! Por que aborrecê-la? Ela praticou uma boa ação para comigo. 7Pobres sempre tereis convosco e quando quiserdes podeis fazer-lhes o bem. Quanto a mim não me tereis para sempre. 8Ela fez o que podia: derramou perfume em meu corpo, preparando-o para a sepultura. 9Em verdade vos digo, em qualquer parte que o Evangelho for pregado, em todo o mundo, será contado o que ela fez, como lembrança do seu gesto".

Leitor 2: 10Judas Iscariotes, um dos doze, foi ter com os sumos sacerdotes para entregar-lhes Jesus. 11Eles ficaram muito contentes quando ouviram isso, e prometeram dar-lhe dinheiro. Então, Judas começou a procurar uma boa oportunidade para entregar Jesus.

Leitor 1: 12No primeiro dia dos Ázimos, quando se imolava o cordeiro pascal, os discípulos disseram a Jesus:

Povo: **"Onde queres que façamos os preparativos para comeres a Páscoa?"**

Leitor 2: 13Jesus enviou então dois dos seus discípulos e lhes disse:

Celebrante: "Ide à cidade. Um homem carregando um jarro de água virá ao vosso encontro. Segui-o 14e dizei ao dono da casa em que ele entrar: 'O Mestre manda dizer: onde está a sala em que vou comer a Páscoa com os meus discípulos?' 15Então ele vos mostrará, no andar de cima, uma grande sala, arrumada com almofadas. Ali fareis os preparativos para nós!"

Leitor 1: 16Os discípulos saíram e foram à cidade. Encontraram tudo como Jesus havia dito, e prepararam a Páscoa. 17Ao cair da tarde, Jesus foi com os doze. 18Enquanto estavam à mesa comendo, Jesus disse:

Celebrante: "Em verdade vos digo: um de vós, que come comigo, vai me trair".

Leitor 2: 19Os discípulos começaram a ficar tristes e perguntaram a Jesus, um após outro:

Leitor 3: "Acaso serei eu?"

Leitor 1: 20Jesus lhes disse:

Celebrante: "É um dos doze, que se serve comigo do mesmo prato.

21O Filho do Homem segue seu caminho, conforme está escri-
to sobre ele. Ai, porém, daquele que trair o Filho do Homem!
Melhor seria que nunca tivesse nascido!"
Leitor 2: 22Enquanto comiam, Jesus tomou o pão e, tendo pro-
nunciado a bênção, partiu-o e entregou-lhes, dizendo:
Celebrante: "Tomai, isto é o meu corpo".
Leitor 1: 23Em seguida, tomou o cálice, deu graças, entregou-
lhes e todos beberam dele. 24Jesus lhes disse:
Celebrante: "Isto é o meu sangue, o sangue da aliança, que é
derramado em favor de muitos. 25Em verdade vos digo: não
beberei mais do fruto da videira, até o dia em que beberei o
vinho novo no Reino de Deus".
Leitor 2: 26Depois de terem cantado o hino, foram para o mon-
te das Oliveiras. 27Então Jesus disse aos discípulos:
Celebrante: "Todos vós ficareis desorientados, pois está escrito:
'Ferirei o pastor e as ovelhas se dispersarão.' 28Mas, depois de
ressuscitar, eu vos precederei na Galiléia".
Leitor 1: 29Pedro, porém, lhe disse:
Leitor 3: "Mesmo que todos fiquem desorientados, eu não fi-
carei".
Leitor 2: 30Respondeu-lhe Jesus:
Celebrante: "Em verdade te digo, ainda hoje, esta noite, antes
que o galo cante duas vezes, três vezes tu me negarás".
Leitor 1: 31Mas Pedro repetiu com veemência:
Leitor 3: "Ainda que tenha de morrer contigo, eu não te nega-
rei".
Leitor 2: E todos diziam o mesmo. 32Chegados a um lugar cha-
mado Getsêmani, disse Jesus aos discípulos:
Celebrante: "Sentai-vos aqui, enquanto eu vou rezar!"
Leitor 1: 33Levou consigo Pedro, Tiago e João, e começou a sen-
tir pavor e angústia. 34Então Jesus lhes disse:
Celebrante: "Minha alma está triste até à morte. Ficai aqui e
vigiai".
Leitor 2: 35Jesus foi um pouco mais adiante e, prostrando-se
por terra, rezava que, se fosse possível, aquela hora se afastas-
se dele. 36Dizia:

Celebrante: "Abbá! Pai! Tudo te é possível: Afasta de mim este cálice! Contudo, não seja feito o que eu quero, mas sim o que tu queres!"

Leitor 1: 37Voltando, encontrou os discípulos dormindo. Então disse a Pedro:

Celebrante: "Simão, tu estás dormindo? Não pudeste vigiar nem
mesmo uma hora? 38Vigiai e orai, para não cairdes em tenta-
ção! Pois o espírito está pronto, mas a carne é fraca".

Leitor 2: 39Jesus afastou-se de novo e rezou, repetindo as mes-
mas palavras. 40Voltou outra vez e os encontrou dormindo,
porque seus olhos estavam pesados de sono e eles não sabiam
o que responder. 41Ao voltar pela terceira vez, Jesus lhes disse:

Celebrante: "Agora podeis dormir e descansar. Basta! Chegou a
hora! Eis que o Filho do Homem é entregue nas mãos dos pe-
cadores. 42Levantai-vos! Vamos! Aquele que vai me trair já está
chegando".

Leitor 1: 43E logo, enquanto Jesus ainda falava, chegou Judas,
um dos doze, com uma multidão armada de espadas e paus.
Vinham da parte dos sumos sacerdotes, dos mestres da Lei e
dos anciãos do povo. 44O traidor tinha combinado com eles
um sinal, dizendo:

Leitor 3: "É aquele a quem eu beijar. Prendei-o e levai-o com segurança!"

Leitor 2: 45Judas logo se aproximou de Jesus, dizendo: "Mes-
tre!", e o beijou. 46Então lançaram as mãos sobre ele e o pren-
deram. 47Mas um dos presentes puxou a espada e feriu o em-
pregado do sumo sacerdote, cortando-lhe a orelha. 48Jesus to-
mou a palavra e disse:

Celebrante: "Vós saístes com espadas e paus para me prender,
como se eu fosse um assaltante. 49Todos os dias eu estava
convosco, no Templo, ensinando, e não me prendestes. Mas,
isso acontece para que se cumpram as Escrituras".

Leitor 1: 50Então todos o abandonaram e fugiram. 51Um jovem,
vestido apenas com um lençol, estava seguindo a Jesus, e eles
o prenderam. 52Mas o jovem largou o lençol e fugiu nu. 53En-
tão levaram Jesus ao Sumo Sacerdote, e todos os sumos sacer-
dotes, os anciãos e os mestres da Lei se reuniram.

Leitor 2: [54]Pedro seguiu Jesus de longe, até o interior do pátio do Sumo Sacerdote. Sentado com os guardas, aquecia-se junto ao fogo. [55]Ora, os sumos sacerdotes e todo o Sinédrio procuravam um testemunho contra Jesus, para condená-lo à morte, mas não encontravam. [56]Muitos testemunhavam falsamente contra ele, mas seus testemunhos não concordavam. [57]Alguns se levantaram e testemunharam falsamente contra ele, dizendo:

Povo: **[58]"Nós o ouvimos dizer: 'Vou destruir este templo feito pelas mãos dos homens, e em três dias construirei um outro, que não será feito por mãos humanas!'"**

Leitor 1: [59]Mas nem assim o testemunho deles concordava. [60]Então, o Sumo Sacerdote levantou-se no meio deles e interrogou a Jesus:

Leitor 3: "Nada tens a responder ao que estes testemunham contra ti?"

Leitor 2: [61]Jesus continuou calado, e nada respondeu. O Sumo Sacerdote interrogou-o de novo:

Leitor 3: "Tu és o Messias, o Filho de Deus Bendito?"

Leitor 1: [62]Jesus respondeu:

Celebrante: "Eu sou. E vereis o Filho do Homem sentado à direita do Todo-Poderoso, vindo com as nuvens do céu".

Leitor 2: [63]O Sumo Sacerdote rasgou suas vestes e disse:

Leitor 3: "Que necessidade temos ainda de testemunhas? [64]Vós ouvistes a blasfêmia! O que vos parece?"

Leitor 1: Então todos o julgaram réu de morte. [65]Alguns começaram a cuspir em Jesus. Cobrindo-lhe o rosto, o esbofeteavam e diziam:

Povo: **"Profetiza!"**

Leitor 2: Os guardas também davam-lhe bofetadas. [66]Pedro estava embaixo, no pátio. Chegou uma criada do Sumo Sacerdote, [67]e, quando viu Pedro que se aquecia, olhou bem para ele e disse:

Mulher: "Tu também estavas com Jesus, o Nazareno!"

Leitor 1: [68]Mas Pedro negou, dizendo:

Leitor 3: "Não sei e nem compreendo o que estás dizendo!"

Leitor 2: E foi para fora, para a entrada do pátio. E o galo can-
tou. 69 A criada viu Pedro, e de novo começou a dizer aos que
estavam perto:
Mulher: "Este é um deles".
Leitor 1: 70 Mas Pedro negou outra vez. Pouco depois, os que
estavam junto diziam novamente a Pedro:
Povo: **"É claro que tu és um deles, pois és da Galiléia".**
Leitor 2: 71 Aí Pedro começou a maldizer e a jurar, dizendo:
Leitor 3: "Nem conheço esse homem de quem estais falando".
Leitor 1: 72 E nesse instante um galo cantou pela segunda vez.
Lembrou-se Pedro da palavra que Jesus lhe havia dito:
Celebrante: "Antes que um galo cante duas vezes, três vezes tu
me negarás".
Leitor 2: Caindo em si, ele começou a chorar.

(A leitura mais breve começa aqui.)

Leitor 1: 15,1 Logo pela manhã, os sumos sacerdotes, com os
anciãos, os mestres da Lei e todo o Sinédrio, reuniram-se e
tomaram uma decisão. Levaram Jesus amarrado e o entrega-
ram a Pilatos. 2 E Pilatos o interrogou:
Leitor 3: "Tu és o rei dos judeus?"
Leitor 2: Jesus respondeu:
Celebrante: "Tu o dizes".
3 E os sumos sacerdotes faziam muitas acusações contra Jesus.
4 Pilatos o interrogou novamente:
Leitor 3: "Nada tens a responder? Vê de quanta coisa te acu-
sam!"
Leitor 1: 5 Mas Jesus não respondeu mais nada, de modo que
Pilatos ficou admirado. 6 Por ocasião da Páscoa, Pilatos soltava
o prisioneiro que eles pedissem. 7 Havia então um preso, cha-
mado Barrabás, entre os bandidos, que, numa revolta, tinha
cometido um assassinato. 8 A multidão subiu a Pilatos e come-
çou a pedir que ele fizesse como era costume. 9 Pilatos pergun-
tou:
Leitor 3: "Vós quereis que eu solte o rei dos judeus?"
Leitor 2: 10 Ele bem sabia que os sumos sacerdotes haviam en-
tregado Jesus por inveja. 11 Porém, os sumos sacerdotes insti-

garam a multidão para que Pilatos lhes soltasse Barrabás.
12Pilatos perguntou de novo:
Leitor 3: "Que quereis então que eu faça com o rei dos Judeus?"
Leitor 1: 13Mas eles tornaram a gritar:
Povo: **"Crucifica-o!"**
Leitor 2: 14Pilatos perguntou:
Leitor 3: "Mas, que mal ele fez?"
Leitor 1: Eles, porém, gritaram com mais força:
Povo: **"Crucifica-o!"**
Leitor 2: 15Pilatos, querendo satisfazer a multidão, soltou
Barrabás, mandou flagelar Jesus e o entregou para ser crucifi-
cado. 16Então os soldados o levaram para dentro do palácio,
isto é, o pretório, e convocaram toda a tropa. 17Vestiram Jesus
com um manto vermelho, teceram uma coroa de espinhos e a
puseram em sua cabeça. 18E começaram a saudá-lo:
Povo: **"Salve, rei dos judeus!"**
Leitor 1: 19Batiam-lhe na cabeça com uma vara. Cuspiam nele
e, dobrando os joelhos, prostravam-se diante dele. 20Depois
de zombarem de Jesus, tiraram-lhe o manto vermelho, vesti-
ram-no de novo com suas próprias roupas e o levaram para
fora, a fim de crucificá-lo. 21Os soldados obrigaram um certo
Simão de Cirene, pai de Alexandre e de Rufo, que voltava do
campo, a carregar a cruz. 22Levaram Jesus para o lugar chama-
do Gólgota, que quer dizer "Calvário".
Leitor 2: 23Deram-lhe vinho misturado com mirra, mas ele não
o tomou. 24Então o crucificaram e repartiram as suas roupas,
tirando a sorte, para ver que parte caberia a cada um. 25Eram
nove horas da manhã quando o crucificaram. 26E ali estava
uma inscrição com o motivo de sua condenação: "O Rei dos
Judeus". 27Com Jesus foram crucificados dois ladrões, um à
direita e outro à esquerda.
Leitor 1: 28Os que por ali passavam o insultavam, balançando a
cabeça e dizendo:
Povo: **"Ah! Tu, que destróis o Templo e o reconstróis em três
dias, 29salva-te a ti mesmo, descendo da cruz!"**
Leitor 2: 30Do mesmo modo, os sumos sacerdotes, com os mes-
tres da Lei, zombavam entre si, dizendo:

Povo: **"A outros salvou, a si mesmo não pode salvar! [31]O Messias, o rei de Israel... que desça agora da cruz, para que vejamos e acreditemos!"**
Leitor 1: Os que foram crucificados com ele também o insultavam.
[32]Quando chegou o meio-dia, houve escuridão sobre toda a terra, até as três horas da tarde. [33]Pelas três da tarde, Jesus gritou com voz forte:
Celebrante: "Eloi, Eloi, lamá sabactâni?".
Leitor 2: Que quer dizer:
Celebrante: "Meu Deus, meu Deus, por que me abandonaste?"
Leitor 1: [34]Alguns dos que estavam ali perto, ouvindo-o, disseram:
Povo: **"Vejam, ele está chamando Elias!"**
Leitor 2: [35]Alguém correu e embebeu uma esponja em vinagre, colocou-a na ponta de uma vara e lhe deu de beber, dizendo:
Leitor 3: "Deixai! Vamos ver se Elias vem tirá-lo da cruz".
Leitor 1: [36]Então Jesus deu um forte grito e expirou.

(Aqui todos se ajoelham e faz-se uma pausa.)

Leitor 2: [37]Neste momento a cortina do santuário rasgou-se de alto a baixo, em duas partes. [38]Quando o oficial do exército, que estava bem em frente dele, viu como Jesus havia expirado, disse:
Leitor 3: "Na verdade, este homem era Filho de Deus!"

(A leitura mais breve termina aqui.)

Leitor 1: [39]Estavam ali também algumas mulheres, que olhavam de longe; entre elas, Maria Madalena, Maria, mãe de Tiago Menor e de Joset, e Salomé. [40]Elas haviam acompanhado e servido a Jesus quando ele estava na Galiléia. Também muitas outras, que tinham ido com Jesus a Jerusalém, estavam ali.
Leitor 2: [41]Era o dia da preparação, isto é, a véspera do sábado, e já caíra a tarde. [42]Então, José de Arimatéia, membro respeitável do Conselho, que também esperava o Reino de Deus, cheio de coragem, foi a Pilatos e pediu o corpo de Jesus. [43]Pilatos ficou admirado, quando soube que Jesus estava morto. Cha-

mou o oficial do exército e perguntou se Jesus tinha morrido há muito tempo. 44Informado pelo oficial, Pilatos entregou o corpo a José.
Leitor 1: 45José comprou um lençol de linho, desceu o corpo da cruz e o envolveu no lençol. Depois colocou-o num túmulo, escavado na rocha, e rolou uma pedra à entrada do sepulcro.
46Maria Madalena e Maria, mãe de Joset, observavam onde Jesus foi colocado.
Leitor 2: Palavra da Salvação.
Povo: **Glória a vós, Senhor!**

13C. EVANGELHO (Paixão do Senhor)

Ano C *(Lc 22,14-23,56 ou 23,1-49) (Pág. 44, nº 8C)*

Observação:

*A leitura **mais longa** vai do começo ao fim. A **mais breve,** se for escolhida, inicia com o versículo 1 do capítulo 23 e termina com o versículo 49.*

Leitor 1: Paixão de nosso Senhor Jesus Cristo, segundo São Lucas:
14Quando chegou a hora, Jesus pôs-se à mesa com os apóstolos
15e disse:
Celebrante: "Desejei ardentemente comer convosco esta ceia pascal, antes de sofrer. 16Pois eu vos digo que nunca mais a comerei, até que ela se realize no Reino de Deus".
Leitor 2: 17Então Jesus tomou um cálice, deu graças e disse:
Celebrante: "Tomai este cálice e reparti entre vós; 18pois eu vos digo que, de agora em diante, não mais beberei do fruto da videira, até que venha o Reino de Deus".
Leitor 1: 19A seguir, Jesus tomou um pão, deu graças, partiu-o e deu-o aos discípulos, dizendo:
Celebrante: "Isto é o meu corpo, que é dado por vós. Fazei isto em memória de mim".
Leitor 2: 20Depois da ceia, Jesus fez o mesmo com o cálice, dizendo:

Celebrante: "Este cálice é a nova aliança no meu sangue, que é
derramado por vós. 21Todavia, a mão de quem me vai entregar
está comigo, nesta mesa. 22Sim, o Filho do Homem vai morrer,
como está determinado. Mas ai daquele homem por meio de
quem ele é entregue".
Leitor 1: 23Então os apóstolos começaram a perguntar uns aos
outros qual deles haveria de fazer tal coisa. 24Houve também
uma discussão entre eles sobre qual deles deveria ser conside-
rado o maior. 25Jesus, porém, lhes disse:
Celebrante: "Os reis das nações dominam sobre elas, e os que
têm poder se fazem chamar benfeitores. 26Entre vós, não deve
ser assim. Pelo contrário, o maior entre vós seja como o mais
novo, e o que manda, como quem está servindo. 27Afinal, quem
é o maior: quem está sentado à mesa, ou quem está servindo?
Não é quem está sentado à mesa? Eu, porém, estou no meio de
vós como aquele que serve. 28Vós ficastes comigo em minhas
provações. 29Por isso, assim como o meu Pai me confiou o Rei-
no, eu também vos confio o Reino. 30Vós havereis de comer e
beber à minha mesa, no meu Reino, e sentar-vos em tronos
para julgar as doze tribos de Israel. 31Simão, Simão! Olha que
Satanás pediu permissão para vos peneirar como trigo. 32Eu,
porém, rezei por ti, para que tua fé não se apague. E tu, uma
vez convertido, fortalece os teus irmãos".
Leitor 2: 33Mas Simão disse:
Leitor 3: "Senhor, eu estou pronto para ir contigo até mesmo à
prisão e à morte!"
Leitor 1: 34Jesus, porém, respondeu:
Celebrante: "Pedro, eu te digo que hoje, antes que o galo cante,
três vezes tu negarás que me conheces".
Leitor 2: 35E Jesus lhes perguntou:
Celebrante: "Quando vos enviei sem bolsa, sem sacola, sem
sandálias, faltou-vos alguma coisa?"
Leitor 1: Eles responderam:
Povo: **"Nada".**
Leitor 2: 36Jesus continuou:
Celebrante: "Agora, porém, quem tiver bolsa, deve pegá-la; do
mesmo modo, quem tiver uma sacola; e quem não tiver espa-
da, venda o manto para comprar uma. 37Porque eu vos digo: É

preciso que se cumpra em mim a palavra da Escritura: 'Ele foi contado entre os malfeitores'. Pois o que foi dito a meu respeito tem de se realizar".

Leitor 1: 38Mas eles disseram:

Povo: **"Senhor, aqui estão duas espadas".**

Leitor 2: Jesus respondeu:

Celebrante: "Basta".

Leitor 1: 39Jesus saiu e, como de costume, foi para o monte das
Oliveiras. Os discípulos o acompanharam. 40Chegando ao lu-
gar, Jesus lhes disse:

Celebrante: "Orai para não entrardes em tentação".

Leitor 2: 41Então afastou-se a uma certa distância e, de joelhos, começou a rezar:

Celebrante: 42"Pai, se queres, afasta de mim este cálice; contudo, não seja feita a minha vontade, mas a tua!"

Leitor 1: 43Apareceu-lhe um anjo do céu, que o confortava.
44Tomado de angústia, Jesus rezava com mais insistência. Seu
suor tornou-se como gotas de sangue que caíam no chão. 45Le-
vantando-se da oração, Jesus foi para junto dos discípulos e
encontrou-os dormindo, de tanta tristeza. 46E perguntou-lhes:

Celebrante: "Por que estais dormindo? Levantai-vos e orai para não entrardes em tentação".

Leitor 2: 47Jesus ainda falava, quando chegou uma multidão.
Na frente, vinha um dos Doze, chamado Judas, que se aproxi-
mou de Jesus para beijá-lo. 48Jesus lhe disse:

Celebrante: "Judas, com um beijo tu entregas o Filho do Homem?"

Leitor 1: 49Vendo o que ia acontecer, os que estavam com Jesus disseram:

Povo: **"Senhor, vamos atacá-los com a espada?"**

Leitor 2: 50E um deles feriu o empregado do Sumo Sacerdote,
cortando-lhe a orelha direita. 51Jesus, porém, ordenou:

Celebrante: "Deixai, basta!"

Leitor 1: E tocando a orelha do homem, o curou. 52Depois Jesus
disse aos sumos sacerdotes, aos chefes dos guardas do templo
e aos anciãos, que tinham vindo prendê-lo:

Celebrante: "Vós saístes com espadas e paus, como se eu fosse
um ladrão? 53Todos os dias eu estava convosco no templo, e

nunca levantastes a mão contra mim. Mas esta é a vossa hora,
a hora do poder das trevas".
Leitor 2: 54Eles prenderam Jesus e o levaram, conduzindo-o à
casa do Sumo Sacerdote. Pedro acompanhava de longe. 55Eles
acenderam uma fogueira no meio do pátio e sentaram-se ao
redor.
Pedro sentou-se no meio deles. 56Ora, uma criada viu Pedro
sentado perto do fogo; encarou-o bem e disse:
Mulher: "Este aqui também estava com ele!"
Leitor 1: 57Mas Pedro negou:
Leitor 3: "Mulher, eu nem o conheço!"
Leitor 2: 58Pouco depois, um outro viu Pedro e disse:
Leitor 3: "Tu também és um deles".
Leitor 1: Mas Pedro respondeu:
Leitor 3: "Homem, não sou".
Leitor 2: 59Passou mais ou menos uma hora, e um outro insis-
tia:
Leitor 3: "Certamente, este aqui também estava com ele, por-
que é galileu!"
Leitor 1: Mas Pedro respondeu:
Leitor 3: 60"Homem, não sei o que estás dizendo!"
Leitor 2: Nesse momento, enquanto Pedro ainda falava, um galo
cantou. 61Então o Senhor se voltou e olhou para Pedro. E Pedro
lembrou-se da palavra que o Senhor lhe tinha dito:
Celebrante: "Hoje, antes que o galo cante, três vezes me nega-
rás".
Leitor 1: 62Então Pedro saiu para fora e chorou amargamente.
63Os guardas caçoavam de Jesus e espancavam-no; 64cobriam
o seu rosto e lhe diziam:
Povo: **"Profetiza: quem foi que te bateu?"**
Leitor 2: 65E o insultavam de muitos outros modos. 66Ao ama-
nhecer, os anciãos do povo, os sumos sacerdotes e os mestres
da Lei reuniram-se em conselho e levaram Jesus ao tribunal
deles. 67E diziam:
Povo: **"Se és o Cristo, dize-nos!"**
Leitor 1: Jesus respondeu:
Celebrante: "Se eu vos disser, não me acreditareis, 68e, se eu vos
fizer perguntas, não me respondereis. 69Mas, de agora em di-

ante, o Filho do Homem estará sentado à direita do Deus Poderoso."

Leitor 2: [70]Então todos perguntaram:

Povo: **"Tu és, portanto, o Filho de Deus?"**

Leitor 1: Jesus respondeu:

Celebrante: "Vós mesmos estais dizendo que eu sou!"

Leitor 2: [71]Eles disseram:

Povo: **"Será que ainda precisamos de testemunhas? Nós mesmos o ouvimos de sua própria boca!"**

(A leitura mais breve começa aqui.)

Leitor 1: [23,1]Em seguida, toda a multidão se levantou e levou Jesus a Pilatos. [2]Começaram então a acusá-lo, dizendo:

Povo: **"Achamos este homem fazendo subversão entre o nosso povo, proibindo pagar impostos a César e afirmando ser ele mesmo Cristo, o Rei".**

Leitor 2: [3]Pilatos o interrogou:

Leitor 3: "Tu és o rei dos judeus?"

Leitor 1: Jesus respondeu, declarando:

Celebrante: "Tu o dizes!"

Leitor 2: [4]Então Pilatos disse aos sumos sacerdotes e à multidão:

Leitor 3: "Não encontro neste homem nenhum crime".

Leitor 1: [5]Eles, porém, insistiam:

Povo: **"Ele agita o povo, ensinando por toda a Judéia, desde a Galiléia, onde começou, até aqui".**

Leitor 2: [6]Quando ouviu isto, Pilatos perguntou:

Leitor 3: "Este homem é galileu?"

Leitor 1: [7]Ao saber que Jesus estava sob a autoridade de Herodes, Pilatos enviou-o a este, pois também Herodes estava em Jerusalém naqueles dias. [8]Herodes ficou muito contente ao ver Jesus, pois havia muito tempo desejava vê-lo. Já ouvira falar a seu respeito e esperava vê-lo fazer algum milagre. [9]Ele interrogou-o com muitas perguntas. Jesus, porém, nada lhe respondeu.

Leitor 2: [10]Os sumos sacerdotes e os mestres da Lei estavam presentes e o acusavam com insistência. [11]Herodes, com seus

soldados, tratou Jesus com desprezo, zombou dele, vestiu-o
com uma roupa vistosa e mandou-o de volta a Pilatos. 12Na-
quele dia Herodes e Pilatos ficaram amigos um do outro, pois
antes eram inimigos.
Leitor 1: 13Então Pilatos convocou os sumos sacerdotes, os che-
fes e o povo, e lhes disse:
Leitor 3: 14"Vós me trouxestes este homem como se fosse um
agitador do povo. Pois bem! Já o interroguei diante de vós e
não encontrei nele nenhum dos crimes de que o acusais; 15nem
Herodes, pois o mandou de volta para nós. Como podeis ver,
ele nada fez para merecer a morte. 16Portanto, vou castigá-lo e
o soltarei.
Leitor 2: 17Toda a multidão começou a gritar:
Povo: **"Fora com ele! Solta-nos Barrabás!"**
Leitor 1: 18Barrabás tinha sido preso por causa de uma revolta
na cidade e por homicídio. 19Pilatos falou outra vez à multi-
dão, pois queria libertar Jesus. 20Mas eles gritavam:
Povo: **"Crucifica-o! Crucifica-o!"**
Leitor 2: 21E Pilatos falou pela terceira vez:
Leitor 3: "Que mal fez este homem? Não encontrei nele ne-
nhum crime que mereça a morte. Portanto, vou castigá-lo e o
soltarei."
Leitor 1: 22Eles, porém, continuaram a gritar com toda a força,
pedindo que fosse crucificado. E a gritaria deles aumentava
sempre mais. 23Então Pilatos decidiu que fosse feito o que eles
pediam.
24Soltou o homem que eles queriam — aquele que fora preso
por revolta e homicídio — e entregou Jesus à vontade deles.
Leitor 2: 25Enquanto levavam Jesus, pegaram um certo Simão,
de Cirene, que voltava do campo, e impuseram-lhe a cruz para
carregá-la atrás de Jesus. 26Seguia-o uma grande multidão do
povo e de mulheres que batiam no peito e choravam por ele.
27Jesus, porém, voltou-se e disse:
Celebrante: "Filhas de Jerusalém, não choreis por mim! Chorai
por vós mesmas e por vossos filhos! 28Porque dias virão em
que se dirá:
'Felizes as mulheres que nunca tiveram filhos, os ventres que
nunca deram à luz e os seios que nunca amamentaram'. 29En-

tão começarão a pedir às montanhas: 'Caí sobre nós! e às colinas: 'Escondei-nos!'
30Porque, se fazem assim com a árvore verde, o que não farão
com a árvore seca?"
Leitor 1: 31Levavam também outros dois malfeitores para se-
rem mortos junto com Jesus. 32Quando chegaram ao lugar cha-
mado "Calvário", ali crucificaram Jesus e os malfeitores: um à
sua direita e outro à sua esquerda. 33Jesus dizia:
Celebrante: "Pai, perdoa-lhes! Eles não sabem o que fazem!"
Leitor 2: Depois fizeram um sorteio, repartindo entre si as rou-
pas de Jesus. 34O povo permanecia lá, olhando. E até os chefes
zombavam, dizendo:
Povo: **"A outros ele salvou. Salve-se a si mesmo, se, de fato, é o Cristo de Deus, o Escolhido!"**
Leitor 1: 35Os soldados também caçoavam dele; aproximavam-
se, ofereciam-lhe vinagre, 36e diziam:
Povo: **"Se és o rei dos judeus, salva-te a ti mesmo!"**
Leitor 2: 37Acima dele havia um letreiro: "Este é o Rei dos Judeus".
38Um dos malfeitores crucificados o insultava, dizendo:
Leitor 3: "Tu não és o Cristo? Salva-te a ti mesmo e a nós!"
Leitor 1: 39Mas o outro o repreendeu, dizendo:
Leitor 3: "Nem sequer temes a Deus, tu que sofres a mesma
condenação? 40Para nós, é justo, porque estamos recebendo o
que merecemos; mas ele não fez nada de mal".
Leitor 2: 41E acrescentou:
Leitor 3: "Jesus, lembra-te de mim, quando entrares no teu reinado".
Leitor 1: 42Jesus lhe respondeu:
Celebrante: "Em verdade eu te digo: ainda hoje estarás comigo no Paraíso".
Leitor 2: 43Já era mais ou menos meio-dia e uma escuridão co-
briu toda a terra até às três horas da tarde, 44pois o sol parou
de brilhar. A cortina do santuário rasgou-se pelo meio, 45e Je-
sus deu um forte grito:
Celebrante: "Pai, em tuas mãos entrego o meu espírito".
Leitor 1: Dizendo isso, expirou.

(Aqui todos se ajoelham e faz-se uma pausa.)

Leitor 2: 46O oficial do exército romano viu o que acontecera e glorificou a Deus dizendo:
Leitor 3: "De fato! Este homem era justo!"
Leitor 1: 47E as multidões, que tinham acorrido para assistir, viram o que havia acontecido, e voltaram para casa, batendo no peito.
48Todos os conhecidos de Jesus, bem como as mulheres, que o acompanhavam desde a Galiléia, ficaram à distância, olhando essas coisas.

(A leitura mais breve termina aqui.)

Leitor 2: 49Havia um homem bom e justo, chamado José, membro do Conselho, 50o qual não tinha aprovado a decisão nem a ação dos outros membros. Ele era de Arimatéia, uma cidade da Judéia, e esperava a vinda do Reino de Deus. 51José foi ter com Pilatos e pediu o corpo de Jesus. 52Desceu o corpo da cruz, enrolou-o num lençol e colocou-o num túmulo escavado na rocha, onde ninguém ainda tinha sido sepultado.
Leitor 1: 53Era o dia da preparação da Páscoa, e o sábado já estava começando. 54As mulheres, que tinham vindo da Galiléia com Jesus, foram com José, para ver o túmulo e como o corpo de Jesus ali fora colocado. 55Depois voltaram para casa e prepararam perfumes e bálsamos. E, no sábado, elas descansaram, conforme ordenava a Lei.
Leitor 2: Palavra da Salvação.
Povo: **Glória a vós, Senhor!**

---

14. PROFISSÃO DE FÉ

Creio em Deus Pai todo-poderoso,/ criador do céu e da terra;/ **e em Jesus Cristo, seu único Filho, nosso Senhor,/** que foi concebido pelo poder do Espírito Santo;/ **nasceu da Virgem Maria;/ padeceu sob Pôncio Pilatos,/** foi crucificado, morto e sepultado;/ **desceu à mansão dos mortos;/ ressusci-**

tou ao terceiro dia,/ subiu aos céus;/ está sentado à direita de Deus Pai todo-poderoso,/ **donde há de vir a julgar os vivos e os mortos./** Creio no Espírito Santo;/ **na Santa Igreja Católica;/** na comunhão dos santos;/ **na remissão dos pecados;/** na ressurreição da carne;/ **na vida eterna. Amém.**

15. ORAÇÃO DA COMUNIDADE

— No alto da cruz, Jesus pensou na humanidade de todos os tempos, oferecendo sua vida pela salvação de todos. Elevando nossos corações a Deus, nosso Pai, apresentemos a ele os nossos pedidos, pensando em toda a humanidade do nosso tempo.

1. Pela Igreja no mundo inteiro, para que em cada comunidade seja testemunha fiel de Cristo morto e ressuscitado por amor aos homens, rezemos!

— Senhor, escutai a nossa prece!

2. Para que o Sangue de Cristo nos purifique de nossos pecados, rezemos!

3. Para que a paixão de Cristo nos conforte em nossos sofrimentos, rezemos!

4. Para que os marginalizados, oprimidos, injustiçados e dependentes de drogas encontrem em Cristo a libertação e a felicidade, rezemos!

5. Para que todos os que sofrem tenham em Cristo o consolo e a esperança, rezemos!

6. Para que todos os homens conheçam a Jesus Cristo, nele creiam e nele tenham a salvação, rezemos!

(Outras intenções)

— Senhor, Pai de misericórdia, acolhei com bondade os nossos pedidos e dai-nos a salvação em Jesus Cristo, que vive e reina para sempre.

— Amém.

16. CANTO DAS OFERENDAS

17. ORAI, IRMÃOS E IRMÃS

— Orai, irmãos e irmãs, para que o sacrifício da Igreja, nesta pausa restauradora na caminhada rumo ao céu, seja aceito por Deus Pai todo-poderoso.

— Receba o Senhor por tuas mãos este sacrifício,/ para glória do seu nome,/ para nosso bem/ e de toda a santa Igreja.

18. ORAÇÃO SOBRE AS OFERENDAS

Ó DEUS, pela paixão de nosso Senhor Jesus Cristo, sejamos reconciliados convosco, de modo que, ajudados pela vossa misericórdia, alcancemos pelo sacrifício do vosso Filho o perdão que não merecemos por nossas obras. Por Cristo, nosso Senhor. — **Amém.**

19. ORAÇÃO EUCARÍSTICA

(Escolher entre a I, pág. 123; a II, pág. 127; e a III, pág. 129)

— O Senhor esteja convosco!
— Ele está no meio de nós.
— Corações ao alto!
— O nosso coração está em Deus.
— Demos graças ao Senhor, nosso Deus.
— É nosso dever e nossa salvação.

NA VERDADE, é justo e necessário, é nosso dever e salvação dar-vos graças, sempre e em todo o lugar, Senhor, Pai santo, Deus eterno e todo-poderoso, por Cristo, Senhor nosso. Inocente, Jesus quis sofrer pelos pecadores. Santíssimo, quis ser condenado a morrer pelos criminosos. Sua morte apagou nossos pecados e sua ressurreição nos trouxe vida nova. Por ele, os anjos cantam vossa grandeza e os santos proclamam vossa glória. Concedei-nos também a nós associar-nos a seus louvores, cantando (dizendo) a uma só voz:

— Santo, Santo, Santo, Senhor, Deus do universo! O céu e a terra proclamam a vossa glória. Hosana nas alturas! Bendito o que vem em nome do Senhor! Hosana nas alturas!

20. RITO DA COMUNHÃO

— Obedientes à palavra do Salvador e formados por seu divino ensinamento, ousamos dizer:

— PAI NOSSO...

— Livrai-nos de todos os males, ó Pai, e dai-nos hoje a vossa paz. Ajudados pela vossa misericórdia, sejamos sempre livres do pecado e protegidos de todos os perigos, enquanto, vivendo a esperança, aguardamos a vinda do Cristo Salvador.

— Vosso é o reino, o poder e a glória para sempre!

— Senhor Jesus Cristo, dissestes aos vossos Apóstolos: eu vos deixo a paz, eu vos dou a minha paz. Não olheis os nossos pecados, mas a fé que anima vossa Igreja; dai-lhe, segundo o vosso desejo, a paz e a unidade. Vós, que sois Deus, com o Pai e o Espírito Santo.

— Amém.

— A paz do Senhor esteja sempre convosco!

— O amor de Cristo nos uniu!

— Em Jesus, que nos tornou todos irmãos e irmãs com sua cruz, saudai-vos com um sinal de reconciliação e de paz.

— Esta união do Corpo e do Sangue de Jesus, o Cristo e Senhor nosso, que vamos receber, nos sirva para a vida eterna!

— Cordeiro de Deus, que tirais o pecado do mundo,/ tende piedade de nós./ Cordeiro de Deus, que tirais o pecado do mundo,/ tende piedade de nós./ Cordeiro de Deus, que tirais o pecado do mundo,/ dai-nos a paz.

— Senhor Jesus Cristo, Filho do Deus vivo, que, cumprindo a vontade do Pai e agindo com o Espírito Santo, pela vossa morte destes vida ao mundo, livrai-me de meus pecados e de todo mal; pelo vosso Corpo e pelo vosso Sangue, daime cumprir sempre a vossa vontade e jamais separar-me de vós.

— Quem come minha Carne e bebe meu Sangue permanece em mim e eu nele. Eis o Cordeiro de Deus que tira o pecado do mundo.

— Senhor, eu não sou digno(a) de que entreis em minha morada,/ mas dizei uma palavra e serei salvo(a).

21. CANTO DA COMUNHÃO

22. ANTÍFONA DA COMUNHÃO *(Mt 26,42)*

— Ó Pai, se este cálice não pode passar sem que eu o beba, faça-se a tua vontade!

23. ORAÇÃO DEPOIS DA COMUNHÃO

OREMOS: Saciados pelo vosso sacramento, nós vos pedimos, ó Deus: como pela morte do vosso Filho nos destes esperar o que cremos, dai-nos pela sua ressurreição alcançar o que buscamos. Por Cristo, nosso Senhor.

— Amém.

24. MENSAGEM *(Pág. 45, nº 9)*

25. CANTO FINAL

26. BÊNÇÃO

— O Senhor esteja convosco!

— Ele está no meio de nós.

— Abençoe-vos Deus todo-poderoso, Pai e Filho + e Espírito Santo.

— Amém.

— A alegria do Senhor seja a vossa força; ide em paz e o Senhor vos acompanhe.

— Graças a Deus!

II. QUINTA-FEIRA SANTA

A. MISSA DO CRISMA E BÊNÇÃO DOS SANTOS ÓLEOS

1. INTRODUÇÃO *(Pág. 47, nº 1)*

2. CANTO DE ENTRADA

3. SAUDAÇÃO

— Em nome do Pai e do Filho e do Espírito Santo.

— Amém.

— Irmãos e irmãs, sede bem-vindos. A graça e a paz de nosso Senhor Jesus Cristo, o amor do Pai e a comunhão do Espírito Santo estejam convosco!

— Bendito seja Deus que nos reuniu no amor de Cristo.

4. ANTÍFONA DA ENTRADA *(At 1,6)*

— Jesus Cristo fez de nós um reino e sacerdotes para Deus, seu Pai. A ele glória e poder pelos séculos dos séculos. Amém.

5. ATO PENITENCIAL

— Irmãos e irmãs, reconheçamos as nossas culpas para celebrarmos dignamente os santos mistérios. *(Pausa)* Confessemos os nossos pecados.

— Confesso a Deus todo-poderoso/ e a vós, irmãos e irmãs,/ que pequei muitas vezes,/ por pensamentos e palavras,/ atos e omissões,/ por minha culpa, minha tão grande culpa./ E peço à Virgem Maria,/ aos anjos e santos/ e a vós, irmãos e irmãs,/ que rogueis por mim a Deus, nosso Senhor.

— Deus todo-poderoso tenha compaixão de nós, perdoe os nossos pecados e nos conduza à vida eterna.

— Amém.

— *Senhor, tende piedade de nós!*
— Senhor, tende piedade de nós!
— *Cristo, tende piedade de nós!*
— Cristo, tende piedade de nós!
— *Senhor, tende piedade de nós!*
— Senhor, tende piedade de nós!

6. HINO DE LOUVOR

Glória a Deus nas alturas,/ e paz na terra aos homens por ele amados./ **Senhor Deus, Rei dos céus,/ Deus Pai todo-poderoso./** Nós vos louvamos,/ **nós vos bendizemos,/** nós vos adoramos,/ **nós vos glorificamos,/** nós vos damos graças/ por vossa imensa glória./ **Senhor Jesus Cristo, Filho unigênito,/** Senhor Deus, / Cordeiro de Deus,/ Filho de Deus Pai./ **Vós, que tirais o pecado do mundo,/ tende piedade de nós./** Vós, que tirais o pecado do mundo,/ acolhei a nossa súplica./ **Vós, que estais à direita do Pai,/ tende piedade de nós./** Só vós sois o Santo,/ **Só vós, o Senhor,/** só vós, o Altíssimo,/ Jesus Cristo,/ **com o Espírito Santo, na glória de Deus Pai. Amém.**

7. ORAÇÃO *(Pág. 48, nº 2)*

OREMOS: Ó Deus, que ungistes o vosso Filho único com o Espírito Santo e o fizestes Cristo e Senhor, concedei que, participando de sua consagração, sejamos no mundo testemunhas da redenção que ele nos trouxe. Por nosso Senhor Jesus Cristo, vosso Filho, na unidade do Espírito Santo.
— Amém.

LITURGIA DA PALAVRA

8. PRIMEIRA LEITURA
(Is 61,1-3a.6a.8b-9) (Pág. 48, nº 3)

Livro do Profeta Isaías:
1 O Espírito do Senhor Deus está sobre mim, porque o Senhor me ungiu; enviou-me para dar a boa nova aos humildes, curar as feridas da alma, pregar a redenção para os cati-

vos e a liberdade para os que estão presos; [2]para proclamar o tempo da graça do Senhor e o dia da vingança do nosso Deus; para consolar todos os que choram, [3a]para reservar e dar aos que sofrem por Sião uma coroa, em vez de cinza, o óleo da alegria, em vez da aflição.

[6a]Vós sois os sacerdotes do Senhor, chamados ministros de nosso Deus.

[8b]Eu os recompensarei por suas obras, segundo a verdade, e farei com eles uma aliança perpétua. [9]Sua descendência será conhecida entre as nações, e seus filhos se fixarão no meio dos povos; quem os vir há de reconhecê-los como descendentes abençoados por Deus.

— Palavra do Senhor.

— Graças a Deus!

9. SALMO RESPONSORIAL *(Sl 88)*

— Senhor, eu cantarei eternamente o vosso amor.

— Senhor, eu cantarei eternamente o vosso amor.

— Encontrei e escolhi a Davi, meu servidor,/ e o ungi, para ser rei, com meu óleo consagrado./ Estará sempre com ele minha mão onipotente,/ e meu braço poderoso há de ser a sua força.

— Minha verdade e meu amor estarão sempre com ele,/ sua força e seu poder por meu nome crescerão./ Ele, então, me invocará: "Ó Senhor, vós sois meu Pai, sois meu Deus, sois meu Rochedo onde encontro a salvação!"

10. SEGUNDA LEITURA *(Ap 1,5-8)* *(Pág. 48, nº 4)*

Livro do Apocalipse de São João:

A vós graça e paz [5]da parte de Jesus Cristo, a testemunha fiel, o primeiro a ressuscitar dentre os mortos, o soberano dos reis da terra. A Jesus, que nos ama, que nos libertou dos nossos pecados [6]e que fez de nós um reino, sacerdotes para seu Deus e Pai, a ele a glória e o poder, em eternidade. Amém.

[7]Olhai! Ele vem com as nuvens, e todos os olhos o verão — também aqueles que o traspassaram. Todas as tribos da terra baterão no peito por causa dele. Sim. Amém!

8“Eu sou o Alfa e o Ômega”, diz o Senhor Deus, “aquele que é, que era e que vem, o Todo-poderoso”.

— Palavra do Senhor.

— Graças a Deus!

11. EVANGELHO *(Lc 4,16-21) (Pág. 48, nº 5)*

12. ACLAMAÇÃO AO EVANGELHO

— O Espírito do Senhor sobre mim fez a sua unção, enviou-me aos empobrecidos a fazer feliz proclamação!

— O Senhor esteja convosco!

— Ele está no meio de nós.

— PROCLAMAÇÃO do Evangelho de Jesus Cristo, escrito por São Lucas.

— Glória a vós, Senhor!

Naquele tempo, 16Jesus foi à cidade de Nazaré, onde se tinha criado. Conforme seu costume, entrou na sinagoga, no sábado, e levantou-se para fazer a leitura.

17Deram-lhe o livro do profeta Isaías. Abrindo o livro, Jesus achou a passagem em que está escrito: 18“O Espírito do Senhor está sobre mim, porque ele me consagrou com a unção para anunciar a boa nova aos pobres; enviou-me para proclamar a libertação aos cativos e aos cegos a recuperação da vista; para libertar os oprimidos 19e para proclamar um ano da graça do Senhor”.

20Depois fechou o livro, entregou-o ao ajudante e sentou-se. Todos os que estavam na sinagoga tinham os olhos fixos nele. 21Então começou a dizer-lhes: “Hoje se cumpriu esta passagem da Escritura que acabastes de ouvir”.

— Palavra da Salvação.

— Glória a vós, Senhor!

13. RENOVAÇÃO DAS PROMESSAS SACERDOTAIS *(Pág. 48, nº 6)*

Bispo: Filhos caríssimos, celebrando cada ano o dia em que o Senhor Jesus comunicou o seu sacerdócio aos apóstolos e a nós,

quereis renovar as promessas que um dia fizestes perante o vosso Bispo e o povo de Deus?
Sacerdotes: **Quero.**
Bispo: Quereis unir-vos e conformar-vos mais estreitamente ao Senhor Jesus, renunciando a vós mesmos e confirmando os compromissos do sagrado ministério que, levados pelo amor de Cristo, assumistes com alegria em relação à Igreja, no dia da vossa ordenação sacerdotal?
Sacerdotes: **Quero.**
Bispo: Quereis ser fiéis distribuidores dos mistérios de Deus, pela missão de ensinar, pela sagrada Eucaristia e demais celebrações litúrgicas, seguindo o Cristo, Cabeça e Pastor, não levados pela ambição dos bens materiais, mas apenas pelo amor aos seres humanos?
Sacerdotes: **Quero.**
Bispo (Voltado para o povo): E vós, caríssimos filhos e filhas, rezai pelos vossos presbíteros, para que o Senhor derrame profusamente os seus dons sobre eles e, como fiéis ministros de Cristo, Sumo Sacerdote, vos conduzam àquele que é a fonte da salvação.
Povo: **Cristo, ouvi-nos! Cristo, atendei-nos!**
Bispo: E orai também por mim, para que eu seja fiel à missão apostólica confiada à minha fraqueza, e cada dia realize melhor entre vós a imagem viva do Cristo Sacerdote, Bom Pastor, Mestre e Servo de todos.
Povo: **Cristo, ouvi-nos! Cristo, atendei-nos!**
Bispo: Deus nos guarde a todos em sua caridade e nos conduza, pastores e ovelhas, à vida eterna.
Povo: **Amém.**

14. PROFISSÃO DE FÉ *(Omite-se)*

15. ORAÇÃO DA COMUNIDADE *(Omite-se)*

16. PROCISSÃO DOS SANTOS ÓLEOS

(Pág. 49, nº 7)

17. CANTO DA PROCISSÃO DOS ÓLEOS

Acolhei, ó Redentor,
nossos hinos de louvor!

O óleo a ser consagrado
desceu do trono fecundo;
por nós vai ser ofertado
a quem salvou este mundo.

Acolhei, ó Redentor,
nossos hinos de louvor!

Quem na fraqueza se abisma
seja em vigor restaurado,
graças à unção deste crisma
que o faz do Cristo soldado.

Acolhei, ó Redentor,
nossos hinos de louvor!

Quem, no batismo lavado,
a fronte ao crisma oferece,
já pela graça habitado,
com sete dons se enriquece.

Acolhei, ó Redentor,
nossos hinos de louvor!

Do Pai à Virgem descido,
de novo ao Pai regressais,
e o Amigo, então prometido,
às nossas almas mandais.

Acolhei, ó Redentor,
nossos hinos de louvor!

Seja festivo este dia,
dele se faça a memória:
óleo de santa alegria
já nos promete a vitória!

Acolhei, ó Redentor,
nossos hinos de louvor!

18. BÊNÇÃO DOS ÓLEOS *(Pág. 49, nº 8)*

(Se for realizada antes da preparação das oferendas:)

a) ***Óleo dos enfermos:*** *(Pág. 115, nº 23)*
b) ***Óleo dos catecúmenos:*** *(Pág. 116, nº 28)*
c) ***Óleo do Crisma:*** *(Pág. 117, nº 29)*

LITURGIA EUCARÍSTICA

19. PREPARAÇÃO DAS OFERENDAS

— Bendito sejais, Senhor, Deus do universo, pelo pão que recebemos de vossa bondade, fruto da terra e do trabalho humano, que agora vos apresentamos, e para nós se vai tornar pão da vida.

— Bendito seja Deus para sempre!

— Pelo mistério desta água e deste vinho possamos participar da divindade do vosso Filho, que se dignou assumir a nossa humanidade.

— Bendito sejais, Senhor, Deus do universo, pelo vinho que recebemos de vossa bondade, fruto da videira e do trabalho humano, que agora vos apresentamos, e para nós se vai tornar vinho da salvação.

— De coração contrito e humilde, sejamos, Senhor, acolhidos por vós; e seja o nosso sacrifício de tal modo oferecido que vos agrade, Senhor, nosso Deus.

— Lavai-me, Senhor, das minhas faltas e purificai-me do meu pecado.

20. ORAI, IRMÃOS E IRMÃS

— Orai, irmãos e irmãs, para que o nosso sacrifício seja aceito por Deus Pai todo-poderoso.

— Receba o Senhor por tuas mãos este sacrifício,/ para glória do seu nome,/ para nosso bem/ e de toda a santa Igreja.

21. ORAÇÃO SOBRE AS OFERENDAS

NÓS VOS PEDIMOS, ó Deus, que a força deste sacrifício destrua em nós o homem velho, renove nossa vida e nos traga a salvação. Por Cristo, nosso Senhor.

— Amém.

22. ORAÇÃO EUCARÍSTICA *(Pág. 50, nº 9)*

(Escolher entre a I, pág. 123; a II, pág. 127; e a III, pág. 129)

— O Senhor esteja convosco!
— Ele está no meio de nós.
— Corações ao alto!
— O nosso coração está em Deus.
— Demos graças ao Senhor, nosso Deus.
— É nosso dever e nossa salvação.

NA VERDADE, é justo e necessário, é nosso dever e salvação dar-vos graças, sempre e em todo o lugar, Senhor, Pai santo, Deus eterno e todo-poderoso. Pela unção do Espírito Santo, constituístes vosso Filho unigênito Pontífice da nova e eterna aliança. E estabelecestes que seu único sacerdócio se perpetuasse na Igreja. Por isso, vosso Filho, Jesus Cristo, enriqueceu a Igreja com um sacerdócio real. E, com bondade fraterna, escolhe homens que, pela imposição das mãos, participem do seu ministério sagrado. Em nome de Cristo, estes renovam para nós o sacrifício da redenção humana, servindo aos fiéis o banquete da Páscoa. Presidindo o povo na caridade, eles o alimentam com vossa palavra e o restauram com vossos sacramentos. Dando a vida por vós e pela salvação de todos, procuram assemelhar-se cada vez mais ao próprio Cristo, testemunhando, constantes, a fidelidade e o amor para convosco. Por essa razão, com os anjos do céu e as mulheres e os homens da terra, unidos a todas as criaturas, proclamamos, jubilosos, a vossa glória, cantando (dizendo) a uma só voz:

— Santo, Santo, Santo, Senhor, Deus do universo! O céu e a terra proclamam a vossa glória. Hosana nas alturas! Bendito o que vem em nome do Senhor! Hosana nas alturas!

23. BÊNÇÃO DO ÓLEO DOS ENFERMOS
(Pág. 49, nº 8a)

(Na Oração Eucarística I, antes de: "Por ele não cessais de criar; nas outras, antes de: "Por Cristo...)

— Ó Deus, Pai de toda consolação, que pelo vosso Filho quisestes curar os males dos enfermos, atendei à oração de nossa fé: enviai do céu o vosso Espírito Santo Paráclito sobre este óleo generoso, que por vossa bondade a oliveira nos fornece para alívio do corpo, a fim de que pela vossa santa + bênção seja para todos que com ele forem ungidos proteção do corpo, da alma e do espírito, libertando-os de toda dor, toda fraqueza e enfermidade. Dignai-vos abençoar para nós, ó Pai, o vosso óleo santo, em nome de nosso Senhor Jesus Cristo. (Que convosco vive e reina, na unidade do Espírito Santo. — **Amém.**) *(Esta conclusão só se diz quando a bênção for fora da Oração Eucarística.)*

24. RITO DA COMUNHÃO

— Rezemos com amor e confiança a oração que o Senhor Jesus nos ensinou:

— PAI NOSSO...

— Livrai-nos de todos os males, ó Pai, e dai-nos hoje a vossa paz. Ajudados pela vossa misericórdia, sejamos sempre livres do pecado e protegidos de todos os perigos, enquanto, vivendo a esperança, aguardamos a vinda do Cristo Salvador.

— Vosso é o reino, o poder e a glória para sempre!

— Senhor Jesus Cristo, dissestes aos vossos Apóstolos: eu vos deixo a paz, eu vos dou a minha paz. Não olheis os nossos pecados, mas a fé que anima vossa Igreja; dai-lhe, segundo o vosso desejo, a paz e a unidade. Vós, que sois Deus, com o Pai e o Espírito Santo. — **Amém.**

— A paz do Senhor esteja sempre convosco!

— O amor de Cristo nos uniu!

— Irmãos e irmãs, saudai-vos em Cristo Jesus.

Esta união do Corpo e do Sangue de Jesus, o Cristo e Senhor nosso, que vamos receber, nos sirva para a vida eterna!

— Cordeiro de Deus, que tirais o pecado do mundo,/ tende piedade de nós./ Cordeiro de Deus, que tirais o pecado do mundo,/ tende piedade de nós./ Cordeiro de Deus, que tirais o pecado do mundo,/ dai-nos a paz.

— Senhor Jesus Cristo, o vosso Corpo e o vosso Sangue, que vou receber, não se tornem causa de juízo e condenação; mas, por vossa bondade, sejam sustento e remédio para minha vida.

— Felizes os convidados para a Ceia do Senhor. Eis o Cordeiro de Deus que tira o pecado do mundo.

— Senhor, eu não sou digno(a) de que entreis em minha morada,/ mas dizei uma palavra e serei salvo(a).

25. CANTO DA COMUNHÃO

26. ANTÍFONA DA COMUNHÃO *(Sl 88,2)*

— Senhor, quero cantar eternamente o vosso amor e vossa fidelidade de geração em geração.

27. ORAÇÃO DEPOIS DA COMUNHÃO

OREMOS: Nós vos suplicamos, ó Deus todo-poderoso, que, renovados pelos vossos sacramentos, possamos ser por toda parte o bom odor do Cristo. Que vive e reina para sempre. **— Amém.**

28. BÊNÇÃO DO ÓLEO DOS CATECÚMENOS *(Pág. 49, nº 8b)*

— Ó Deus, força e proteção de vosso povo, que fizestes do óleo, vossa criatura, um sinal de fortaleza: dignai-vos abençoar + este óleo, e concedei o dom da força aos catecúmenos que com ele forem ungidos; para que, recebendo a sabedoria e virtude divinas, compreendam mais profundamente o Evangelho do vosso Cristo, sejam generosos no cumprimento dos deveres cristãos e, dignos da adoção filial, alegrem-se por terem renascido e viverem em vossa Igreja. Por Cristo, nosso Senhor. **— Amém.**

29. CONSAGRAÇÃO DO CRISMA (I) *(Pág. 49, nº 8c)*

— Meus irmãos e minhas irmãs, roguemos a Deus Pai todo-poderoso que abençoe e santifique este crisma, para que recebam uma unção interior e tornem-se dignos da divina redenção os que forem ungidos em suas frontes.

Ó Deus, autor de todo crescimento e todo progresso espiritual, recebei com bondade a homenagem que a Igreja, pela nossa voz, vem prestar-vos com alegria.

Fizestes no princípio que a terra produzisse árvores frutíferas, e entre elas a oliveira, cujos frutos fornecem este óleo tão rico com que se prepara o santo crisma.

E Davi, antevendo com espírito profético os sacramentos da vossa graça, cantou a nossa alegria ao sermos ungidos pelo óleo.

Nas águas do dilúvio, ao serem lavados os pecados do mundo, uma pomba anunciou a paz restituída à terra, trazendo um ramo de oliveira, imagem do futuro dom, que agora se manifesta claramente, pois, apagada toda mancha de culpa pelas águas do Batismo, esta unção de óleo nos traz às nossas faces a serenidade e a alegria.

Também mandastes que vosso servo Moisés, pela infusão deste óleo, constituísse sacerdote seu irmão Aarão, já purificado pela água. E a tudo isso se acrescenta honra ainda mais alta, quando nosso Senhor Jesus Cristo, vosso Filho, exigindo que João o batizasse nas águas do Jordão, e sendo-lhe enviado o Espírito Santo sob a forma de uma pomba, proclamastes pelo testemunho de uma voz que em vosso Filho Unigênito estava todo o vosso amor e claramente confirmastes ser ele por excelência o Ungido com o óleo de alegria, anunciado pelo profeta Davi.

(Todos os concelebrantes estendem a mão direita em direção ao crisma, em silêncio, até o fim da oração.)

Por isso, nós vos suplicamos, ó Pai, que santifiqueis este óleo com a vossa + bênção. Infundi-lhe a força do Espírito Santo, pelo poder do vosso Cristo, que deu o seu nome ao santo crisma, com o qual ungistes vossos sacerdotes e reis, vossos profetas e mártires.

Fazei que este óleo do crisma seja sacramento de perfeita salvação e vida para os que vão ser renovados nas águas do Batismo.

Santificados por essa unção, e sanada a corrupção original, tornem-se templo da vossa glória e manifestem a integridade de uma vida santa.

Segundo disposição da vossa vontade, cumulados da honra de reis, sacerdotes e profetas, revistam-se de um dom incorruptível.

Para os que renasceram da água e do Espírito, seja crisma de salvação, fazendo-os participantes da vida eterna e herdeiros da glória celeste. Por Cristo, nosso Senhor.

— Amém.

---

29. CONSAGRAÇÃO DO CRISMA (II)

— Meus irmãos e minhas irmãs, roguemos a Deus Pai todo-poderoso que abençoe e santifique este crisma, para que recebam uma unção interior e tornem-se dignos da divina redenção os que forem ungidos em suas frontes.

Ó Deus, autor dos sacramentos e dispensador da vida, damos graças à vossa inefável bondade, pois prefigurastes na antiga aliança o mistério do óleo santificador e, ao chegar a plenitude dos tempos, quisestes manifestá-lo de modo especial em vosso Filho amado.

Pois, quando o vosso Filho, Senhor nosso, salvou os homens pelo mistério pascal, encheu do Espírito Santo a vossa Igreja e enriqueceu-a maravilhosamente de dons celestes, para que por meio dela se completasse no mundo a obra da salvação.

Por este sagrado mistério do crisma, distribuís aos homens as riquezas da vossa graça, a fim de que vossos filhos e filhas, renascidos da água do Batismo, sejam confirmados pela unção do Espírito e, semelhantes então ao vosso Cristo, participem de sua missão de profeta, sacerdote e rei.

(Todos os concelebrantes estendem a mão direita em direção ao crisma, em silêncio, até o fim da oração.)

Por isso, nós vos pedimos, ó Pai, que pelo poder da vossa graça esta mistura de perfume e óleo seja para nós um sinal da vossa + bênção.

Derramai profusamente em nossos irmãos, que receberem esta unção, os dons do Espírito Santo.

Fazei resplandecer de santidade os lugares e as coisas ungidos com este óleo sagrado.

Fazei sobretudo que a vossa Igreja cresça pelo mistério deste óleo, até atingir a medida de plenitude em que, no fulgor da luz eterna, sereis tudo para todos com Cristo, no Espírito Santo, pelos séculos dos séculos.

— Amém.

---

30. MENSAGEM *(Pág. 50, nº 10)*

31. BÊNÇÃO

— O Senhor esteja convosco!

— Ele está no meio de nós.

— O Pai de misericórdia, que vos deu um exemplo de amor na paixão do seu Filho, vos conceda, pela vossa dedicação a Deus e ao próximo, a graça de sua bênção.

— Amém.

— O Cristo, cuja morte vos libertou da morte eterna, conceda-vos receber o dom da vida.

— Amém.

— Tendo seguido a lição de humildade deixada pelo Cristo, participeis igualmente de sua ressurreição.

— Amém.

— Abençoe-vos Deus todo-poderoso, Pai e Filho + e Espírito Santo.

— Amém.

— A alegria do Senhor seja a vossa força; ide em paz e o Senhor vos acompanhe.

— Graças a Deus!

B. MISSA VESPERTINA DA CEIA DO SENHOR

1. INTRODUÇÃO *(Pág. 50, nº 1)*

2. CANTO DE ENTRADA

3. SAUDAÇÃO

— Em nome do Pai e do Filho e do Espírito Santo.

— Amém.

— Que o Pai vos acolha como filhos e filhas muito amados, na graça e na paz de nosso Senhor Jesus Cristo e na comunhão do Espírito Santo.

— Bendito seja Deus que nos reuniu no amor de Cristo.

4. ANTÍFONA DA ENTRADA *(Gl 6,14)*

A cruz de nosso Senhor Jesus Cristo deve ser a nossa glória: nele está nossa vida e ressurreição; foi ele que nos salvou e libertou.

5. ATO PENITENCIAL *(Cantado)*

— Para celebrarmos dignamente a instituição da Eucaristia, peçamos a Deus que nos purifique de nossos pecados e nos santifique com sua graça. *(Pausa)*

— *Senhor, que viestes salvar os corações arrependidos...*

— Piedade, piedade, piedade de nós! (bis)

— *Ó Cristo, que viestes chamar os pecadores humilhados...*

— Piedade, piedade, piedade de nós! (bis)

— *Senhor, que intercedeis por nós junto a Deus Pai que nos perdoa...*

— Piedade, piedade, piedade de nós! (bis)

— Deus todo-poderoso tenha compaixão de nós, perdoe os nossos pecados e nos conduza à vida eterna.

— Amém.

6. HINO DE LOUVOR

Glória a Deus nas alturas,/ e paz na terra aos homens por ele amados./ **Senhor Deus, Rei dos céus,/ Deus Pai todo-poderoso./** Nós vos louvamos,/ **nós vos bendizemos,/** nós vos adoramos,/ **nós vos glorificamos,/** nós vos damos graças/ por vossa imensa glória./ **Senhor Jesus Cristo, Filho unigênito,/** Senhor Deus,/ Cordeiro de Deus,/ Filho de Deus Pai./ **Vós, que tirais o pecado do mundo,/ tende piedade de nós./** Vós, que tirais o pecado do mundo,/ acolhei a nossa súplica./ **Vós, que estais à direita do Pai,/ tende piedade de nós./** Só vós sois o Santo,/ **só vós, o Senhor,/** só vós, o Altíssimo,/ Jesus Cristo,/ **com o Espírito Santo, na glória de Deus Pai. Amém.**

7. ORAÇÃO *(Pág. 52, nº 2)*

OREMOS: Ó Pai, estamos reunidos para a santa ceia, na qual o vosso Filho único, ao entregar-se à morte, deu à sua Igreja um novo e eterno sacrifício, como banquete do seu amor. Concedei-nos, por mistério tão excelso, chegar à plenitude da caridade e da vida. Por nosso Senhor Jesus Cristo, vosso Filho, na unidade do Espírito Santo. — **Amém.**

LITURGIA DA PALAVRA

8. PRIMEIRA LEITURA *(Êx 12,1-8.11-14)* *(Pág. 52, nº 3)*

Livro do Êxodo:

Naqueles dias: 1O Senhor disse a Moisés e a Aarão no
Egito: 2"Este mês será para vós o começo dos meses; será o
primeiro mês do ano. 3Falai a toda a comunidade dos filhos de
Israel, dizendo: 'No décimo dia deste mês, cada um tome um
cordeiro por família, um cordeiro para cada casa. 4Se a família
não for bastante numerosa para comer um cordeiro, convidará
também o vizinho mais próximo, de acordo com o número de
pessoas. Deveis calcular o número de comensais, conforme o
tamanho do cordeiro.

5O cordeiro será sem defeito, macho, de um ano.
Podereis escolher tanto um cordeiro, como um cabrito: 6e
devereis guardá-lo preso até ao dia catorze deste mês. Então
toda a comunidade de Israel reunida o imolará ao cair da tar-
de. 7Tomareis um pouco do seu sangue e untareis os marcos e
a travessa da porta, nas casas em que o comerem. 8Comereis a
carne nessa mesma noite, assada ao fogo, com pães ázimos e
ervas amargas.

11Assim devereis comê-lo: com os rins cingidos, san-
dálias nos pés e cajado na mão. E comereis às pressas, pois é a
Páscoa, isto é, a 'Passagem' do Senhor! 12E naquela noite pas-
sarei pela terra do Egito e ferirei na terra do Egito todos os
primogênitos, desde os homens até os animais; e infligirei cas-
tigos contra todos os deuses do Egito, eu, o Senhor.

13O sangue servirá de sinal nas casas onde estiverdes.
Ao ver o sangue, passarei adiante, e não vos atingirá a praga
exterminadora, quando eu ferir a terra do Egito. 14Este dia será
para vós uma festa memorável em honra do Senhor, que haveis
de celebrar por todas as gerações, como instituição perpétua.

— Palavra do Senhor.

— Graças a Deus!

9. SALMO RESPONSORIAL *(Sl 115)*

— O cálice por nós abençoado é a nossa comunhão com o sangue do Senhor.

— O cálice por nós abençoado é a nossa comunhão com o sangue do Senhor.

— Que poderei retribuir ao Senhor Deus/ por tudo aquilo que ele fez em meu favor?/ Elevo o cálice da minha salvação,/ invocando o nome santo do Senhor.

— É sentida por demais pelo Senhor/ a morte de seus santos, seus amigos./ Eis que sou o vosso servo, ó Senhor,/ mas me quebrastes os grilhões da escravidão!

— Por isso oferto um sacrifício de louvor,/ invocando o nome santo do Senhor./ Vou cumprir minhas promessas ao Senhor/ na presença de seu povo reunido.

APÊNDICE

1. ORAÇÃO EUCARÍSTICA I

(Pode ser usada em qualquer missa da Semana Santa)

PAI DE MISERICÓRDIA, a quem sobem nossos louvores, nós vos pedimos por Jesus Cristo, vosso Filho e Senhor nosso, que abençoeis + estas oferendas apresentadas ao vosso altar.

— Abençoai nossa oferenda, Senhor!

NÓS AS OFERECEMOS pela vossa Igreja santa e católica: concedei-lhe paz e proteção, unindo-a num só corpo e governando-a por toda a terra. Nós as oferecemos também pelo vosso servo o papa N., por nosso bispo N., e por todos os que guardam a fé que receberam dos apóstolos.

— Conservai a vossa Igreja sempre unida!

LEMBRAI-VOS, ó Pai, dos vossos filhos e filhas N.N. e de todos os que circundam este altar, dos quais conheceis a fidelidade e a dedicação em vos servir. Eles vos oferecem conosco este sacrifício de louvor por si e por todos os seus, e elevam a vós as suas preces para alcançar o perdão de suas faltas, a segurança em suas vidas e a salvação que esperam.

— Lembrai-vos, ó Pai, de vossos filhos!

EM COMUNHÃO com toda a Igreja, veneramos a sempre Virgem Maria, Mãe de nosso Deus e Senhor Jesus Cristo; e também São José, esposo de Maria, os santos Apóstolos e Mártires: Pedro e Paulo, André (Tiago e João, Tomé, Tiago e Filipe, Bartolomeu e Mateus, Simão e Tadeu, Lino, Cleto, Clemente, Sisto, Cornélio e Cipriano, Lourenço e Crisólogo, João e Paulo, Cosme e Damião), e todos os vossos Santos. Por seus méritos e preces concedei-nos sem cessar a vossa proteção.

— **Em comunhão com toda a Igreja aqui estamos!**

(Na Vigília Pascal e no Domingo de Páscoa, "Em comunhão" próprio:)

EM COMUNHÃO com toda a Igreja, celebramos o dia santo (a noite santa) da ressurreição de nosso Senhor Jesus Cristo. Veneramos também a Virgem Maria e seu esposo São José, os santos Apóstolos e Mártires: Pedro e Paulo, André (Tiago e João, Tomé, Tiago e Filipe, Bartolomeu e Mateus, Simão e Tadeu, Lino, Cleto, Clemente, Sisto, Cornélio e Cipriano, Lourenço e Crisólogo, João e Paulo, Cosme e Damião), e todos os vossos Santos. Por seus méritos e preces concedei-nos sem cessar a vossa proteção.

— **Em comunhão com toda a Igreja aqui estamos!**

RECEBEI, ó Pai, com bondade, a oferenda dos vossos servos e de toda a vossa família; dai-nos sempre a vossa paz, livrai-nos da condenação e acolhei-nos entre os vossos eleitos.

DIGNAI-VOS, ó Pai, aceitar e santificar estas oferendas, a fim de que se tornem para nós o Corpo e o Sangue de Jesus Cristo, vosso Filho e Senhor nosso.

— Santificai nossa oferenda, ó Senhor!

NA NOITE em que ia ser entregue, ele tomou o pão em suas mãos, elevou os olhos a vós, ó Pai, deu graças e o partiu e deu a seus discípulos, dizendo:

TOMAI, TODOS, E COMEI: ISTO É O MEU CORPO QUE SERÁ ENTREGUE POR VÓS.

Do mesmo modo, ao fim da ceia, ele tomou o cálice em suas mãos, deu graças novamente e o deu a seus discípulos, dizendo:

TOMAI, TODOS, E BEBEI: ESTE É O CÁLICE DO MEU SANGUE, O SANGUE DA NOVA E ETERNA ALIANÇA, QUE SERÁ DERRAMADO POR VÓS E POR TODOS, PARA REMISSÃO DOS PECADOS. FAZEI ISTO EM MEMÓRIA DE MIM.

Eis o mistério da fé!

— Salvador do mundo, salvai-nos, vós que nos libertastes pela cruz e ressurreição.

CELEBRANDO, pois, a memória da paixão do vosso Filho, da sua ressurreição dentre os mortos e gloriosa ascensão aos céus, nós, vossos servos, e também vosso povo santo, vos oferecemos, ó Pai, dentre os bens que nos destes, o sacrifício perfeito e santo, pão da vida eterna e cálice da salvação.

— **Recebei, ó Senhor, a nossa oferta!**

RECEBEI, ó Pai, esta oferenda, como recebestes a oferta de Abel, o sacrifício de Abraão e os dons de Melquisedeque.

NÓS VOS SUPLICAMOS que ela seja levada à vossa presença, para que, ao participarmos deste altar, recebendo o Corpo e o Sangue de vosso Filho, sejamos repletos de todas as graças e bênçãos do céu.

— **Recebei, ó Senhor, a nossa oferta!**

LEMBRAI-VOS, ó Pai, dos vossos filhos e filhas N.N. que partiram desta vida, marcados com o sinal da fé. A eles, e a todos os que adormeceram no Cristo, concedei a felicidade, a luz e a paz.

— **Lembrai-vos, ó Pai, dos vossos filhos!**

E A TODOS NÓS PECADORES, que confiamos na vossa imensa misericórdia, concedei, não por nossos méritos, mas por vossa bondade, o convívio dos Apóstolos e Mártires: João Batista e Estêvão, Matias e Barnabé e todos os vossos santos. Por Cristo, Senhor nosso.

— **Concedei-nos o convívio dos eleitos!**

POR ELE não cessais de criar e santificar estes bens e distribuí-los entre nós.

POR CRISTO, com Cristo, em Cristo, a vós, Deus Pai todo-poderoso, na unidade do Espírito Santo, toda a honra e toda a glória, agora e para sempre.

— **Amém.**

2. ORAÇÃO EUCARÍSTICA II

(Pode ser usada em qualquer missa da Semana Santa)

NA VERDADE, ó Pai, vós sois Santo e fonte de toda santidade. Santificai, pois, estas oferendas, derramando sobre elas o vosso Espírito, a fim de que se tornem para nós o Corpo e + o Sangue de Jesus Cristo, vosso Filho e Senhor nosso.

— **Santificai nossa oferenda, ó Senhor!**

ESTANDO para ser entregue e abraçando livremente a paixão, ele tomou o pão, deu graças, e o partiu e deu a seus discípulos, dizendo:

TOMAI, TODOS, E COMEI: ISTO É O MEU CORPO QUE SERÁ ENTREGUE POR VÓS.

Do mesmo modo, ao fim da ceia, ele tomou o cálice em suas mãos, deu graças novamente, e o deu a seus discípulos, dizendo:

TOMAI, TODOS, E BEBEI: ESTE É O CÁLICE DO MEU SANGUE, O SANGUE DA NOVA E ETERNA ALIANÇA, QUE SERÁ DERRAMADO POR VÓS E POR TODOS, PARA REMISSÃO DOS PECADOS. FAZEI ISTO EM MEMÓRIA DE MIM.

Eis o mistério da fé!

— **Anunciamos, Senhor, a vossa morte e proclamamos a vossa ressurreição. Vinde, Senhor Jesus!**

CELEBRANDO, pois, a memória da morte e ressurreição do vosso Filho, nós vos oferecemos, ó Pai, o pão da vida e o cálice da salvação; e vos agradecemos porque nos tornastes dignos de estar aqui na vossa presença e vos servir.

— **Recebei, ó Senhor, a nossa oferta!**

E NÓS VOS suplicamos que, participando do Corpo e Sangue de Cristo, sejamos reunidos pelo Espírito Santo num só corpo.

— **Fazei de nós um só corpo e um só espírito!**

LEMBRAI-VOS, ó Pai, da vossa Igreja que se faz presente pelo mundo inteiro: que ela cresça na caridade com o Papa N., com o nosso bispo N. e todos os ministros do vosso povo.

— **Lembrai-vos, ó Pai, da vossa Igreja!**

LEMBRAI-VOS também dos nossos irmãos e irmãs que morreram na esperança da ressurreição e de todos os que partiram desta vida: acolhei-os junto a vós na luz da vossa face.

— **Lembrai-vos, ó Pai, dos vossos filhos!**

ENFIM, nós vos pedimos, tende piedade de todos nós e dai-nos participar da vida eterna, com a Virgem Maria, Mãe de Deus, com os Santos Apóstolos e todos os que neste mundo vos serviram, a fim de vos louvarmos e glorificarmos, por Jesus Cristo, vosso Filho.

— **Concedei-nos o convívio dos eleitos!**

POR CRISTO, com Cristo, em Cristo, a vós, Deus Pai todo-poderoso, na unidade do Espírito Santo, toda a honra e toda a glória, agora e para sempre.

— **Amém**.

3. ORAÇÃO EUCARÍSTICA III

(Pode ser usada em qualquer missa da Semana Santa)

NA VERDADE, vós sois Santo, ó Deus do universo, e tudo o que criastes proclama o vosso louvor, porque, por Jesus Cristo, vosso Filho e Senhor nosso, e pela força do Espírito Santo, dais vida e santidade a todas as coisas e não cessais de reunir o vosso povo, para que vos ofereça em toda parte, do nascer ao pôr-do-sol, um sacrifício perfeito.

— Santificai e reuni o vosso povo!

POR ISSO, nós vos suplicamos: santificai pelo Espírito Santo as oferendas que vos apresentamos para serem consagradas, a fim de que se tornem o Corpo e + o Sangue de Jesus Cristo, vosso Filho e Senhor nosso, que nos mandou celebrar este mistério.

— Santificai nossa oferenda, ó Senhor!

NA NOITE em que ia ser entregue, ele tomou o pão, deu graças, e o partiu e deu a seus discípulos, dizendo:

TOMAI, TODOS, E COMEI: ISTO É O MEU CORPO, QUE SERÁ ENTREGUE POR VÓS.

Do mesmo modo, ao fim da ceia, ele tomou o cálice em suas mãos, deu graças novamente, e o deu a seus discípulos, dizendo:

TOMAI, TODOS, E BEBEI: ESTE É O CÁLICE DO MEU SANGUE, O SANGUE DA NOVA E ETER-

NA ALIANÇA, QUE SERÁ DERRAMADO POR VÓS E POR TODOS, PARA REMISSÃO DOS PECADOS. FAZEI ISTO EM MEMÓRIA DE MIM.

Eis o mistério da fé!

— Anunciamos, Senhor, a vossa morte e proclamamos a vossa ressurreição. Vinde, Senhor Jesus!

CELEBRANDO agora, ó Pai, a memória do vosso Filho, da sua paixão que nos salva, da sua gloriosa ressurreição e da sua ascensão ao céu, e enquanto esperamos a sua nova vinda, nós vos oferecemos em ação de graças este sacrifício de vida e santidade.

— Recebei, ó Senhor, a nossa oferta!

OLHAI com bondade a oferenda da vossa Igreja, reconhecei o sacrifício que nos reconcilia convosco e concedei que, alimentando-nos com o Corpo e o Sangue do vosso Filho, sejamos repletos do Espírito Santo e nos tornemos em Cristo um só corpo e um só espírito.

— Fazei de nós um só corpo e um só espírito!

QUE ELE FAÇA de nós uma oferenda perfeita para alcançarmos a vida eterna com os vossos santos: a Virgem Maria, Mãe de Deus, os vossos Apóstolos e Mártires, São (Santo)...e todos os santos, que não cessam de interceder por nós na vossa presença.

— Fazei de nós uma perfeita oferenda!

E AGORA, nós vos suplicamos, ó Pai, que este sacrifício da nossa reconciliação estenda a paz e a salvação ao mundo inteiro. Confirmai na fé e na caridade a vossa Igreja, enquanto caminha neste mundo: o vosso servo, o Papa N., o nosso bispo N., com os bispos do mundo inteiro, o clero e todo o povo que conquistastes.

— Lembrai-vos, ó Pai, da vossa Igreja!

ATENDEI às preces da vossa família, que está aqui, na vossa presença. Reuni em vós, Pai de misericórdia, todos os vossos filhos e filhas dispersos pelo mundo inteiro.

— Lembrai-vos, ó Pai, dos vossos filhos!

ACOLHEI com bondade no vosso reino os nossos irmãos e irmãs que partiram desta vida e todos os que morreram na vossa amizade. Unidos a eles, esperamos também nós saciar-nos eternamente da vossa glória, por Cristo, Senhor nosso.

— A todos saciai com vossa glória!

Por ele dais ao mundo todo o bem e toda a graça.

POR CRISTO, com Cristo, em Cristo, a vós, Deus Pai todo-poderoso, na unidade do Espírito Santo, toda a honra e toda a glória, agora e para sempre.

— Amém.

4. ORAÇÃO EUCARÍSTICA V

(Pode ser usada na Missa Vespertina da Ceia do Senhor, na Quinta-feira Santa, com seu Prefácio próprio.)

É JUSTO e nos faz todos ser mais santos louvar a vós, ó Pai, no mundo inteiro, de dia e de noite, agradecendo com Cristo, vosso Filho, nosso irmão. É ele o sacerdote verdadeiro que sempre se oferece por nós todos, mandando que se faça a mesma coisa que fez naquela ceia derradeira. Por isso, aqui estamos bem unidos, louvando e agradecendo com alegria, juntando nossa voz à voz dos anjos e à voz dos santos todos, para cantar (dizer):

— Santo, Santo, Santo, Senhor, Deus do universo! O céu e a terra proclamam a vossa glória. Hosana nas alturas! Bendito o que vem em nome do Senhor! Hosana nas alturas!

SENHOR, vós, que sempre quisestes ficar muito perto de nós, vivendo conosco no Cristo, falando conosco por ele, mandai vosso Espírito Santo a fim de que as nossas ofertas se mudem no Corpo + e no Sangue de nosso Senhor Jesus Cristo.

— Mandai vosso Espírito Santo!

NA NOITE em que ia ser entregue, ceando com seus Apóstolos, Jesus, tendo o pão em suas mãos, olhou para o céu e deu graças, partiu o pão e o entregou a seus discípulos, dizendo:

TOMAI, TODOS, E COMEI: ISTO É O MEU CORPO, QUE SERÁ ENTREGUE POR VÓS.

Do mesmo modo, no fim da ceia, tomou o cálice em suas mãos, deu graças novamente e o entregou a seus discípulos, dizendo:

TOMAI, TODOS, E BEBEI: ESTE É O CÁLICE DO MEU SANGUE, O SANGUE DA NOVA E ETERNA ALIANÇA, QUE SERÁ DERRAMADO POR VÓS E POR TODOS, PARA REMISSÃO DOS PECADOS. FAZEI ISTO EM MEMÓRIA DE MIM.

Tudo isto é mistério da fé!

— Toda vez que se come deste Pão, toda vez que se bebe deste Vinho, se recorda a paixão de Jesus Cristo e se fica esperando sua volta.

RECORDAMOS, ó Pai, neste momento, a paixão de Jesus, nosso Senhor, sua ressurreição e ascensão; nós queremos a vós oferecer este Pão que alimenta e que dá vida, este Vinho que nos salva e dá coragem.

— Recebei, ó Senhor, a nossa oferta!

E QUANDO recebermos Pão e Vinho, o Corpo e Sangue dele oferecidos, o Espírito nos una num só corpo, para sermos um só povo em seu amor.

— O Espírito nos una num só corpo.

PROTEGEI vossa Igreja que caminha nas estradas do mundo rumo ao céu, cada dia renovando a esperança de chegar junto a vós, na vossa paz.

— Caminhamos na estrada de Jesus.

DAI ao Santo Padre, o Papa N., ser bem firme na Fé, na Caridade, e a..., que é Bispo desta Igreja, muita luz para guiar o seu rebanho.

— **Caminhamos na estrada de Jesus.**

ESPERAMOS entrar na vida eterna com a Virgem, Mãe de Deus e da Igreja, os apóstolos e todos os santos que na vida souberam amar Cristo e seus irmãos.

— **Esperamos entrar na vida eterna.**

A TODOS que chamastes para outra vida na vossa amizade, e aos marcados com o sinal da fé, abrindo vossos braços, acolhei-os. Que vivam para sempre bem felizes no reino que para todos preparastes!

— **A todos dai a luz que não se apaga.**

E A NÓS, que agora estamos reunidos e somos povo santo e pecador, dai força para construirmos juntos o vosso reino que também é nosso.

POR CRISTO, com Cristo, em Cristo, a vós, Deus Pai todo-poderoso, na unidade do Espírito Santo, toda a honra e toda a glória, agora e para sempre.

— **Amém.**

10. SEGUNDA LEITURA *(1Cor 11,23-26) (Pág. 52, nº 4)*

Primeira Carta de São Paulo apóstolo aos Coríntios:

Irmãos: [23]O que eu recebi do Senhor foi isso que eu vos transmiti: Na noite em que foi entregue, o Senhor Jesus tomou o pão [24]e, depois de dar graças, partiu-o e disse: "Isto é o meu corpo que é dado por vós. Fazei isto em minha memória".

[25]Do mesmo modo, depois da ceia, tomou também o cálice e disse: "Este cálice é a nova aliança, em meu sangue. Todas as vezes que dele beberdes, fazei isto em memória de mim".

[26]Todas as vezes, de fato, que comerdes deste pão e beberdes deste cálice, estareis proclamando a morte do Senhor, até que ele venha.

— Palavra do Senhor.

— Graças a Deus!

11. EVANGELHO *(Jo 13,1-15) (Pág. 52, nº 5)*

12. ACLAMAÇÃO AO EVANGELHO

— Eu vos dou este novo Mandamento, nova ordem, agora, vos dou, que, também, vos ameis uns aos outros, como eu vos amei, diz o Senhor.

— O Senhor esteja convosco!

— Ele está no meio de nós.

— PROCLAMAÇÃO do Evangelho de Jesus Cristo, escrito por São João.

— Glória a vós, Senhor!

[1]Era antes da festa da Páscoa. Jesus sabia que tinha chegado a sua hora de passar deste mundo para o Pai; tendo amado os seus, que estavam no mundo, amou-os até o fim.

[2]Estavam tomando a ceia. O diabo já tinha posto no coração de Judas, filho de Simão Iscariotes, o propósito de entregar Jesus.

[3]Jesus, sabendo que o Pai tinha colocado tudo em suas mãos e que de Deus tinha saído e para Deus voltava, [4]levan-

tou-se da mesa, tirou o manto, pegou uma toalha e amarrou-a
na cintura. 5Derramou água numa bacia e começou a lavar os
pés dos discípulos, enxugando-os com a toalha com que esta-
va cingido.
6Chegou a vez de Simão Pedro. Pedro disse: "Senhor,
tu, me lavas os pés?" 7Respondeu Jesus: "Agora, não entendes
o que estou fazendo; mais tarde compreenderás". 8Disse-lhe
Pedro: "Tu nunca me lavarás os pés!" Mas Jesus respondeu:
"Se eu não te lavar, não terás parte comigo". 9Simão Pedro dis-
se: "Senhor, então lava não somente os meus pés, mas também
as mãos e a cabeça". 10Jesus respondeu: "Quem já se banhou
não precisa lavar senão os pés, porque já está todo limpo. Tam-
bém vós estais limpos, mas não todos".
11Jesus sabia quem o ia entregar; por isso disse: "Nem
todos estais limpos".
12Depois de ter lavado os pés dos discípulos, Jesus ves-
tiu o manto e sentou-se de novo. E disse aos discípulos:
"Compreendeis o que acabo de fazer?" 13Vós me chamais Mes-
tre e Senhor, e dizeis bem, pois eu o sou. 14Portanto, se eu, o
Senhor e Mestre, vos lavei os pés, também vós deveis lavar os
pés uns dos outros. 15Dei-vos o exemplo, para que façais a
mesma coisa que eu fiz.

— Palavra da Salvação.

— Glória a vós, Senhor!

13. LAVA-PÉS

(Após a homilia realiza-se a cerimônia simbólica do Lava-pés. Instruções e sugestões na Quarta Parte, nº 2, letra c, página 203 e na Quinta Parte, letra b, página 248)

14. PROFISSÃO DE FÉ *(Omite-se)*

15. ORAÇÃO DA COMUNIDADE

— Caríssimos irmãos e irmãs: Unidos aos sentimentos de Jesus, na última Ceia, elevemos nossos corações a Deus, nosso Pai, pedindo pela Santa Igreja e por todo o povo de Deus.

1. Pela Santa Igreja, para que, em cada comunidade, seja o sinal da unidade e o instrumento da paz verdadeira, rezemos!

— Senhor, atendei a nossa prece!

2. Pelo Papa, pelos Bispos, Sacerdotes e Ministros eclesiásticos, para que sejam fiéis representantes de Cristo na terra, rezemos!

3. Por todos os que sofrem e passam necessidade, para que encontrem apoio e solidariedade, rezemos!

4. Pelos cristãos do mundo inteiro, para que assumam pela caridade a verdadeira identidade de discípulos de Cristo, rezemos!

5. Pelo celebrante desta Eucaristia, pelo nosso Pároco, por seus auxiliares e pela nossa comunidade, para que cresçamos no amor a Deus e aos irmãos, rezemos!

(Outras intenções)

— Senhor, Pai de misericórdia, acolhei com bondade os nossos pedidos e fazei-nos verdadeiros discípulos do vosso Filho Jesus Cristo, que vive e reina para sempre.

— Amém.

LITURGIA EUCARÍSTICA

16. CANTO DAS OFERENDAS

17. ORAI, IRMÃOS E IRMÃS

— Orai, irmãos e irmãs, para que o nosso sacrifício seja aceito por Deus Pai todo-poderoso.

— Receba o Senhor por tuas mãos este sacrifício,/ para glória do seu nome,/ para nosso bem/ e de toda a santa Igreja.

18. ORAÇÃO SOBRE AS OFERENDAS

CONCEDEI-NOS, ó Deus, a graça de participar dignamente da Eucaristia, pois todas as vezes que celebramos este sacrifício, em memória do vosso Filho, torna-se presente a nossa redenção. Por Cristo, nosso Senhor.

— **Amém.**

19. ORAÇÃO EUCARÍSTICA *(Pág. 53, nº 6)*

(A mais apropriada é a V, (pág. 132); mas pode-se escolher também entre a I (pág. 123), a II (pág. 127) e a III (pág. 129)

— O Senhor esteja convosco!
— Ele está no meio de nós.
— Corações ao alto!
— O nosso coração está em Deus.
— Demos graças ao Senhor, nosso Deus.
— É nosso dever e nossa salvação.

(Se for escolhida a Oração Eucarística V, omite-se este Prefácio e usa-se o Prefácio próprio da Oração V.)

NA VERDADE, é justo e necessário, é nosso dever e salvação dar-vos graças, sempre e em todo o lugar, Senhor, Pai santo, Deus eterno e todo-poderoso, por Cristo, Senhor nosso. Ele, verdadeiro e eterno sacerdote, oferecendo-se a vós pela nossa salvação, instituiu o Sacrifício da nova Aliança e mandou que o celebrássemos em sua memória. Sua carne, imolada por nós, é o alimento que nos fortalece. Seu sangue, por nós derramado, é a bebida que nos purifica. Por essa razão, os anjos do céu, as mulheres e homens da terra, unidos a todas as criaturas, proclamamos, jubilosos, vossa glória, cantando (dizendo) a uma só voz:

20. RITO DA COMUNHÃO

— Antes de participar do banquete da Eucaristia, sinal de reconciliação e vínculo de união fraterna, rezemos, juntos, como o Senhor nos ensinou:

— PAI NOSSO...

— Livrai-nos de todos os males, ó Pai, e dai-nos hoje a vossa paz. Ajudados pela vossa misericórdia, sejamos sempre livres do pecado e protegidos de todos os perigos, enquanto, vivendo a esperança, aguardamos a vinda do Cristo Salvador.

— Vosso é o reino, o poder e a glória para sempre!

— Senhor Jesus Cristo, dissestes aos vossos Apóstolos: eu vos deixo a paz, eu vos dou a minha paz. Não olheis os nossos pecados, mas a fé que anima vossa Igreja; dai-lhe, segundo o vosso desejo, a paz e a unidade. Vós, que sois Deus, com o Pai e o Espírito Santo.

— Amém.

— A paz do Senhor esteja sempre convosco!

— O amor de Cristo nos uniu!

— Como filhos e filhas do Deus da paz, saudai-vos com um gesto de comunhão fraterna.

— Esta união do Corpo e do Sangue de Jesus, o Cristo e Senhor nosso, que vamos receber, nos sirva para a vida eterna!

— Cordeiro de Deus, que tirais o pecado do mundo,/ tende piedade de nós./ Cordeiro de Deus, que tirais o pecado do mundo,/ tende piedade de nós./ Cordeiro de Deus, que tirais o pecado do mundo,/ dai-nos a paz.

— Senhor Jesus Cristo, o vosso Corpo e o vosso Sangue, que vou receber, não se tornem causa de juízo e condenação; mas, por vossa bondade, sejam sustento e remédio para minha vida.

— Eu sou o Pão vivo que desceu do céu; se alguém come deste Pão, viverá eternamente.

— Senhor, eu não sou digno(a) de que entreis em minha morada,/ mas dizei uma palavra e serei salvo(a).

21. CANTO DA COMUNHÃO

22. ANTÍFONA DA COMUNHÃO *(1Cor 11,24-25)*

— Este é o meu Corpo que será entregue por vós, este é o cálice da nova aliança no meu Sangue, diz o Senhor. Todas as vezes que os receberdes, fazei-o em minha memória.

23. ORAÇÃO DEPOIS DA COMUNHÃO

OREMOS: Ó Deus todo-poderoso, que hoje nos renovastes pela ceia do vosso Filho, dai-nos ser eternamente saciados na ceia do seu reino. Por Cristo, nosso Senhor.

— **Amém.**

24. TRANSLADAÇÃO DO SANTÍSSIMO SACRAMENTO *(Pág. 53, nº 7)*

a) Canto da Transladação

(Música do "Tão Sublime)

1. Canta, Igreja, o Rei do mundo,/ que se esconde sob os véus;/ canta o sangue tão fecundo,/ derramado pelos seus,/ e o mistério tão profundo/ de uma Virgem, Mãe de Deus.
2. Um menino nos foi dado,/ veio aos servos o Senhor./ Foi na terra semeado/ o seu verbo salvador./ Ao partir, nos foi deixado/ pão da vida, pão do amor.
3. Celebrando a despedida,/ com os doze ele ceou./ Toda a Páscoa foi cumprida,/ novo rito inaugurou./ E seu corpo, pão da vida,/ aos irmãos ele entregou.
4. Cristo, o Verbo onipotente,/ deu-nos nova refeição;/ faz-se carne realmente/ o que deixa de ser pão./ Eis que o vinho é sangue ardente:/ vence a fé gosto e visão.

b) Canto do "Tão Sublime"

1. Tão sublime sacramento/ adoremos neste altar,/ pois o Antigo Testamento/ deu ao Novo o seu lugar./ Venha a fé por suplemento/ os sentidos completar.
2. Ao eterno Pai cantemos/ e a Jesus, o Salvador./ Ao Espírito exaltemos,/ na Trindade eterno amor./ Ao Deus uno e trino demos/ a alegria do louvor.

25. DESNUDAÇÃO DO ALTAR *(Pág. 53, nº 8)*

III. SEXTA-FEIRA SANTA

Celebração da Paixão do Senhor

1. INTRODUÇÃO *(Pág. 54, nº 1)*

2. INÍCIO DA CELEBRAÇÃO *(Pág. 55, nº 2)*

3. ORAÇÃO *(Pág. 55, nº 3)*

Ó Deus, pela paixão de nosso Senhor Jesus Cristo destruístes a morte que o primeiro pecado transmitiu a todos. Concedei que nos tornemos semelhantes ao vosso Filho e, assim como trouxemos pela natureza a imagem do homem terreno, possamos trazer pela graça a imagem do homem novo. Por Cristo, nosso Senhor.

— **Amém.**

PAIXÃO PROCLAMADA

Liturgia da Palavra

4. PRIMEIRA LEITURA *(Is 52,13-53,12) (Pág. 55, nº 4)*

Livro do profeta Isaías:

[13]Ei-lo, o meu Servo será bem sucedido; sua ascensão será ao mais alto grau. [14]Assim como muitos ficaram pasmados ao vê-lo — tão desfigurado ele estava, que não parecia ser um homem ou ter aspecto humano —, [15]do mesmo modo ele espalhará sua fama entre os povos. Diante dele os reis se manterão em silêncio, vendo algo que nunca lhes foi narrado e conhecendo coisas que jamais ouviram.

[53,1]"Quem de nós deu crédito ao que ouvimos? E a quem foi dado reconhecer a força do Senhor? [2]Diante do Senhor ele cresceu como renovo de planta ou como raiz em terra seca. Não tinha beleza nem atrativo para o olharmos, não tinha aparência que nos agradasse.

[3]Era desprezado como o último dos mortais, homem coberto de dores, cheio de sofrimentos; passando por ele, tapávamos o rosto; tão desprezível era, não fazíamos caso dele.

4 A verdade é que ele tomava sobre si nossas enfermi-
dades e sofria, ele mesmo, nossas dores; e nós pensávamos
fosse um chagado, golpeado por Deus e humilhado! 5 Mas ele
foi ferido por causa de nossos pecados, esmagado por causa
de nossos crimes; a punição a ele imposta era o preço da nossa
paz, e suas feridas, o preço da nossa cura.

6 Todos nós vagávamos como ovelhas desgarradas, cada
qual seguindo seu caminho; e o Senhor fez recair sobre ele o
pecado de todos nós.

7 Foi maltratado, e submeteu-se, não abriu a boca; como
cordeiro levado ao matadouro ou como ovelha diante dos que
a tosquiam, ele não abriu a boca. 8 Foi atormentado pela angús-
tia e foi condenado. Quem se preocuparia com sua história de
origem? Ele foi eliminado do mundo dos vivos; e por causa do
pecado do meu povo foi golpeado até morrer. 9 Deram-lhe se-
pultura entre ímpios, um túmulo entre os ricos, porque ele não
praticou o mal nem se encontrou falsidade em suas palavras.

10 O Senhor quis macerá-lo com sofrimentos. Oferecen-
do sua vida em expiação, ele terá descendência duradoura, e
fará cumprir com êxito a vontade do Senhor. 11 Por esta vida de
sofrimento, alcançará luz e uma ciência perfeita. Meu Servo, o
justo, fará justos inúmeros homens, carregando sobre si suas
culpas.

12 Por isso, compartilharei com ele multidões e ele repartirá suas riquezas com os valentes seguidores, pois entregou o corpo à morte, sendo contado como um malfeitor; ele, na verdade, resgatava o pecado de todos e intercedia em favor dos pecadores.

— Palavra do Senhor.

— Graças a Deus!

5. SALMO RESPONSORIAL *(Sl 30)*

— Ó Pai, em tuas mãos eu entrego o meu espírito.

— Ó Pai, em tuas mãos eu entrego o meu espírito.

— Senhor, eu ponho em vós minha esperança;/ que eu não fique envergonhado eternamente!/ Em vossas mãos, Senhor, entrego o meu espírito,/ porque vós me salvareis, ó Deus fiel!

— Tornei-me o opróbrio do inimigo,/ o desprezo e zombaria dos vizinhos,/ e objeto de pavor para os amigos;/ fogem de mim os que me vêem pela rua./ Os corações me esqueceram como um morto,/ e tornei-me como um vaso despadelado.

— A vós, porém, ó meu Senhor, eu me confio,/ e afirmo que só vós sois o meu Deus!/ Eu entrego em vossas mãos o meu destino;/ libertai-me do inimigo e do opressor!

— Mostrai serena a vossa face ao vosso servo,/e salvai-me pela vossa compaixão!/ Fortalecei os corações, tende coragem,/ todos vós, que ao Senhor vos confiais!

6. SEGUNDA LEITURA

(Hb 4,14-16;5,7-9) *(Pág. 56, nº 5)*

Carta aos Hebreus:

Irmãos: 14Temos um sumo sacerdote eminente, que
entrou no céu, Jesus, o Filho de Deus. Por isso, permaneçamos
firmes na fé que professamos. 15Com efeito, temos um sumo
sacerdote capaz de se compadecer de nossas fraquezas, pois
ele mesmo foi provado em tudo como nós, com exceção do
pecado. 16Aproximemo-nos então, com toda a confiança, do
trono da graça, para conseguirmos misericórdia e alcançarmos
a graça de um auxílio no momento oportuno.
5,7Cristo, nos dias de sua vida terrestre, dirigiu preces
e súplicas, com forte clamor e lágrimas, àquele que era capaz
de salvá-lo da morte. E foi atendido, por causa de sua entrega
a Deus. 8Mesmo sendo Filho, aprendeu o que significa a obe-
diência a Deus por aquilo que ele sofreu. 9Mas, na consuma-
ção de sua vida, tornou-se causa de salvação eterna para todos
os que lhe obedecem.

— Palavra do Senhor.

— Graças a Deus!

7. ACLAMAÇÃO AO EVANGELHO

— Jesus Cristo se tornou obediente, obediente até a morte numa cruz , pelo que o Senhor Deus o exaltou, e deu-lhe um nome muito acima de outro nome.

8. EVANGELHO (Paixão do Senhor)
(Jo 18,1-19,42) (Pág. 56, nº 6)

Observação: A parte do Povo pode ser lida por um grupo de 3 ou 4 pessoas.

Leitor 1: Paixão de Nosso Senhor Jesus Cristo segundo São João.
Naquele tempo: 1Jesus saiu com os discípulos para o outro lado
da torrente do Cedron. Havia aí um jardim, onde ele entrou
com os discípulos. 2Também Judas, o traidor, conhecia o lugar,
porque Jesus costumava reunir-se aí com os seus discípulos.
Leitor 2: 3Judas levou consigo um destacamento de soldados e
alguns guardas dos sumos sacerdotes e fariseus, e chegou ali
com lanternas, tochas e armas. 4Então Jesus, consciente de tudo
o que ia acontecer, saiu ao encontro deles e disse:
Celebrante: "A quem procurais?"
Leitor 1: 5Responderam:
Povo: **"A Jesus, o nazareno".**
Leitor 2: Ele disse:
Celebrante: "Sou eu".
Leitor 1: Judas, o traidor, estava junto com eles. 6Quando Jesus
disse: "Sou eu", eles recuaram e caíram por terra.
Leitor 2: 7De novo lhes perguntou:
Celebrante: "A quem procurais?"
Leitor 1: Eles responderam:
Povo: **"A Jesus, o nazareno".**
Leitor 2: 8Jesus respondeu:
Celebrante: "Já vos disse que sou eu. Se é a mim que procurais,
então deixai que estes se retirem".
Leitor 1: 9Assim se realizava a palavra que Jesus tinha dito:
Celebrante: "Não perdi nenhum daqueles que me confiaste".
Leitor 2: 10Simão Pedro, que trazia uma espada consigo, puxou
dela e feriu o servo do sumo sacerdote, cortando-lhe a orelha
direita. O nome do servo era Malco. 11Então Jesus disse a Pedro:
Celebrante: "Guarda a tua espada na bainha. Não vou beber o
cálice que o Pai me deu?"
Leitor 1: 12Então, os soldados, o comandante e os guardas dos
judeus prenderam Jesus e o amarraram. 13Conduziram-no pri-

meiro a Anás, que era o sogro de Caifás, o sumo sacerdote na-
quele ano.
14Foi Caifás que deu aos judeus o conselho:
Leitor 3: "É preferível que um só morra pelo povo".
Leitor 2: 15Simão Pedro e um outro discípulo seguiam Jesus.
Esse discípulo era conhecido do sumo sacerdote e entrou com
Jesus no pátio do sumo sacerdote. 16Pedro ficou fora, perto da
porta. Então o outro discípulo, que era conhecido do sumo sa-
cerdote, saiu, conversou com a encarregada da porta e levou
Pedro para dentro. 17A criada que guardava a porta disse a
Pedro:
Mulher: "Não pertences também tu aos discípulos desse ho-
mem?"
Leitor 1: Ele respondeu:
Leitor 3: "Não".
Leitor 2: 18Os empregados e os guardas fizeram uma fogueira e
estavam se aquecendo, pois fazia frio. Pedro ficou com eles,
aquecendo-se. 19Entretanto, o sumo sacerdote interrogou Je-
sus a respeito de seus discípulos e de seu ensinamento. 20Jesus
lhe respondeu:
Celebrante: "Eu falei às claras ao mundo. Ensinei sempre na
sinagoga e no Templo, onde todos os judeus se reúnem. Nada
falei às escondidas. 21Por que me interrogas? Pergunta aos que
ouviram o que falei; eles sabem o que eu disse".
Leitor 1: 22Quando Jesus falou isso, um dos guardas que ali
estava deu-lhe uma bofetada, dizendo:
Leitor 3: "É assim que respondes ao sumo sacerdote?"
Leitor 2: 23Respondeu-lhe Jesus:
Celebrante: "Se respondi mal, mostra em quê; mas, se falei bem,
por que me bates?"
Leitor 1: 24Então, Anás enviou Jesus amarrado para Caifás, o
sumo sacerdote. 25Simão Pedro continuava lá, em pé, aquecen-
do-se. Disseram-lhe:
Leitor 3: "Não és tu, também, um dos discípulos dele?"
Leitor 2: Pedro negou:
Leitor 3: "Não!"
Leitor 1: 26Então um dos empregados do sumo sacerdote, pa-
rente daquele a quem Pedro tinha cortado a orelha, disse:

Leitor 3: "Será que não te vi no jardim com ele?"
Leitor 2: [27]Novamente Pedro negou. E na mesma hora, o galo cantou.
Leitor 1: [28]De Caifás, levaram Jesus ao palácio do governador. Era de manhã cedo. Eles mesmos não entraram no palácio, para não ficarem impuros e poderem comer a páscoa. [29]Então Pilatos saiu ao encontro deles e disse:
Leitor 3: "Que acusação apresentais contra este homem?"
Leitor 2: [30]Eles responderam:
Povo: **"Se não fosse malfeitor, não o teríamos entregue a ti!"**
Leitor 1: [31]Pilatos disse:
Leitor 3: "Tomai-o vós mesmos e julgai-o de acordo com a vossa lei."
Leitor 2: Os judeus lhe responderam:
Povo: **"Nós não podemos condenar ninguém à morte".**
Leitor 1: [32]Assim se realizava o que Jesus tinha dito, significando de que morte havia de morrer. [33]Então Pilatos entrou de novo no palácio, chamou Jesus e perguntou-lhe:
Leitor 3: "Tu és o rei dos judeus?"
Leitor 2: [34]Jesus respondeu:
Celebrante: "Estás dizendo isto por ti mesmo, ou outros te disseram isto de mim?"
Leitor 1: [35]Pilatos falou:
Leitor 3: "Por acaso, sou judeu? O teu povo e os sumos sacerdotes te entregaram a mim. Que fizeste?".
Leitor 2: [36]Jesus respondeu:
Celebrante: "O meu reino não é deste mundo. Se o meu reino fosse deste mundo, os meus guardas lutariam para que eu não fosse entregue aos judeus. Mas o meu reino não é daqui".
Leitor 1: [37]Pilatos disse a Jesus:
Leitor 3: "Então tu és rei?"
Leitor 2: Jesus respondeu:
Celebrante: "Tu o dizes: eu sou rei. Eu nasci e vim ao mundo para isto: para dar testemunho da verdade. Todo aquele que é da verdade escuta a minha voz".
Leitor 1: [38]Pilatos disse a Jesus:
Leitor 3: "O que é a verdade?"

Leitor 2: Ao dizer isso, Pilatos saiu ao encontro dos judeus, e
disse-lhes:
Leitor 3: "Eu não encontro nenhuma culpa nele. 39Mas existe
entre vós um costume, que pela Páscoa eu vos solte um preso.
Quereis que vos solte o rei dos Judeus?"
Leitor 1: 40Então, começaram a gritar de novo:
Povo: **"Este não, mas Barrabás!"**
Leitor 2: Barrabás era um bandido. 19,1Então Pilatos mandou
flagelar Jesus. 2Os soldados teceram uma coroa de espinhos e
a colocaram na cabeça de Jesus. Vestiram-no com um manto
vermelho, 3aproximavam-se dele e diziam:
Povo: **"Viva o rei dos judeus!"**
Leitor 1: E davam-lhe bofetadas. 4Pilatos saiu de novo e disse
aos judeus:
Leitor 3: "Olhai, eu o trago aqui fora, diante de vós, para que
saibais que não encontro nele crime algum".
Leitor 2: 5Então Jesus veio para fora, trazendo a coroa de espi-
nhos e o manto vermelho. Pilatos disse-lhes:
Leitor 3: "Eis o homem!"
Leitor 1: 6Quando viram Jesus, os sumos sacerdotes e os guar-
das começaram a gritar:
Povo: **"Crucifica-o! Crucifica-o!"**
Leitor 2: Pilatos respondeu:
Leitor 3: "Levai-o vós mesmos para o crucificar, pois eu não
encontro nele crime algum".
Leitor 1: 7Os judeus responderam:
Povo: **"Nós temos uma Lei, e, segundo esta Lei, ele deve mor-
rer, porque se fez Filho de Deus".**
Leitor 2: 8Ao ouvir estas palavras, Pilatos ficou com mais medo
ainda. 9Entrou outra vez no palácio e perguntou a Jesus:
Leitor 3: "De onde és tu?"
Leitor 1: Jesus ficou calado. 10Então Pilatos disse:
Leitor 3: "Não me respondes? Não sabes que tenho autoridade
para te soltar e autoridade para te crucificar?"
Leitor 2: 11Jesus respondeu:
Celebrante: "Tu não terias autoridade alguma sobre mim, se ela
não te fosse dada do alto. Quem me entregou a ti, portanto,
tem culpa maior".

Leitor 1: [12]Por causa disso, Pilatos procurava soltar Jesus. Mas
os judeus gritavam:
Povo: **"Se soltas este homem, não és amigo de César. Todo
aquele que se faz rei, declara-se contra César".**
Leitor 2: [13]Ouvindo estas palavras, Pilatos trouxe Jesus para
fora e sentou-se no tribunal, no lugar chamado "Pavimento",
em hebraico "Gábata". [14]Era o dia da preparação da Páscoa,
por volta do meio-dia.
Pilatos disse aos judeus:
Leitor 3: "Eis o vosso rei!"
Leitor 1: [15]Eles, porém, gritavam:
Povo: **"Fora! Fora! Crucifica-o!"**
Leitor 2: Pilatos disse:
Leitor 3: "Hei de crucificar o vosso rei?"
Leitor 1: Os sumos sacerdotes responderam:
Povo: **"Não temos outro rei senão César".**
Leitor 2: [16]Então Pilatos entregou Jesus para ser crucificado, e
eles o levaram.
Leitor 1: [17]Jesus tomou a cruz sobre si e saiu para o lugar cha-
mado "Calvário", em hebraico "Gólgota". [18]Ali o crucificaram,
com outros dois: um de cada lado, e Jesus no meio.
Leitor 2: [19]Pilatos mandou ainda escrever um letreiro e colocá-
lo na cruz; nele estava escrito: *"Jesus o Nazareno, o Rei dos Ju-
deus"*. [20]Muitos judeus puderam ver o letreiro, porque o lugar
em que Jesus foi crucificado ficava perto da cidade. O letreiro
estava escrito em hebraico, latim e grego.
Leitor 1: [21]Então os sumos sacerdotes dos judeus disseram a
Pilatos:
Povo: **"Não escrevas 'O Rei dos Judeus', mas sim o que ele
disse: 'Eu sou o Rei dos judeus'."**
Leitor 2: [22]Pilatos respondeu:
Leitor 3: "O que escrevi, está escrito".
Leitor 1: [23]Depois que crucificaram Jesus, os soldados reparti-
ram a sua roupa em quatro partes, uma parte para cada solda-
do. Quanto à túnica, esta era tecida sem costura, em peça úni-
ca de alto a baixo. [24]Disseram então entre si:
Povo: **"Não vamos dividir a túnica. Tiremos a sorte para ver
de quem será".**

Leitor 2: Assim se cumpria a Escritura que diz: "Repartiram entre si as minhas vestes e lançaram sorte sobre a minha túnica". Assim procederam os soldados.

Leitor 1: 25Perto da cruz de Jesus, estavam de pé a sua mãe, a irmã da sua mãe, Maria de Cléofas, e Maria Madalena. 26Jesus, ao ver sua mãe e, ao lado dela, o discípulo que ele amava, disse à mãe:

Celebrante: "Mulher, este é o teu filho".

Leitor 2: 27Depois disse ao discípulo:

Celebrante: "Esta é a tua mãe".

Leitor 1: Daquela hora em diante, o discípulo a acolheu consigo. 28Depois disso, Jesus, sabendo que tudo estava consumado, e para que a Escritura se cumprisse até o fim, disse:

Celebrante: "Tenho sede".

Leitor 2: 29Havia ali uma jarra cheia de vinagre. Amarraram numa vara uma esponja embebida de vinagre e levaram-na à boca de Jesus. 30Ele tomou o vinagre e disse:

Celebrante: "Tudo está consumado".

Leitor 1: E, inclinando a cabeça, entregou o espírito.

Aqui todos se ajoelham e faz-se uma pausa.

Leitor 2: 31Era o dia da preparação para a Páscoa. Os judeus queriam evitar que os corpos ficassem na cruz durante o sábado, porque aquele sábado era dia de festa solene. Então pediram a Pilatos que mandasse quebrar as pernas aos crucificados e os tirasse da cruz.

Leitor 1: 32Os soldados foram e quebraram as pernas de um e depois do outro que foram crucificados com Jesus. 33Ao se aproximarem de Jesus, e vendo que já estava morto, não lhe quebraram as pernas; 34mas um soldado abriu-lhe o lado com uma lança, e logo saiu sangue e água.

Leitor 2: 35Aquele que viu, dá testemunho e seu testemunho é verdadeiro; e ele sabe que fala a verdade, para que vós também acrediteis. 36Isso aconteceu para que se cumprisse a Escritura, que diz: "Não quebrarão nenhum dos seus ossos". 37E outra Escritura ainda diz: "Olharão para aquele que transpassaram".

Leitor 1: [38]Depois disso, José de Arimatéia, que era discípulo de Jesus — mas às escondidas, por medo dos judeus — pediu a Pilatos para tirar o corpo de Jesus. Pilatos consentiu. Então José veio tirar o corpo de Jesus. [39]Chegou também Nicodemos, o mesmo que antes tinha ido, de noite, encontrar-se com Jesus. Levou uns trinta quilos de perfume feito de mirra e aloés. [40]Então tomaram o corpo de Jesus e envolveram-no, com os aromas, em faixas de linho, como os judeus costumam sepultar.
Leitor 2: [41]No lugar onde Jesus foi crucificado, havia um jardim e, no jardim, um túmulo novo, onde ainda ninguém tinha sido sepultado. [42]Por causa da preparação da Páscoa, e como o túmulo estava perto, foi ali que colocaram Jesus.
Leitor 1: Palavra da Salvação.
Povo: **Glória a vós, Senhor!**

PAIXÃO INVOCADA

Solene Oração Universal *(Pág. 56, nº 7)*

9. PELA SANTA IGREJA

Oremos, irmãos e irmãs caríssimos, pela santa Igreja de Deus: que o Senhor nosso Deus lhe dê a paz e a unidade, que ele a proteja por toda a terra e nos conceda uma vida calma e tranqüila, para sua própria glória. *(Silêncio)*

Deus eterno e todo-poderoso, que em Cristo revelastes a vossa glória a todos os povos, velai sobre a obra do vosso amor. Que a vossa Igreja, espalhada por todo o mundo, permaneça inabalável na fé e proclame sempre o vosso nome. Por Cristo, nosso Senhor.

— Amém.

10. PELO PAPA

Oremos pelo nosso santo Padre, o Papa N. O Senhor nosso Deus, que o escolheu para o Episcopado, o conserve são e salvo à frente da sua Igreja, governando o povo de Deus. *(Silêncio)*

Deus eterno e todo-poderoso, que dispusestes todas as coisas com sabedoria, dignai-vos escutar nossos pedidos: protegei com amor o Pontífice que escolhestes, para que o povo cristão que governais por meio dele possa crescer em sua fé. Por Cristo, nosso Senhor.

— **Amém.**

11. POR TODAS AS ORDENS E CATEGORIAS DE FIÉIS

Oremos pelo nosso Bispo N., por todos os bispos, presbíteros e diáconos da Igreja e por todo o povo fiel.
(Silêncio)

Deus eterno e todo-poderoso, que santificais e governais pelo vosso Espírito todo o corpo da Igreja, escutai as súplicas que vos dirigimos por todos os ministros do vosso povo. Fazei que cada um, pelo dom da vossa graça, vos sirva com fidelidade. Por Cristo, nosso Senhor.

— **Amém.**

12. PELOS CATECÚMENOS

Oremos pelos (nossos) catecúmenos: que o Senhor nosso Deus abra os seus corações e as portas da misericórdia, para que, tendo recebido nas águas do batismo o perdão de todos os seus pecados, sejam incorporados no Cristo Jesus. *(Silêncio)*

Deus eterno e todo-poderoso, que por novos nascimentos tornais fecunda a vossa Igreja, aumentai a fé e o entendimento dos (nossos) catecúmenos, para que, renascidos pelo batismo, sejam contados entre os vossos filhos adotivos. Por Cristo, nosso Senhor.

— **Amém.**

13. PELA UNIDADE DOS CRISTÃOS

Oremos por todos os nossos irmãos e irmãs que crêem no Cristo, para que o Senhor nosso Deus se digne reunir e conservar na unidade da sua Igreja todos os que vivem segundo a verdade. *(Silêncio)*

Deus eterno e todo-poderoso, que reunis o que está disperso e conservais o que está unido, velai sobre o rebanho do vosso Filho. Que a integridade da fé e os laços da caridade unam os que foram consagrados por um só batismo. Por Cristo, nosso Senhor.

— **Amém.**

14. PELOS JUDEUS

Oremos pelos judeus, aos quais o Senhor nosso Deus falou em primeiro lugar, a fim de que cresçam na fidelidade de sua aliança e no amor do seu nome. *(Silêncio)*

Deus eterno e todo-poderoso, que fizestes vossas promessas a Abraão e seus descendentes, escutai as preces da vossa Igreja. Que o povo da primitiva aliança mereça alcançar a plenitude da vossa redenção. Por Cristo, nosso Senhor.

— **Amém.**

15. PELOS QUE NÃO CRÊEM NO CRISTO

Oremos pelos que não crêem no Cristo, para que, iluminados pelo Espírito Santo, possam também ingressar no caminho da salvação. *(Silêncio)*

Deus eterno e todo-poderoso, dai aos que não crêem no Cristo, e caminham sob o vosso olhar com sinceridade de coração, chegar ao conhecimento da verdade. E fazei que sejamos no mundo testemunhas mais fiéis da vossa caridade, amando-nos melhor uns aos outros e participando com maior solicitude do mistério da vossa vida. Por Cristo, nosso Senhor.

— **Amém.**

16. PELOS QUE NÃO CRÊEM EM DEUS

Oremos pelos que não reconhecem a Deus, para que, buscando lealmente o que é reto, possam chegar ao Deus verdadeiro. *(Silêncio)*

Deus eterno e todo-poderoso, vós criastes todos os seres humanos e pusestes em seu coração o desejo de procurar-vos, para que, tendo-vos encontrado, só em vós achassem repouso. Concedei que, entre as dificuldades deste mundo, discernindo os sinais da vossa bondade e vendo o testemunho das boas obras daqueles que crêem em vós, tenham a alegria de proclamar que sois o único Deus verdadeiro e Pai de todos os seres humanos. Por Cristo, nosso Senhor.

— Amém.

17. PELOS PODERES PÚBLICOS

Oremos por todos os governantes: que o nosso Deus e Senhor, segundo sua vontade, lhes dirija o espírito e o coração, para que todos possam gozar de verdadeira paz e liberdade. *(Silêncio)*

Deus eterno e todo-poderoso, que tendes na mão o coração dos seres humanos e o direito dos povos, olhai com bondade aqueles que nos governam. Que por vossa graça se consolidem por toda a terra a segurança e a paz, a prosperidade das nações e a liberdade religiosa. Por Cristo, nosso Senhor.

— Amém.

18. POR TODOS OS QUE SOFREM PROVAÇÕES

Oremos, irmãos e irmãs, a Deus Pai todo-poderoso, para que livre o mundo de todo erro, expulse as doenças e afugente a fome, abra as prisões e liberte os cativos, vele pela segurança dos viajantes e transeuntes, repatrie os exilados, dê saúde aos doentes e a salvação aos que agonizam. *(Silêncio)*

Deus eterno e todo-poderoso, sois a consolação dos aflitos e a força dos que labutam. Cheguem até vós as preces dos que clamam em sua aflição, sejam quais forem os seus sofrimentos, para que se alegrem em suas provações com o socorro da vossa misericórdia. Por Cristo, nosso Senhor.

— Amém.

PAIXÃO VENERADA

Adoração da Cruz *(Pág. 57, nº 8)*

19. APRESENTAÇÃO DA CRUZ

— Eis o lenho da Cruz, do qual pendeu a salvação do mundo.

— Vinde, adoremos!

(Três vezes)

20. CANTOS PARA A ADORAÇÃO DA CRUZ

Número 1: *Partes cantadas ou recitadas pelo coro ou solista.*
Números 1 e 2: *Partes cantadas ou recitadas por todos.*

1 e 2 Antífona
Adoramos, Senhor, vosso madeiro;
vossa ressurreição nós celebramos.
Veio alegria para o mundo inteiro
por esta cruz que hoje veneramos.

1 Salmo 66,2
Deus tenha pena de nós e nos abençoe,
faça brilhar sobre nós a sua face!

1 e 2 Antífona
Adoramos, Senhor, vosso madeiro;
vossa ressurreição nós celebramos.
Veio alegria para o mundo inteiro
por esta cruz que hoje veneramos.

21. LAMENTOS DO SENHOR

I

1
Que te fiz, meu povo eleito?
Dize em que te contristei!
Que mais podia ter feito,
em que foi que eu te faltei?

1 e 2
Deus santo,
Deus forte,
Deus imortal,
tende piedade de nós!

1
Eu te fiz sair do Egito,
com maná te alimentei;
preparei-te bela terra,
tu, a cruz para o teu rei!

1 e 2
Deus santo,
Deus forte,
Deus imortal,
tende piedade de nós!

1
Bela vinha eu plantara,
tu plantaste a lança em mim;
águas doces eu te dava,
foste amargo até o fim!

1 e 2
Deus santo,
Deus forte,
Deus imortal,
tende piedade de nós!

II

1
Flagelei por ti o Egito,
primogênitos matei;
tu, porém, me flagelaste,
entregaste o próprio rei!

1 e 2
Deus santo,
Deus forte,
Deus imortal,
tende piedade de nós!

1
Eu te fiz sair do Egito,
afoguei o Faraó;
aos teus sumos sacerdotes
entregaste-me sem dó!

1 e 2
Deus santo,
Deus forte,
Deus imortal,
tende piedade de nós!

1
Eu te abri o mar Vermelho,
tu me abriste o coração;
a Pilatos me levaste,
eu levei-te pela mão!

1 e 2
Deus santo,
Deus forte,
Deus imortal,
tende piedade de nós!

1
Pus maná no teu deserto,
teu ódio me flagelou;
fiz da pedra correr água,
o teu fel me saturou!

1 e 2
Deus santo,
Deus forte,
Deus imortal,
tende piedade de nós!

1
Cananeus por ti batera,
bateu-me uma cana à toa;
dei-te cetro e realeza,
tu, de espinhos a coroa!

1 e 2
Deus santo,
Deus forte,
Deus imortal,
tende piedade de nós!

1
Só na cruz tu me exaltaste,
quando em tudo te exaltei;
por que à morte me entregaste?
Em que foi que eu te faltei?

1 e 2
Deus santo,
Deus forte,
Deus imortal,
tende piedade de nós!

Hino

1 e 2 Estribilho
Cruz fiel, árvore nobre,
que flor e fruto nos dais!
Árvore alguma se cobre
das mesmas pompas reais.
Lenho, que o sangue recobre,
ao Homem Deus sustentais!

1
Cantemos hoje em memória
da luta que houve na cruz,
este sinal da vitória,
que todo um povo conduz;
nela, coberto de glória,
morrendo, vence Jesus!

1 e 2 Estribilho
Cruz fiel, árvore nobre,
que flor e fruto nos dais!
Árvore alguma se cobre
das mesmas pompas reais.
Lenho, que o sangue recobre,
ao Homem Deus sustentais!

1
O Criador, apiedado
da maldição que ocorreu,
quando, do lenho vetado,
Adão o fruto mordeu,
para curar o pecado
um outro lenho escolheu.

1 e 2 Estribilho
Cruz fiel, árvore nobre,
que flor e fruto nos dais!
Árvore alguma se cobre
das mesmas pompas reais.
Lenho, que o sangue recobre,
ao Homem Deus sustentais!

1
Que um lenho ao outro vencesse,
com arte Deus decretou,
e a salvação nos viesse
pela cruz que ele abraçou,
de novo a vida irrompesse
onde o pecado brotou.

1 e 2 Estribilho
Cruz fiel, árvore nobre,
que flor e fruto nos dais!
Árvore alguma se cobre
das mesmas pompas reais.
Lenho, que o sangue recobre,
ao Homem Deus sustentais!

1
Quando, do tempo sagrado,
a plenitude chegou,
pelo seu Pai enviado,
ao mundo o Filho baixou:
de um corpo a Deus consagrado
a nossa carne tomou.

1 e 2 Estribilho
Cruz fiel, árvore nobre,
que flor e fruto nos dais!
Árvore alguma se cobre
das mesmas pompas reais.
Lenho, que o sangue recobre,
ao Homem Deus sustentais!

1
Na manjedoura ele chora,
o rei eterno dos céus;
enfaixa-o Nossa Senhora,
que pobres panos os seus!
Por frágeis laços, embora,
cativo o corpo de Deus.

1 e 2 Estribilho
Cruz fiel, árvore nobre,
que flor e fruto nos dais!
Árvore alguma se cobre
das mesmas pompas reais.
Lenho, que o sangue recobre,
ao Homem Deus sustentais!

1
Já tendo o tempo cumprido
da sua vida mortal,
só pelo amor impelido,
numa oblação sem igual,
na dura cruz foi erguido
nosso Cordeiro pascal.

1 e 2 Estribilho
Cruz fiel, árvore nobre,
que flor e fruto nos dais!
Árvore alguma se cobre
das mesmas pompas reais.
Lenho, que o sangue recobre,
ao Homem Deus sustentais!

1
Cravam-lhe os cravos tão fundo,
seu lado vão traspassar;
já corre o sangue fecundo,
a água põe-se a brotar:
estrelas, mar, terra e mundo,
a tudo podem lavar!

1 e 2 Estribilho
Cruz fiel, árvore nobre,
que flor e fruto nos dais!
Árvore alguma se cobre
das mesmas pompas reais.
Lenho, que o sangue recobre,
ao Homem Deus sustentais!

1
Inclina, ó árvore, os ramos,
acolhe o teu Criador;
para o que em ti nós pregamos
do tronco abrande o rigor:
para o rei que hoje adoramos
sejas um leito de amor!

1 e 2 Estribilho
Cruz fiel, árvore nobre,
que flor e fruto nos dais!
Árvore alguma se cobre
das mesmas pompas reais.
Lenho, que o sangue recobre,
ao Homem Deus sustentais!

1
Só a ti isto foi dado:
ao Salvador sustentar
e a todos que hão naufragado
ao porto eterno levar,
pois o Cordeiro, imolado,
quis o teu tronco sagrar.

1 e 2 Estribilho
Cruz fiel, árvore nobre,
que flor e fruto nos dais!
Árvore alguma se cobre
das mesmas pompas reais.
Lenho, que o sangue recobre,
ao Homem Deus sustentais!

1 e 2 (Nunca se omite esta conclusão)
Louvor e glória ao Deus trino,
fonte de luz, sumo bem.
Ao Pai e ao Filho divino
louvor eterno convém.
Ergamos todos um hino
ao que de ambos provém. Amém.

PAIXÃO COMUNGADA

Comunhão Eucarística *(Pág. 57, nº 9)*

22. RITO DA COMUNHÃO

— Rezemos com amor e confiança a oração que o Senhor Jesus nos ensinou.

— PAI NOSSO...

— Livrai-nos de todos os males, ó Pai, e dai-nos hoje a vossa paz. Ajudados pela vossa misericórdia, sejamos sempre livres do pecado e protegidos de todos os perigos, enquanto, vivendo a esperança, aguardamos a vinda do Cristo Salvador.

— Vosso é o reino, o poder e a glória para sempre!

— Senhor Jesus Cristo, o vosso Corpo e o vosso Sangue, que vou receber, não se tornem causa de juízo e condenação; mas, por vossa bondade, sejam sustento e remédio para minha vida.

— Felizes os convidados para a Ceia do Senhor. Eis o Cordeiro de Deus que tira o pecado do mundo.

— Senhor, eu não sou digno de que entreis em minha morada,/ mas dizei uma palavra e serei salvo.

(Cânticos apropriados)

23. ORAÇÃO DEPOIS DA COMUNHÃO *(Pág. 58, nº 10)*

OREMOS: Ó Deus, que nos renovastes pela santa morte e ressurreição do vosso Cristo, conservai em nós a obra de vossa misericórdia, para que, pela participação deste mistério, vos consagremos sempre a nossa vida. Por Cristo, nosso Senhor. — **Amém.**

24. ORAÇÃO SOBRE O POVO *(Pág. 58, nº 11)*

Que a vossa bênção, ó Deus, desça copiosa sobre o vosso povo, que acaba de celebrar a morte do vosso Filho, na esperança da sua ressurreição. Venha o vosso perdão, seja dado o vosso consolo; cresça a fé verdadeira e a redenção se confirme. Por Cristo, nosso Senhor. — **Amém.**

(Terminada a oração, todos se retiram em silêncio.)

IV. VIGÍLIA PASCAL

Ressurreição do Senhor

1. INTRODUÇÃO *(Pág. 58, nº 1)*

LITURGIA DA LUZ

2. SAUDAÇÃO

— Meus irmãos e minhas irmãs:

Nesta noite santa, em que nosso Senhor Jesus Cristo passou da morte à vida, a Igreja convida seus filhos dispersos por toda a terra a se reunirem em vigília e oração. Se comemorarmos a Páscoa do Senhor, ouvindo sua palavra e celebrando seus mistérios, podemos ter a firme esperança de participar do seu triunfo sobre a morte e de sua vida em Deus.

Que a graça e a paz de Cristo ressuscitado, o amor do Pai e a comunhão do Espírito Santo estejam convosco!

— Bendito seja Deus que nos reuniu no amor de Cristo.

3. BÊNÇÃO DO FOGO *(Pág. 59, nº 2)*

OREMOS: Ó Deus, que pelo vosso Filho trouxestes àqueles que crêem o clarão da vossa luz, santificai + este novo fogo. Concedei que a festa da Páscoa acenda em nós tal desejo do céu, que possamos chegar purificados à festa da luz eterna. Por Cristo, nosso Senhor. — **Amém.**

4. PREPARAÇÃO DO CÍRIO PASCAL

1. Cristo, ontem e hoje *(faz a incisão da haste vertical);*
2. Princípio e Fim *(faz a incisão da haste horizontal);*
3. Alfa *(grava a letra Alfa no alto da haste vertical);*
4. e Ômega *(grava a letra Ômega embaixo da haste vertical).*

5. A ele o tempo *(grava o primeiro algarismo do ano em curso no ângulo esquerdo superior da cruz);*
6. e a eternidade *(grava o segundo algarismo no ângulo direito superior);*
7. a glória e o poder *(grava o terceiro algarismo no ângulo esquerdo inferior;*
8. pelos séculos sem fim. Amém *(grava o quarto algarismo no ângulo direito inferior).*

(Agora o Celebrante toma cinco grãos de incenso, que simbolizam as chagas de Jesus, e os crava na cruz, dizendo:)

1. Por suas santas chagas, *(primeiro grão de incenso na ponta superior da haste vertical da cruz);*
2. suas chagas gloriosas, *(segundo grão no meio da cruz);*
3. O Cristo Senhor *(terceiro grão na ponta inferior da haste vertical);*
4. nos proteja *(quarto grão na ponta esquerda da haste horizontal);*
5. e nos guarde. Amém. *(quinto grão na ponta direita da haste horizontal.)*

(Agora o Celebrante acende o círio pascal no fogo novo, dizendo:)

— A luz do Cristo, que ressuscita resplandecente, dissipe as trevas de nosso coração e de nossa mente.

5. PROCISSÃO DO CÍRIO PASCAL

(As luzes da igreja devem permanecer apagadas. O Celebrante (ou diácono, se houver) ergue o círio aceso e proclama:)

— Eis a luz de Cristo!
— Demos graças a Deus!

(Na entrada da igreja o Celebrante (ou diácono) ergue novamente o círio pascal e proclama:)

— Eis a luz de Cristo!
— Demos graças a Deus!

(Agora todos acendem suas velas na luz do círio pascal e entram na igreja, acompanhando o Celebrante (ou diácono) que leva o círio. Ao chegar diante do altar, a terceira aclamação:)

— Eis a luz de Cristo!
— Demos graças a Deus!

(O círio pascal é colocado no seu lugar de destaque e acendem-se as luzes da igreja.)

6. PROCLAMAÇÃO DA PÁSCOA *(Pág. 60, nº 3)*

— Exulte o céu, e os Anjos triunfantes,
mensageiros de Deus, desçam cantando;
façam soar trombetas fulgurantes,
a vitória de um Rei anunciando.

Alegre-se também a terra amiga,
que em meio a tantas luzes resplandece;
e vendo dissipar-se a treva antiga,
ao sol do eterno Rei brilha e se aquece.

Que a mãe Igreja alegre-se igualmente,
erguendo as velas deste fogo novo,
e escute, reboando de repente,
o Aleluia cantado pelo povo.

*(Na proclamação **mais breve,** omitem-se as duas estrofes seguintes, que estão entre colchetes.)*

[E vós, que estais aqui, irmãos queridos,
em torno desta chama reluzente,
erguei os corações e, assim unidos,
invoquemos a Deus onipotente.
Ele, que por seus dons nada reclama,
quis que entre os seus levitas me encontrasse:
para cantar a glória desta chama,
de sua luz um raio me traspasse!]

— O Senhor esteja convosco! *(Só sacerdote)*
— Ele está no meio de nós.
— Corações ao alto!
— O nosso coração está em Deus.
— Demos graças ao Senhor, nosso Deus.
— É nosso dever e nossa salvação.

Sim, verdadeiramente é bom e justo
cantar ao Pai de todo o coração,
e celebrar seu Filho Jesus Cristo,
tornado para nós um novo Adão.

Foi ele quem pagou do outro a culpa,
quando por nós à morte se entregou;
para apagar o antigo documento,
na cruz todo o seu sangue derramou.

Pois eis agora a Páscoa, nossa festa,
em que o real Cordeiro se imolou;
marcando nossas portas, nossas almas,
com seu divino sangue nos salvou.

Esta é, Senhor, a noite em que do Egito
retirastes os filhos de Israel,
transpondo o mar Vermelho a pé enxuto,
rumo à terra onde correm leite e mel.

Ó noite, em que a coluna luminosa
as trevas do pecado dissipou,
e aos que crêem no Cristo em toda a terra
em novo povo eleito congregou!

Ó noite, em que Jesus rompeu o inferno,
ao ressurgir da morte vencedor;
de que nos valeria ter nascido,
se não nos resgatasse em seu amor?

Ó Deus, quão estupenda caridade
vemos no vosso gesto fulgurar;
não hesitais em dar o próprio Filho,
para a culpa dos servos resgatar.

Ó pecado de Adão indispensável,
pois o Cristo o dissolve em seu amor;
ó culpa tão feliz, que há merecido
a graça de um tão grande Redentor!

Só tu, noite feliz, soubeste a hora
em que o Cristo da morte ressurgia;
e é por isso que de ti foi escrito:
A noite será luz para o meu dia!

Pois esta noite lava todo crime,
liberta o pecador dos seus grilhões,
dissipa o ódio e dobra os poderosos,
enche de luz e paz os corações.

Ó noite de alegria verdadeira,
que prostra o Faraó e ergue os hebreus,
que une de novo ao céu a terra inteira,
pondo na treva humana a luz de Deus.

Na graça desta noite o vosso povo
acende um sacrifício de louvor;
acolhei, ó Pai santo, o fogo novo;
não perde, ao dividir-se, o seu fulgor.

Cera virgem de abelha generosa
ao Cristo ressurgido trouxe a luz;
eis de novo a coluna luminosa,
que o vosso povo para o céu conduz.

O círio que acendeu as nossas velas
possa esta noite toda fulgurar;
misture sua luz à das estrelas,
cintile quando o dia despontar.

Que ele possa agradar-vos como o Filho,
que triunfou da morte e vence o mal;
Deus, que a todos acende no seu brilho,
e um dia voltará, sol triunfal.
— **Amém.**

LITURGIA DA PALAVRA

7. INTRODUÇÃO *(Pág. 60, nº 4)*

(Pág. 60, nº 4)

8. PRIMEIRA LEITURA
(Mais longa) *(Gn 1,1-2,2) (Pág. 61, nº 5)*

Livro do Gênesis:

[1]No princípio Deus criou o céu e a terra. [2]A terra estava deserta e vazia, as trevas cobriam a face do abismo e o Espírito de Deus pairava sobre as águas.

[3]Deus disse: "Faça-se a luz!" E a luz se fez. [4]Deus viu que a luz era boa e separou a luz das trevas. [5]E à luz Deus chamou "dia" e às trevas, "noite". Houve uma tarde e uma manhã: primeiro dia.

[6]Deus disse: "Faça-se um firmamento entre as águas, separando umas das outras". [7]E Deus fez o firmamento, e separou as águas que estavam embaixo das que estavam em cima do firmamento. E assim se fez. [8]Ao firmamento Deus chamou "céu". Houve uma tarde e uma manhã: segundo dia.

[9]Deus disse: "Juntem-se as águas que estão debaixo do céu num só lugar e apareça o solo enxuto!" E assim se fez. [10]Ao solo enxuto Deus chamou "terra" e ao ajuntamento das águas, "mar". E Deus viu que era bom. [11]Deus disse: "A terra faça brotar vegetação e plantas que dêem semente, e árvores frutíferas que dêem fruto segundo a sua espécie, que tenham nele a sua semente sobre a terra". E assim se fez. [12]E a terra produziu vegetação e plantas que trazem semente segundo a sua espécie, e árvores que dão fruto tendo nele a semente da sua espécie. E Deus viu que era bom. [13]Houve uma tarde e uma manhã: terceiro dia.

[14]Deus disse: "Façam-se luzeiros no firmamento do céu, para separar o dia da noite. Que sirvam de sinais para marcar as épocas, os dias e os anos, [15]e que resplandeçam no firmamento do céu e iluminem a terra". E assim se fez. [16]Deus fez os dois grandes luzeiros: o luzeiro maior para presidir o dia, e o luzeiro menor para presidir à noite, e as estrelas. [17]Deus

colocou-os no firmamento do céu para alumiar a terra, [18]para presidir ao dia e à noite e separar a luz das trevas. E Deus viu que era bom. [19]E houve uma tarde e uma manhã: quarto dia.

[20]Deus disse: "Fervilhem as águas de seres animados de vida e voem pássaros sobre a terra, debaixo do firmamento do céu". [21]Deus criou os grandes monstros marinhos e todos os seres vivos que nadam, em multidão, nas águas, segundo as suas espécies, e todas as aves, segundo as suas espécies. E Deus viu que era bom. [22]E Deus os abençoou, dizendo: "Sede fecundos e multiplicai-vos e enchei as águas do mar, e que as aves se multipliquem sobre a terra". [23]Houve uma tarde e uma manhã: quinto dia.

[24]Deus disse: "Produza a terra seres vivos segundo as suas espécies, animais domésticos, répteis e animais selvagens, segundo as suas espécies". E assim se fez. [25]Deus fez os animais selvagens, segundo as suas espécies, os animais domésticos segundo as suas espécies e todos os répteis do solo segundo as suas espécies. E Deus viu que era bom.

[26]Deus disse: "Façamos o homem à nossa imagem e segundo à nossa semelhança, para que domine sobre os peixes do mar, sobre as aves do céu, sobre os animais de toda a terra e sobre todos os répteis que rastejam sobre a terra".

[27]E Deus criou o homem à sua imagem, à imagem de Deus ele o criou: homem e mulher os criou. [28]E Deus os abençoou e lhes disse: "Sede fecundos e multiplicai-vos, enchei a terra e submetei-a! Dominai sobre os peixes do mar, sobre os pássaros do céu e sobre todos os animais que se movem sobre a terra". [29]E Deus disse: "Eis que vos entrego todas as plantas que dão semente sobre a terra, e todas as árvores que produzem fruto com sua semente, para vos servirem de alimento. [30]E a todos os animais da terra, e a todas as aves do céu, e a tudo o que rasteja sobre a terra e que é animado de vida, eu dou todos os vegetais para alimento". E assim se fez.

[31]E Deus viu tudo quanto havia feito, e eis que tudo era muito bom. Houve uma tarde e uma manhã: sexto dia. [2,1]E assim foram concluídos o céu e a terra com todo o seu exército.

[2]No sétimo dia, Deus considerou acabada toda a obra
que tinha feito; e no sétimo dia descansou de toda a obra que
fizera.

— Palavra do Senhor.

— Graças a Deus!

---

8. PRIMEIRA LEITURA
(Mais breve) *(Gn 1,1.26-31a)*

Livro do Gênesis:

[1]No princípio Deus criou o céu e a terra.

[26]Deus disse: "Façamos o homem à nossa imagem e
segundo à nossa semelhança, para que domine sobre os peixes
do mar, sobre as aves do céu, e sobre todos os répteis que ras-
tejam sobre a terra".

[27]E Deus criou o homem à sua imagem, à imagem de
Deus ele o criou: homem e mulher os criou. [28]E Deus os aben-
çoou e lhes disse: "Sede fecundos e multiplicai-vos, enchei a
terra e submetei-a! Dominai sobre os peixes do mar, sobre os
pássaros do céu e sobre todos os animais que se movem sobre
a terra". [29]E Deus disse:

"Eis que vos entrego todas as plantas que dão semente
sobre a terra, e todas as árvores que produzem fruto com sua
semente, para vos servirem de alimento. [30]E a todos os ani-
mais da terra, e a todas as aves do céu, e a tudo o que rasteja
sobre a terra e que é animado de vida, eu dou todos os vege-
tais para alimento". E assim se fez.

[31]E Deus viu tudo quanto havia feito, e eis que tudo
era muito bom. Houve uma tarde e uma manhã: sexto dia. [2,1]E
assim foram concluídos o céu e a terra com todo o seu exército.

[2]No sétimo dia, Deus considerou acabada toda a obra
que tinha feito; e no sétimo dia descansou de toda a obra que
fizera.

— Palavra do Senhor.

— Graças a Deus!

---

9. SALMO RESPONSORIAL *(Sl 103)*

— Enviai o vosso Espírito Senhor, e da terra toda a face renovai.

— Enviai o vosso Espírito Senhor, e da terra toda a face renovai.

— Bendize, ó minha alma, ao Senhor!/ Ó meu Deus e meu Senhor, como sois grande!/ De majestade e esplendor vos revestis/ e de luz vos envolveis como num manto.

— A terra vós firmastes em suas bases,/ ficará firme pelos séculos sem fim;/ os mares a cobriam como um manto,/ e as águas envolviam as montanhas.

— Fazeis brotar em meio aos vales as nascentes/ que passam serpeando entre as montanhas;/ às suas margens vêm morar os passarinhos,/ entre os ramos eles erguem o seu canto.

— De vossa casa as montanhas irrigais,/ com vossos frutos saciais a terra inteira;/ fazeis crescer os verdes pastos para o gado/e as plantas que são úteis para o homem.

— Quão numerosas, ó Senhor, são vossas obras,/ e que sabedoria em todas elas!/ Encheu-se a terra com as vossas criaturas!/ Bendize, ó minha alma, ao Senhor!

Ou: *(Sl 32)*

— Transborda em toda a terra a sua graça!

— Transborda em toda a terra a sua graça!

— Reta é a palavra do Senhor,/ e tudo o que ele faz merece fé./ Deus ama o direito e a justiça,/ transborda em toda a terra a sua graça.

— A palavra do Senhor criou os céus,/ e o sopro de seus lábios, as estrelas./ Como num odre junta as águas do oceano,/ e mantém no seu limite as grandes águas.

— Feliz o povo cujo Deus é o Senhor,/ e a nação que escolheu por sua herança!/ Dos altos céus o Senhor olha e observa;/ ele se inclina para olhar todos os homens.

— No Senhor nós esperamos confiantes,/ porque ele é nosso auxílio e proteção!/ Sobre nós venha, Senhor, a vossa graça,/ da mesma forma que em vós nós esperamos!

10. ORAÇÃO

OREMOS: Deus eterno e todo-poderoso, que dispondes de modo admirável todas as vossas obras, dai aos que foram resgatados pelo vosso Filho a graça de compreender que o sacrifício do Cristo, nossa Páscoa, na plenitude dos tempos, ultrapassa em grandeza a criação do mundo realizada no princípio. Por Cristo, nosso Senhor. — **Amém.**

Ou:

OREMOS: Ó Deus, admirável na criação do ser humano, e mais ainda na sua redenção, dai-nos a sabedoria de resistir ao pecado e chegar à eterna alegria. Por Cristo, nosso Senhor. — **Amém.**

11. SEGUNDA LEITURA
(Mais longa) *(Gn 22,1-18) (Pág. 61, nº 6)*

Livro do Gênesis:
Naqueles dias, 1 Deus pôs Abraão à prova. Chaman-
do-o, disse: Abraão!" E ele respondeu: "Aqui estou". 2 E Deus
disse: "Toma teu filho único, Isaac, a quem tanto amas, dirige-
te à terra de Moriá, e oferece-o ali em holocausto sobre um
monte que eu te indicar".
3 Abraão levantou-se bem cedo, selou o jumento, to-
mou consigo dois dos seus servos e seu filho Isaac. Depois de
ter rachado lenha para o holocausto, pôs-se a caminho, para o
lugar que Deus lhe havia ordenado.
4 No terceiro dia, Abraão, levantando os olhos, viu de
longe o lugar. 5 Disse, então, aos seus servos: "Esperai aqui com
o jumento, enquanto eu e o menino vamos até lá. Depois de
adorarmos a Deus, voltaremos a vós".
6 Abraão tomou a lenha para o holocausto e a pôs às
costas do seu filho Isaac, enquanto ele levava o fogo e a faca. E
os dois continuaram caminhando juntos. 7 Isaac disse a Abraão:
"Meu pai". "Que queres, meu filho?", respondeu ele. E o me-
nino disse: "Temos o fogo e a lenha, mas onde está a vítima
para o holocausto?" 8 Abraão respondeu: "Deus providenciará

a vítima para o holocausto, meu filho". E os dois continuaram
caminhando juntos.
[9]Chegados ao lugar indicado por Deus, Abraão ergueu
um altar, colocou a lenha em cima, amarrou o filho e o pôs
sobre a lenha em cima do altar. [10]Depois, estendeu a mão, em-
punhando a faca para sacrificar o filho.
[11]E eis que o anjo do Senhor gritou do céu, dizendo:
"Abraão! Abraão!" Ele respondeu: "Aqui estou!". [12]E o anjo
lhe disse: "Não estendas a mão contra teu filho e não lhe faças
nenhum mal! Agora sei que temes a Deus, pois não me recu-
saste teu filho único".
[13]Abraão, erguendo os olhos, viu um carneiro preso
num espinheiro pelos chifres; foi buscá-lo e ofereceu-o em
holocausto no lugar do seu filho.
[14]Abraão passou a chamar aquele lugar: "O Senhor
providenciará". Donde até hoje se diz: "O monte onde o Se-
nhor providenciará".
[15]O anjo do Senhor chamou Abraão, pela segunda vez,
do céu, [16]e lhe disse: "Juro por mim mesmo — oráculo do Se-
nhor —, uma vez que agiste deste modo e não me recusaste
teu filho único, [17]eu te abençoarei e tornarei tão numerosa tua
descendência como as estrelas do céu e como as areias da praia
do mar. Teus descendentes conquistarão as cidades dos inimi-
gos. [18]Por tua descendência serão abençoadas todas as nações
da terra, porque me obedeceste".

— Palavra do Senhor.

— Graças a Deus!

---

11. SEGUNDA LEITURA
(Mais breve) *(Gn 22,1-2.9.10-13.15-18)*

Livro do Gênesis:

Naqueles dias, [1]Deus pôs Abraão à prova. Chaman-
do-o, disse: Abraão!" E ele respondeu: "Aqui estou". [2]E Deus
disse: "Toma teu filho único, Isaac, a quem tanto amas, dirige-
te à terra de Moriá, e oferece-o ali em holocausto sobre um
monte que eu te indicar".

[9]Chegados ao lugar indicado por Deus, Abraão ergueu
um altar, colocou a lenha em cima, amarrou o filho e o pôs
sobre a lenha em cima do altar. [10]Depois, estendeu a mão, em-
punhando a faca para sacrificar o filho.
[11]E eis que o anjo do Senhor gritou do céu, dizendo:
"Abraão! Abraão!" Ele respondeu: "Aqui estou!". [12]E o anjo
lhe disse: "Não estendas a mão contra teu filho e não lhe faças
nenhum mal! Agora sei que temes a Deus, pois não me recu-
saste teu filho único".
[13]Abraão, erguendo os olhos, viu um carneiro preso
num espinheiro pelos chifres; foi buscá-lo e ofereceu-o em
holocausto no lugar do seu filho.
[15]O anjo do Senhor chamou Abraão, pela segunda vez,
do céu, [16]e lhe disse: "Juro por mim mesmo — oráculo do Se-
nhor —, uma vez que agiste deste modo e não me recusaste
teu filho único, [17]eu te abençoarei e tornarei tão numerosa tua
descendência como as estrelas do céu e como as areias da praia
do mar. Teus descendentes conquistarão as cidades dos inimi-
gos. [18]Por tua descendência serão abençoadas todas as nações
da terra, porque me obedeceste".

— Palavra do Senhor.

— Graças a Deus!

---

12. SALMO RESPONSORIAL *(Sl 15)*

— Guardai-me, ó Deus, porque em vós me refugio!

— Guardai-me, ó Deus, porque em vós me refugio!

— Ó Senhor, sois minha herança e minha taça,/ meu destino está seguro em vossas mãos!/ Tenho sempre o Senhor ante meus olhos,/ pois se o tenho a meu lado não vacilo.

— Eis por que meu coração está em festa,/ minha alma rejubila de alegria,/ e até meu corpo no repouso está tranqüilo;/ pois não haveis de me deixar entregue à morte,/ nem vosso amigo conhecer a corrupção.

— Vós me ensinais vosso caminho para a vida; / junto a vós, felicidade sem limites,/ delícia eterna e alegria ao vosso lado!

13. ORAÇÃO

OREMOS: Ó Deus, Pai de todos os fiéis, vós multiplicais por toda a terra os filhos da vossa promessa, derramando sobre eles a graça da filiação e, pelo mistério pascal, tornais vosso servo Abraão pai de todos os povos, como lhe tínheis prometido. Concedei, portanto, a todos os povos a graça de corresponder ao vosso chamado. Por Cristo, nosso Senhor. — **Amém.**

14. TERCEIRA LEITURA *(Êx 14,15-15,1) (Pág. 61, nº 7)*

Livro do Êxodo:

Naqueles dias: [15]O Senhor disse a Moisés: "Por que
clamas a mim por socorro? Dize aos filhos de Israel que se
ponham em marcha. [16]Quanto a ti, ergue a vara, estende o bra-
ço sobre o mar e divide-o, para que os filhos de Israel cami-
nhem em seco pelo meio do mar. [17]De minha parte, endurece-
rei o coração dos egípcios, para que sigam atrás deles, e eu seja
glorificado às custas do Faraó, e de todo o seu exército, dos
seus carros e cavaleiros. [18]E os egípcios saberão que eu sou o
Senhor, quando eu for glorificado às custas do Faraó, dos seus
carros e cavaleiros".

[19]Então, o anjo do Senhor, que caminhava à frente do
acampamento dos filhos de Israel, mudou de posição e foi para
trás deles; e com ele, ao mesmo tempo, a coluna de nuvem,
que estava na frente, colocou-se atrás, [20]inserindo-se entre o
acampamento dos egípcios e o acampamento dos filhos de Is-
rael. Para aqueles a nuvem era tenebrosa, para estes, ilumina-
va a noite. Assim, durante a noite inteira, uns não puderam
aproximar-se dos outros.

[21]Moisés estendeu a mão sobre o mar, e durante toda a
noite o Senhor fez soprar sobre o mar um vento leste muito
forte; e as águas se dividiram. [22]Então, os filhos de Israel en-
traram pelo meio do mar a pé enxuto, enquanto as águas for-
mavam como que uma muralha à direita e à esquerda.

[23]Os egípcios puseram-se a persegui-los, e todos os ca-
valos do Faraó, carros e cavaleiros os seguiram mar adentro.

24 Ora, de madrugada, o Senhor lançou um olhar, des-
de a coluna de fogo e da nuvem, sobre as tropas egípcias e as
pôs em pânico. 25 Bloqueou as rodas dos seus carros, de modo
que só a muito custo podiam avançar. Disseram, então, os egíp-
cios: "Fujamos de Israel! Pois o Senhor combate a favor deles,
contra nós".

26 O Senhor disse a Moisés: "Estende a mão sobre o mar,
para que as águas se voltem contra os egípcios, seus carros e
cavaleiros".

27 Moisés estendeu a mão sobre o mar e, ao romper da
manhã, o mar voltou ao seu leito normal, enquanto os egípci-
os, em fuga, corriam ao encontro das águas, e o Senhor os mer-
gulhou no meio das ondas.

28 As águas voltaram e cobriram carros, cavaleiros e
todo o exército do Faraó, que tinha entrado no mar em perse-
guição a Israel. Não escapou um só. 29 Os filhos de Israel, ao
contrário, tinham passado a pé enxuto pelo meio do mar, cujas
águas lhes formavam uma muralha à direita e à esquerda.

30 Naquele dia, o Senhor livrou Israel da mão dos egíp-
cios, e Israel viu os egípcios mortos nas praias do mar, 31 e a
mão poderosa do Senhor agir contra eles. O povo temeu o Se-
nhor, e teve fé no Senhor e em Moisés, seu servo.

15,1 Então, Moisés e os filhos de Israel cantaram ao Se-
nhor este cântico.

— Palavra do Senhor.

— Graças a Deus!

15. SALMO RESPONSORIAL *(Êx 1-6.17-18)*

— Cantemos ao Senhor que fez brilhar a sua glória!

— Cantemos ao Senhor que fez brilhar a sua glória!

— Ao Senhor quero cantar, pois fez brilhar a sua glória:/ precipitou no Mar Vermelho o cavalo e o cavaleiro!/ O Senhor é minha força, é a razão do meu cantar,/ pois foi ele neste dia para mim libertação!/ Ele é meu Deus e o louvarei, Deus de meu pai e o honrarei.

— O Senhor é um Deus guerreiro;/ o seu nome é "Onipotente"./ Os soldados e os carros do Faraó jogou no mar;/ seus melhores capitães afogou no mar Vermelho.

— Afundaram como pedras e as ondas os cobriram./ Ó Senhor, o vosso braço é duma força insuperável!/ Ó Senhor, o vosso braço esmigalhou os inimigos!

— Cantemos ao Senhor que fez brilhar a sua glória!

— Vosso povo levareis e o plantareis em vosso Monte,/no lugar que preparastes para a vossa habitação,/ no Santuário construído pelas vossas próprias mãos./ O Senhor há de reinar eternamente, pelos séculos!

16. ORAÇÃO

OREMOS: Ó Deus, à luz do Novo Testamento nos fizestes compreender os prodígios de outrora, prefigurando no mar Vermelho a fonte batismal e, naqueles que libertastes da escravidão, o povo que renasce do batismo. Concedei a todos os povos que, participando pela fé do privilégio do povo eleito, renasçam pelo Espírito Santo. Por Cristo, nosso Senhor.

— Amém.

17. QUARTA LEITURA *(Is 54,5-14) (Pág. 62, nº 8)*

Livro do profeta Isaías:

5Teu esposo é aquele que te criou, seu nome é Senhor dos exércitos; teu redentor, o Santo de Israel, chama-se Deus de toda a terra.

6O Senhor te chamou, como a mulher abandonada e de alma aflita; como a esposa repudiada na mocidade, falou o teu Deus.

7Por um breve instante eu te abandonei, mas com imensa compaixão volto a acolher-te. 8Num momento de indignação, por um pouco ocultei de ti minha face, mas com misericórdia eterna compadeci-me de ti, diz teu salvador, o Senhor.

9Como fiz nos dias de Noé, a quem jurei nunca mais inundar a terra, assim juro que não me irritarei contra ti nem te farei ameaças. 10Podem os montes recuar e as colinas abalarse, mas minha misericórdia não se apartará de ti, nada fará mudar a aliança de minha paz, diz o teu misericordioso Senhor.

[11]Pobrezinha, batida por vendavais, sem nenhum consolo, eis que assentarei tuas pedras sobre rubis, e tuas bases sobre safiras; [12]revestirei de jaspe tuas fortificações, e teus portões, de pedras preciosas, e todos os teus muros, de pedra escolhida.

[13]Todos os teus filhos serão discípulos do Senhor, teus filhos possuirão muita paz; [14]terás a justiça por fundamento. Longe da opressão, nada terás a temer; serás livre do terror, porque ele não se aproximará de ti.

— Palavra do Senhor.

— Graças a Deus!

18. SALMO RESPONSORIAL *(Sl 29)*

— Eu vos exalto, ó Senhor, porque vós me livrastes!

— Eu vos exalto, ó Senhor, porque vós me livrastes!

— Eu vos exalto, ó Senhor, pois me livrastes,/ e não deixastes rir de mim meus inimigos!/ Vós tirastes minha alma dos abismos/ e me salvastes, quando estava já morrendo!

— Cantai salmos ao Senhor, povo fiel,/ dai-lhe graças e invocai seu santo nome!/ Pois sua ira dura apenas um momento,/ mas sua bondade permanece a vida inteira;/ se à tarde vem o pranto visitar-nos,/ de manhã vem saudar-nos a alegria.

— Escutai-me, Senhor Deus, tende piedade!/ Sede, Senhor, o meu abrigo protetor!/ Transformastes o meu pranto em uma festa,/ Senhor meu Deus, eternamente hei de louvar-vos!

19. ORAÇÃO

OREMOS: Deus eterno e todo-poderoso, para a glória do vosso nome, multiplicai a posteridade que prometestes aos nossos pais, aumentando o número dos vossos filhos adotivos. Possa a Igreja reconhecer que já se realizou em grande parte a promessa feita a nossos pais, da qual jamais duvidaram. Por Cristo, nosso Senhor.

— Amém.

20. QUINTA LEITURA *(Is 55,1-11) (Pág. 62, nº 9)*

Livro do profeta Isaías:

Assim diz o Senhor: [1]Ó vós todos, que estais com sede, vinde às águas; vós que não tendes dinheiro, apressai-vos, vinde e comei, vinde comprar sem dinheiro, tomar vinho e leite, sem nenhuma paga.

[2]Por que gastar dinheiro com outra coisa que não o pão, desperdiçar o salário senão com satisfação completa? Ouvi-me com atenção, e alimentai-vos bem, para deleite e revigoramento do vosso corpo.

[3]Inclinai vosso ouvido e vinde a mim, ouvi e tereis vida; farei convosco um pacto eterno, manterei fielmente as graças concedidas a Davi. [4]Eis que fiz dele uma testemunha para os povos, chefe e mestre para as nações.

[5]Eis que chamarás uma nação que não conhecias, e acorrerão a ti povos que não te conheciam, por causa do Senhor, teu Deus, e do Santo de Israel, que te glorificou.

[6]Buscai o Senhor, enquanto pode ser achado; invocai-o, enquanto ele está perto. [7]Abandone o ímpio seu caminho, e o homem injusto, suas maquinações; volte para o Senhor, que terá piedade dele, volte para nosso Deus, que é generoso no perdão.

[8]Meus pensamentos não são como os vossos pensamentos e vossos caminhos não são como os meus caminhos, diz o Senhor. [9]Estão meus caminhos tão acima dos vossos caminhos e meus pensamentos acima dos vossos pensamentos, quanto está o céu acima da terra.

[10]Como a chuva e a neve descem do céu e para lá não voltam mais, mas vêm irrigar e fecundar a terra, e fazê-la germinar e dar semente, para o plantio e para a alimentação, [11]assim a palavra que sair de minha boca: não voltará para mim vazia; antes, realizará tudo que for de minha vontade e produzirá os efeitos que pretendi, ao enviá-la.

— Palavra do Senhor.

— Graças a Deus!

21. SALMO RESPONSORIAL *(Is 12,2-3.4bcd.5-6)*

— Com alegria bebereis do manancial da salvação.

— Com alegria bebereis do manancial da salvação.

— Eis o Deus, meu Salvador, eu confio e nada temo;/ o Senhor é minha força, meu louvor e salvação./ Com alegria bebereis do manancial da salvação.

— E direis naquele dia: "Dai louvores ao Senhor,/ invocai seu santo nome, anunciai suas maravilhas,/ entre os povos proclamai que seu nome é o mais sublime.

— Louvai cantando ao nosso Deus, que fez prodígios e portentos,/ publicai em toda a terra suas grandes maravilhas!/ Exultai cantando alegres, habitantes de Sião,/ porque é grande em vosso meio o Deus Santo de Israel!"

22. ORAÇÃO

OREMOS: Deus eterno e todo-poderoso, única esperança do mundo, anunciastes pela voz dos profetas os mistérios que hoje se realizam. Aumentai o fervor do vosso povo, pois nenhum dos vossos filhos conseguirá progredir na virtude sem o auxílio da vossa graça. Por Cristo, nosso Senhor.

— Amém.

23. SEXTA LEITURA *(Br 3,9-15.32-4,4)* *(Pág. 62, nº 10)*

Livro do profeta Baruc:

9Ouve, Israel, os preceitos da vida; presta atenção, para aprenderes a sabedoria.

10Que se passa, Israel? Como é que te encontras em
terra inimiga? 11Envelheceste num país estrangeiro, te contaminaste com os mortos, foste contado entre os que descem à mansão dos mortos.

12Abandonaste a fonte da sabedoria! 13Se tivesses continuado no caminho de Deus, viverias em paz para sempre.

14Aprende onde está a sabedoria, onde está a fortaleza e onde está a inteligência, e aprenderás também onde está a longevidade e a vida, onde está o brilho dos olhos e a paz.

15Quem descobriu onde está a sabedoria? Quem pene-
trou em seus tesouros? 32Aquele que tudo sabe conhece-a, des-
cobriu-a com sua inteligência; aquele que criou a terra para sem-
pre e a encheu de animais e quadrúpedes; 33aquele que manda a
luz, e ela vai, chama-a de volta, e ela obedece tremendo.
34As estrelas cintilam em seus postos de guarda e ale-
gram-se; 35ele as chama, e elas respondem: "Aqui estamos"; e
alumiam com alegria o que as fez.
36Este é o nosso Deus, e nenhum outro pode compa-
rar-se com ele. 37Ele revelou todo o caminho da sabedoria a
Jacó, seu servo, e a Israel, seu bem-amado. 38Depois, ela foi
vista sobre a terra e habitou entre os homens.
4,1A sabedoria é o livro dos mandamentos de Deus, é a
lei, que permanece para sempre. Todos os que a seguem, têm a
vida, e os que a abandonam, têm a morte.
2Volta-te, Jacó, e abraça-a; marcha para o esplendor, à
sua luz. 3Não dês a outro a tua glória nem cedas a uma nação
estranha teus privilégios.
4Ó Israel, felizes somos nós, porque nos é dado conhe-
cer o que agrada a Deus.

— Palavra do Senhor.

— Graças a Deus!

24. SALMO RESPONSORIAL *(Sl 18B(19)*

— Senhor, tens palavras de vida eterna.

— Senhor, tens palavras de vida eterna.

— A lei do Senhor Deus é perfeita,/ conforto para a alma!/ O testemunho do Senhor é fiel,/ sabedoria dos humildes.

— Os preceitos do Senhor são precisos,/ alegria ao coração./ O mandamento do Senhor é brilhante,/ para os olhos é uma luz.

— É puro o temor do Senhor,/ imutável para sempre./ Os julgamentos do Senhor são corretos/ e justos igualmente.

— Mais desejáveis do que o ouro são eles,/ do que o ouro refinado./ Suas palavras são mais doces que o mel,/ que o mel que sai dos favos.

25. ORAÇÃO

OREMOS: Ó Deus, que fazeis vossa Igreja crescer sempre mais, chamando todos os povos ao Evangelho, guardai sob a vossa contínua proteção os que purificais na água do batismo. Por Cristo, nosso Senhor.

— **Amém.**

26. SÉTIMA LEITURA

(Ez 36,16-17a.18-28) (Pág. 63, nº 11)

Livro do profeta Ezequiel:

16 A palavra do Senhor foi-me dirigida nestes termos:
17a "Filho do homem, os da casa de Israel estavam morando em sua terra. Mancharam-na com sua conduta e suas más ações.

18 Então derramei sobre eles a minha ira, por causa do sangue que derramaram no país e dos ídolos com os quais o
mancharam. 19 Eu dispersei-os entre as nações, e eles foram espalhados pelos países. Julguei-os de acordo com sua conduta e suas más ações.

20 Quando eles chegaram às nações para onde foram, profanaram o meu santo nome; pois deles se comentava: 'Esse é o povo do Senhor; mas tiveram de sair do seu país!'

21 Então eu tive pena do meu santo nome que a casa de Israel estava profanando entre as nações para onde foi.

22 Por isso, dize à casa de Israel: 'Assim fala o Senhor Deus: Não é por causa de vós que eu vou agir, casa de Israel, mas por causa do meu santo nome, que profanastes entre as
nações para onde fostes. 23 Vou mostrar a santidade do meu grande nome, que profanastes no meio das nações. As nações saberão que eu sou o Senhor, — oráculo do Senhor Deus — quando eu manifestar minha santidade à vista delas por meio de vós.

24 Eu vos tirarei do meio das nações, vos reunirei de
todos os países, e vos conduzirei para a vossa terra. 25 Derramarei sobre vós uma água pura, e sereis purificados. Eu vos purificarei de todas as impurezas e de todos os ídolos.

26 Eu vos darei um coração novo e porei um espírito novo dentro de vós. Arrancarei do vosso corpo o coração de

pedra e vos darei um coração de carne; [27]porei o meu espírito dentro de vós e farei com que sigais a minha lei e cuideis de observar os meus mandamentos.

[28]Habitareis no país que dei a vossos pais. Sereis o meu povo e eu serei o vosso Deus".

— Palavra do Senhor.

— Graças a Deus!

27. SALMO RESPONSORIAL *(Sl 41)*

— A minh'alma tem sede de Deus.

— A minh'alma tem sede de Deus.

— A minh'alma tem sede de Deus,/ e deseja o Deus vivo./ Quando terei a alegria de ver/ a face de Deus?

— Peregrino e feliz caminhando/ para a casa de Deus,/ entre gritos, louvor e alegria/ da multidão jubilosa.

— Enviai vossa luz, vossa verdade:/ elas serão o meu guia;/ que me levem ao vosso Monte santo,/ até a vossa morada!

— Então irei aos altares do Senhor,/ Deus da minha alegria./ Vosso louvor cantarei, ao som da harpa,/ meu Senhor e meu Deus!

Ou:

Quando há batizados: *(Is 12)*
(como depois da 5ª leitura, p. 180)

Ou: *(Sl 50)*

— Criai em mim, um coração que seja puro!

— Criai em mim, um coração que seja puro!

— Criai em mim um coração que seja puro,/ dai-me de novo um espírito decidido./ Ó Senhor, não me afasteis de vossa face,/ nem retireis de mim o vosso Santo Espírito!

— Dai-me de novo a alegria de ser salvo/ e confirmai-me com espírito generoso!/ Ensinarei vosso caminho aos pecadores,/ e para vós se voltarão os transviados.

— Pois não são de vosso agrado os sacrifícios,/ e, se oferto um holocausto, o rejeitais./ Meu sacrifício é minha alma penitente,/ não desprezeis um coração arrependido!

28. ORAÇÃO

OREMOS: Ó Deus, força imutável e luz inextinguível, olhai com bondade o mistério de toda a vossa Igreja e conduzi pelos caminhos da paz a obra da salvação, que concedestes desde toda a eternidade. Que o mundo todo veja e reconheça que se levanta o que estava caído, que o velho se torna novo e tudo volta à integridade primitiva por aquele que é o princípio de todas as coisas. Por Cristo, nosso Senhor.

Ou:

OREMOS: Ó Deus, para celebrarmos o mistério da Páscoa, vós nos instruís com o Antigo e o Novo Testamento. Fazei-nos compreender a vossa misericórdia, para que, recebendo os bens que nos dais hoje, esperemos firmemente os que hão de vir. Por Cristo, nosso Senhor.

— **Amém.**

29. HINO DE LOUVOR *(Pág. 63, nº 12)*

Glória a Deus nas alturas,/ e paz na terra aos homens por ele amados./ **Senhor Deus, Rei dos céus,/ Deus Pai todo-poderoso**./ Nós vos louvamos,/ **nós vos bendizemos,**/ nós vos adoramos,/ **nós vos glorificamos**,/ nós vos damos graças/ por vossa imensa glória./ **Senhor Jesus Cristo, Filho Unigênito**,/ Senhor Deus,/ Cordeiro de Deus,/ Filho de Deus Pai./ **Vós que tirais o pecado do mundo,/ tende piedade de nós**./ Vós que tirais o pecado do mundo,/ acolhei a nossa súplica./ **Vós, que estais à direita do Pai,/ tende piedade de nós**./ Só vós sois o Santo,/ **só vós, o Senhor**,/ só vós, o Altíssimo,/ Jesus Cristo,/ **com o Espírito Santo, na glória de Deus Pai. Amém.**

30. ORAÇÃO *(Pág. 63, nº 13)*

OREMOS: Ó Deus, que iluminais esta noite santa com a glória da ressurreição do Senhor, despertai na vossa Igreja o espírito filial, para que, inteiramente renovados, vos sirvamos de todo o coração. Por nosso Senhor Jesus Cristo, vosso Filho, na unidade do Espírito Santo. — **Amém.**

31. OITAVA LEITURA (Epístola)
(Rm 6,3-11) (Pág. 63, nº 14)

Carta de São Paulo apóstolo aos Romanos:
Irmãos: [3]Será que ignorais que todos nós, batizados
em Jesus Cristo, é na sua morte que fomos batizados? [4]Pelo
batismo na sua morte, fomos sepultados com ele, para que,
como Cristo ressuscitou dos mortos pela glória do Pai, assim
também nós levemos uma vida nova.
[5]Pois, se fomos de certo modo identificados a Jesus
Cristo por uma morte semelhante à sua, seremos semelhantes
a ele também pela ressurreição.
[6]Sabemos que o nosso velho homem foi crucificado com
Cristo, para que seja destruído o corpo de pecado, de maneira
a não mais servirmos ao pecado. [7]Com efeito, aquele que mor-
reu está livre do pecado.
[8]Se, pois, morremos com Cristo, cremos que também
viveremos com ele. [9]Sabemos que Cristo ressuscitado dos mor-
tos não morre mais; a morte já não tem poder sobre ele. [10]Pois
aquele que morreu, morreu para o pecado uma vez por todas;
mas aquele que vive, é para Deus que vive.
[11]Assim, vós também considerai-vos mortos para o
pecado e vivos para Deus, em Jesus Cristo.

— Palavra do Senhor.

— Graças a Deus!

32. SALMO RESPONSORIAL *(Sl 117)*

— Aleluia! Aleluia! Aleluia!

— Aleluia! Aleluia! Aleluia!

— Dai graças ao Senhor, porque ele é bom!/ "Eterna é a sua misericórdia!" / A casa de Israel agora o diga: "Eterna é a sua misericórdia!"

— A mão direita do Senhor fez maravilhas,/ a mão direita do Senhor me levantou,/ a mão direita do Senhor fez maravilhas!"/ não morrerei, mas ao contrário, viverei/ para cantar as grandes obras do Senhor!

— "A pedra que os pedreiros rejeitaram,/ tornou-se agora a pedra angular./ Pelo Senhor é que foi feito tudo isso:/ Que maravilhas ele fez a nossos olhos!

33. ACLAMAÇÃO AO EVANGELHO
(Canto do Aleluia)

(Entoado solenemente pelo Celebrante, ou por outra pessoa indicada, ou pelo coral.) *(Pág. 63, nº 15)*

34A. EVANGELHO

Ano A: *(Mt 28,1-10)* *(Pág. 64, nº 16)*

— O Senhor esteja convosco!
— Ele está no meio de nós!
— PROCLAMAÇÃO do Evangelho de Jesus Cristo, escrito por São Mateus.
— Glória a vós, Senhor!

1 Depois do sábado, ao amanhecer do primeiro dia da
semana, Maria Madalena e a outra Maria foram ver o sepulcro.
2 De repente, houve um grande tremor de terra: o anjo
do Senhor desceu do céu e, aproximando-se, retirou a pedra e
sentou-se nela. 3 Sua aparência era como um relâmpago, e suas
vestes eram brancas como a neve.
4 Os guardas ficaram com tanto medo do anjo, que tre-
meram, e ficaram como mortos.
5 Então o anjo disse às mulheres: "Não tenhais medo!
Sei que procurais Jesus, que foi crucificado. 6 Ele não está aqui!
Ressuscitou, como havia dito! Vinde ver o lugar em que ele
estava. 7 Ide depressa contar aos discípulos que ele ressuscitou
dos mortos, e que vai à vossa frente para a Galiléia. Lá vós o
vereis. É o que tenho a dizer-vos".
8 As mulheres partiram depressa do sepulcro. Estavam
com medo, mas correram com grande alegria, para dar a notí-
cia aos discípulos.
9 De repente, Jesus foi ao encontro delas, e disse:
"Alegrai-vos!" As mulheres aproximaram-se, e prostraram-se
diante de Jesus, abraçando seus pés.
10 Então Jesus disse a elas: "Não tenhais medo. Ide
anunciar aos meus irmãos que se dirijam para a Galiléia. Lá
eles me verão."

— Palavra da Salvação.
— Glória a vós, Senhor!

34B. EVANGELHO

Ano B: *(Mc 16,1-7) (Pág. 64, nº 16)*

— O Senhor esteja convosco!

— Ele está no meio de nós!

— PROCLAMAÇÃO do Evangelho de Jesus Cristo, escrito por São Marcos.

— Glória a vós, Senhor!

1 Quando passou o sábado, Maria Madalena e Maria, a
mãe de Tiago, e Salomé, compraram perfumes para ungir o
corpo de Jesus.

2 E bem cedo, no primeiro dia da semana, ao nascer do
sol, elas foram ao túmulo. 3 E diziam entre si: "Quem rolará
para nós a pedra da entrada do túmulo?"

4 Era uma pedra muito grande. Mas, quando olharam,
viram que a pedra já tinha sido retirada. 5 Entraram, então, no
túmulo e viram um jovem sentado do lado direito, vestido de
branco. E ficaram muito assustadas.

6 Mas o jovem lhes disse: "Não vos assusteis! Vós
procurais Jesus de Nazaré, que foi crucificado? Ele ressusci-
tou. Não está aqui. Vede o lugar onde o puseram. 7 Ide, dizei a
seus discípulos e a Pedro que ele irá à vossa frente, na Galiléia.
Lá vós o vereis, como ele mesmo tinha dito."

— Palavra da Salvação.

— Glória a vós, Senhor!

34C. EVANGELHO

Ano C: *(Lc 24,1-12) (Pág. 64, nº 16)*

— O Senhor esteja convosco!

— Ele está no meio de nós!

— PROCLAMAÇÃO do Evangelho de Jesus Cristo, escrito por São Lucas.

— Glória a vós, Senhor!

[1]No primeiro dia da semana, bem de madrugada, as mulheres foram ao túmulo de Jesus, levando os perfumes que haviam preparado.

[2]Elas encontraram a pedra do túmulo removida. [3]Mas, ao entrar, não encontraram o corpo do Senhor Jesus [4]e ficaram sem saber o que estava acontecendo. Nisso, dois homens com roupas brilhantes pararam perto delas.

[5]Tomadas de medo, elas olhavam para o chão, mas os dois homens disseram: "Por que estais procurando entre os mortos aquele que está vivo? [6]Ele não está aqui. Ressuscitou! Lembrai-vos do que ele vos falou, quando ainda estava na Galiléia: 'O Filho do Homem deve ser entregue nas mãos dos pecadores, ser crucificado e ressuscitar ao terceiro dia'".

[8]Então as mulheres se lembraram das palavras de Jesus. [9]Voltaram do túmulo e anunciaram tudo isso aos Onze e a todos os outros.

[10]Eram Maria Madalena, Joana e Maria, mãe de Tiago. Também as outras mulheres que estavam com elas contaram essas coisas aos apóstolos. [11]Mas eles acharam que tudo isso era desvario e não acreditaram.

[12]Pedro, no entanto, levantou-se e correu ao túmulo. Olhou para dentro e viu apenas os lençóis. Então voltou para casa, admirado com o que havia acontecido.

— Palavra da Salvação.

— Glória a vós, Senhor!

LITURGIA BATISMAL

35. EXORTAÇÃO *(Pág. 64, nº 17)*

Se houver batismo:

Caros fiéis, apoiemos com as nossas preces a alegre esperança dos nossos irmãos e irmãs (N.N.), para que Deus todo-poderoso acompanhe com sua misericórdia os que se aproximam da fonte do novo nascimento.

Se não houver batismo:

Meus irmãos e minhas irmãs: Invoquemos sobre estas águas a graça de Deus Pai onipotente, para que em Cristo sejam reunidos aos filhos adotivos aqueles que renascerem pelo batismo.

36. LADAINHA DE TODOS OS SANTOS

(Pág. 65, nº 18)

— Senhor, tende piedade de nós!
— Senhor, tende piedade de nós!
— Cristo, tende piedade de nós!
— Cristo, tende piedade de nós!
— Senhor, tende piedade de nós!
— Senhor, tende piedade de nós!
— Santa Maria, Mãe de Deus,
— Rogai por nós!
— São Miguel,
— Santos Anjos de Deus,
— São João Batista,
— São José,
— São Pedro e São Paulo,
— Santo André,
— São João,
— Santa Maria Madalena,
— Santo Estêvão,
— Santo Inácio de Antioquia,
— São Lourenço,
— Santas Perpétua e Felicidade,
— Santa Inês,
— São Gregório,
— Santo Agostinho,
— Santo Atanásio,
— São Basílio,
— São Martinho,

— São Bento,
— São Francisco e São Domingos,
— São Francisco Xavier,
— São João Maria Vianney,
— Santa Catarina de Sena,
— Santa Teresa de Jesus,
— Todos os Santos e Santas de Deus,
— Sede-nos propícios,
— Ouvi-nos, Senhor!
— Para que nos livreis de todo mal,
— Para que nos livreis de todo pecado,
— Para que nos livreis da morte eterna,
— Pela vossa encarnação,
— Pela vossa morte e ressurreição,
— Pela efusão do Espírito Santo,
— Apesar de nossos pecados,

(Se houver batismo)

— Para que vos digneis dar a nova vida aos que chamastes ao batismo.

(Se não houver batismo)

— Para que santifiqueis com a vossa graça esta água, onde renascerão os vossos filhos,

— Jesus, Filho do Deus vivo,
— Ouvi-nos, Senhor!
— Cristo, ouvi-nos!
— Cristo, ouvi-nos!
— Cristo, atendei-nos!
— Cristo, atendei-nos!

37. ORAÇÃO *(Quando houver batismo)*

Ó Deus de bondade, manifestai o vosso poder nos sacramentos que revelam vosso amor. Enviai o espírito de adoção para criar um novo povo, nascido para vós nas águas do batismo. E assim possamos ser em nossa fraqueza instrumentos do vosso poder. Por Cristo, nosso Senhor.

— **Amém.**

38. BÊNÇÃO DA ÁGUA BATISMAL *(Pág. 65, nº 19)*

Ó Deus, pelos sinais visíveis dos sacramentos realizais maravilhas invisíveis. Ao longo da história da salvação, vós vos servistes da água para fazer-nos conhecer a graça do batismo.

Já na origem do mundo, vosso espírito pairava sobre as águas, para que elas concebessem a força de santificar.

Nas próprias águas do dilúvio, prefigurastes o nascimento da nova humanidade, de modo que a mesma água sepultasse os vícios e fizesse nascer a santidade.

Concedestes aos filhos de Abraão atravessar o mar Vermelho a pé enxuto, para que, livres da escravidão, prefigurassem o povo nascido da água do batismo.

Vosso Filho, ao ser batizado nas águas do Jordão, foi ungido pelo Espírito Santo. Pendente da cruz, do seu coração aberto pela lança fez correr sangue e água.

Após sua ressurreição, ordenou aos apóstolos: "Ide, fazei meus discípulos todos os povos, e batizai-os em nome do Pai e do Filho e do Espírito Santo".

Olhai agora, ó Pai, a vossa Igreja, e fazei brotar para ela a água do batismo. Que o Espírito Santo dê, por esta água, a graça do Cristo, a fim de que o ser humano, criado à vossa imagem, seja lavado da antiga culpa pelo batismo e renasça pela água e pelo Espírito Santo para uma vida nova.

(Mergulha o círio pascal na água , uma ou três vezes e diz:)

Nós vos pedimos, ó Pai, que por vosso Filho desça sobre esta água a força do Espírito Santo.

(Ainda com o círio na água, diz:)

E todos os que, pelo batismo, forem sepultados na morte com Cristo, ressuscitem com ele para a vida. Por Cristo, nosso Senhor.

— **Amém.**

(O celebrante retira o círio da água,
enquanto o povo aclama:)

— Fontes do Senhor, bendizei o Senhor!/ Louvai-o e exaltai-o para sempre!

(Agora realiza-se o rito do batismo, se houver.)

---

39. BÊNÇÃO DA ÁGUA

(Se não houver batismo nem bênção da água batismal, o celebrante benze a água para aspersão do povo com a seguinte oração:)

Meus irmãos e minhas irmãs: Invoquemos o Senhor nosso Deus, para que se digne abençoar esta água, que vai ser aspergida sobre nós, recordando o nosso batismo. Que ele se digne renovar-nos, para que permaneçamos fiéis ao Espírito que recebemos.

(Momento de silêncio)

Senhor nosso Deus, velai sobre o vosso povo e, nesta noite santa, em que celebramos a maravilha da nossa criação e a maravilha ainda maior da nossa redenção, dignai-vos abençoar esta água.

Fostes vós que a criastes para fecundar a terra, para lavar nossos corpos e refazer nossas forças. Também a fizestes instrumento da vossa misericórdia: por ela libertastes o vosso povo do cativeiro e aplacastes no deserto a sua sede; por ela os profetas anunciaram a vossa aliança que era vosso desejo concluir com a humanidade; por ela finalmente, consagrada por Cristo no Jordão, renovastes, pelo banho do novo nascimento, a nossa natureza pecadora.

Que esta água seja para nós uma recordação do nosso batismo e nos faça participar da alegria dos que foram batizados na Páscoa. Por Cristo, nosso Senhor.

— Amém.

---

40. RENOVAÇÃO DAS PROMESSAS DO BATISMO *(Pág. 65, nº 20)*

— Caríssimos irmãos e irmãs: Pelo mistério pascal fomos no batismo sepultados com Cristo, para vivermos com ele uma vida nova. Por isso, terminados os exercícios da Quaresma, renovemos as promessas do nosso batismo, pelas quais já renunciamos a Satanás e suas obras, e prometemos servir a Deus na Santa Igreja Católica. Portanto:

— Para viver na liberdade dos filhos de Deus, renunciais ao pecado?

— Renuncio.

— Para viver como irmãos e irmãs, renunciais a tudo que vos possa desunir, para que o pecado não domine sobre vós?

— Renuncio.

— Para seguir Jesus Cristo, renunciais ao demônio, autor e princípio do pecado?

— Renuncio.

41. PROFISSÃO DE FÉ

— Credes em Deus, Pai todo-poderoso, criador do céu e da terra?

— Creio.

— Credes em Jesus Cristo, seu único Filho, nosso Senhor, que nasceu da Virgem Maria, padeceu e foi sepultado, ressuscitou dos mortos e subiu ao céu?

— Creio.

— Credes no Espírito Santo, na Santa Igreja Católica, na comunhão dos Santos, na remissão dos pecados, na ressurreição dos mortos e na vida eterna?

— Creio.

— O Deus todo-poderoso, Pai de nosso Senhor Jesus Cristo, que nos fez renascer pela água e pelo Espírito Santo e nos concedeu o perdão de todo pecado, guarde-nos em sua graça para a vida eterna, no Cristo Jesus, nosso Senhor.

— Amém.

(O celebrante asperge o povo com água benta; e todos cantam ou rezam:)

— Vi a água saindo do lado direito do templo, aleluia! E todos a quem chega esta água recebem a salvação e proclamam: Aleluia, aleluia!

42. ORAÇÃO DA COMUNIDADE

— Caríssimos irmãos e irmãs: Com muita fé e esperança, com muito amor, alegria e gratidão, invoquemos Cristo ressuscitado, dizendo:

— Ficai conosco, Senhor!

1. Para assistir a vossa Igreja no cumprimento de sua missão, nós vos pedimos:

2. Para nos libertar do pecado e de todo mal, nós vos pedimos:

3. Para nos guiar pelos caminhos da verdade, da justiça e da paz, nós vos pedimos:

4. Para recuperar e reconduzir ao bom caminho os viciados, drogados e marginalizados, nós vos pedimos:

5. Para iluminar todos os que andam nas trevas do erro e da mentira, nós vos pedimos:

6. Para consolar os que sofrem, curar os doentes e confortar os agonizantes, nós vos pedimos:

7. Para ressuscitar os que estão mortos pelo pecado e dar vida nova a todas as pessoas humanas, nós vos pedimos:

(Outras intenções)

— Senhor Jesus Cristo, vencedor do pecado e da morte, acolhei com bondade os nossos pedidos e fazei-nos testemunhas fiéis de vossa ressurreição. Vós, que viveis e reinais para sempre.

— Amém.

LITURGIA EUCARÍSTICA

43. CANTO DAS OFERENDAS

44. ORAI, IRMÃOS E IRMÃS

— Orai, irmãos e irmãs, para que o nosso sacrifício seja aceito por Deus Pai todo-poderoso.

— Receba o Senhor por tuas mãos este sacrifício,/ para glória do seu nome,/ para nosso bem/ e de toda a Santa Igreja.

45. ORAÇÃO SOBRE AS OFERENDAS

ACOLHEI, ó Deus, com estas oferendas as preces do vosso povo, para que a nova vida, que brota do mistério pascal, seja por vossa graça penhor da eternidade. Por Cristo, nosso Senhor.

— Amém.

46. ORAÇÃO EUCARÍSTICA *(Pág. 66, nº 21)*

(Escolher entre a I, pág. 123; a II, pág. 127; e a III, pág. 129)

— O Senhor esteja convosco!
— Ele está no meio de nós.
— Corações ao alto!
— O nosso coração está em Deus.
— Demos graças ao Senhor, nosso Deus.
— É nosso dever e nossa salvação.

NA VERDADE, é justo e necessário, é nosso dever e salvação dar-vos graças, sempre e em todo o lugar, mas sobretudo nesta noite, em que Cristo, nossa Páscoa, foi imolado. Ele é o verdadeiro Cordeiro que tira o pecado do mundo. Morrendo, destruiu a morte e, ressurgindo, deu-nos a vida. Transbordando de alegria pascal, nós nos unimos aos anjos e a todos os santos, para celebrar a vossa glória, cantando (dizendo) a uma só voz:

— Santo, Santo, Santo, Senhor, Deus do universo! O céu e a terra proclamam a vossa glória. Hosana nas alturas! Bendito o que vem em nome do Senhor! Hosana nas alturas!

47. RITO DA COMUNHÃO

— Guiados pelo Espírito de Jesus e iluminados pela sabedoria do Evangelho, ousamos dizer:

— PAI NOSSO...

— Livrai-nos de todos os males, ó Pai, e dai-nos hoje a vossa paz. Ajudados pela vossa misericórdia, sejamos sempre livres do pecado e protegidos de todos os perigos, enquanto, vivendo a esperança, aguardamos a vinda do Cristo Salvador.

— Vosso é o reino, o poder e a glória para sempre!

— Senhor Jesus Cristo, dissestes aos vossos Apóstolos: eu vos deixo a paz, eu vos dou a minha paz. Não olheis os nossos pecados, mas a fé que anima vossa Igreja; dai-lhe, segundo o vosso desejo, a paz e a unidade. Vós, que sois Deus, com o Pai e o Espírito Santo.

— Amém.

— A paz do Senhor esteja sempre convosco!

— O amor de Cristo nos uniu!

— No Espírito de Cristo ressuscitado, saudai-vos com um sinal de paz.

— Esta união do Corpo e do Sangue de Jesus, o Cristo e Senhor nosso, que vamos receber, nos sirva para a vida eterna!

— Cordeiro de Deus, que tirais o pecado do mundo,/ tende piedade de nós./ Cordeiro de Deus, que tirais o pecado do mundo,/ tende piedade de nós./ Cordeiro de Deus, que tirais o pecado do mundo,/ dai-nos a paz.

— Senhor Jesus Cristo, Filho do Deus vivo, que, cumprindo a vontade do Pai e agindo com o Espírito Santo, pela vossa morte destes vida ao mundo, livrai-me dos meus pecados e de todo mal; pelo vosso Corpo e pelo vosso Sangue, daime cumprir sempre a vossa vontade e jamais separar-me de vós.

— Felizes os convidados para o Banquete nupcial do Cordeiro. Eis o Cordeiro de Deus que tira o pecado do mundo.

— Senhor, eu não sou digno(a) de que entreis em minha morada,/ mas dizei uma palavra e serei salvo(a).

48. CANTO DA COMUNHÃO

49. ANTÍFONA DA COMUNHÃO

50. ORAÇÃO DEPOIS DA COMUNHÃO

OREMOS: Ó Deus, derramai em nós o vosso espírito de caridade, para que, saciados pelos sacramentos pascais, permaneçamos unidos no vosso amor. Por Cristo, nosso Senhor.

— Amém.

51. MENSAGEM DE PÁSCOA

52. CANTO FINAL

53. BÊNÇÃO SOLENE

— O Senhor esteja convosco!

— Ele está no meio de nós.

— Concedei, ó Deus, aos vossos fiéis viver continuamente os sacramentos pascais e desejar ardentemente os bens futuros, para que, fiéis aos mistérios pelos quais renasceram, sejam levados por suas obras a uma vida nova. Por Cristo, nosso Senhor.

— Amém.

— Que o Deus todo-poderoso vos abençoe nesta solenidade pascal e vos proteja contra todo pecado.

— Amém.

— Aquele que nos renova para a vida eterna, pela ressurreição do seu Filho, vos enriqueça com o dom da imortalidade.

— Amém.

— E vós que, transcorridos os dias da paixão do Senhor, celebrais com alegria a festa da Páscoa, possais chegar exultantes à festa das eternas alegrias.

— Amém.

— Abençoe-vos Deus todo-poderoso, Pai e Filho + e Espírito Santo.

— Amém.

— Levai a todos a alegria do Senhor ressuscitado; ide em paz e o Senhor vos acompanhe, aleluia, aleluia!

— Graças a Deus, aleluia, aleluia!

V. DOMINGO DA PÁSCOA

Ressurreição do Senhor

1. INTRODUÇÃO *(Pág. 66, nº 1)*

2. CANTO DE ENTRADA

3. SAUDAÇÃO

— Em nome do Pai e do Filho e do Espírito Santo.

— Amém.

— Irmãos e irmãs, sede bem-vindos. Que o amor de Deus, nosso Pai, a alegria e a paz de Cristo ressuscitado e a comunhão do Espírito Santo estejam convosco!

— Bendito seja Deus que nos reuniu no amor de Cristo.

4. ANTÍFONA DA ENTRADA *(Lc 24,34)*

— Na verdade o Cristo ressuscitou, aleluia! A ele o poder e a glória pelos séculos eternos.

5. ATO PENITENCIAL

— Reconhecendo-nos pecadores, peçamos o perdão de Deus e a força de sua graça, para iniciarmos vida nova em Cristo ressuscitado. *(Pausa)*

— *Senhor, nossa paz, tende piedade de nós!*

— Senhor, tende piedade de nós!

— *Cristo, nossa Páscoa, tende piedade de nós!*

— Cristo, tende piedade de nós!

— *Senhor, nossa vida, tende piedade de nós!*

— Senhor, tende piedade de nós!

— Deus todo-poderoso tenha compaixão de nós, perdoe os nossos pecados e nos conduza à vida eterna.

— Amém.

6. HINO DE LOUVOR *(Pág. 67, nº 2)*

Glória a Deus nas alturas,/ e paz na terra aos homens por ele amados./ **Senhor Deus, Rei dos céus,/ Deus Pai todo-poderoso./** Nós vos louvamos,/ **nós vos bendizemos,/** nós vos adoramos,/ **nós vos glorificamos,/** nós vos damos graças/ por vossa imensa glória./ **Senhor Jesus Cristo, Filho unigênito,/** Senhor Deus,/ Cordeiro de Deus,/ Filho de Deus Pai./ **Vós, que tirais o pecado do mundo,/ tende piedade de nós./** Vós, que tirais o pecado do mundo,/ acolhei a nossa súplica./ **Vós, que estais à direita do Pai,/ tende piedade de nós./** Só vós sois o Santo,/ **só vós, o Senhor,/** só vós, o Altíssimo,/ Jesus Cristo,/ **com o Espírito Santo, na glória de Deus Pai. Amém.**

7. ORAÇÃO

OREMOS: Ó Deus, por vosso Filho unigênito, vencedor da morte, abristes hoje para nós as portas da eternidade. Concedei que, celebrando a ressurreição do Senhor, renovados pelo vosso Espírito, ressuscitemos na luz da vida nova. Por nosso senhor Jesus Cristo, vosso Filho, na unidade do Espírito Santo. — **Amém.**

LITURGIA DA PALAVRA

8. PRIMEIRA LEITURA *(At 10,34a.37-43) (Pág. 67, nº 3)*

Livro dos Atos dos Apóstolos:
Naqueles dias, [34a]Pedro tomou a palavra e disse: [37]"Vós sabeis o que aconteceu em toda a Judéia, a começar pela Galiléia, depois do batismo pregado por João: [38]como Jesus de Nazaré foi ungido por Deus com o Espírito Santo e com poder. Ele andou por toda a parte, fazendo o bem e curando a todos os que estavam dominados pelo demônio; porque Deus estava com ele.

[39]E nós somos testemunhas de tudo o que Jesus fez na terra dos judeus e em Jerusalém. Eles o mataram, pregando-o numa cruz.

40Mas Deus o ressuscitou no terceiro dia, concedendo-
lhe manifestar-se 41não a todo o povo, mas às testemunhas que
Deus havia escolhido: a nós, que comemos e bebemos com Je-
sus, depois que ressuscitou dos mortos.
42E Jesus nos mandou pregar ao povo e testemunhar
que Deus o constituiu Juiz dos vivos e dos mortos. 43Todos os
profetas dão testemunho dele: 'Todo aquele que crê em Jesus
recebe, em seu nome, o perdão dos pecados'".

— Palavra do Senhor.

— Graças a Deus!

9. SALMO RESPONSORIAL *(Sl 117)*

— Este é o dia que o Senhor fez para nós; alegremo-nos e nele exultemos!

— Este é o dia que o Senhor fez para nós; alegremo-nos e nele exultemos!

— Dai graças ao Senhor, porque ele é bom!/ "Eterna é a sua misericórdia!"/ A casa de Israel agora o diga:/ "Eterna é a sua misericórdia!"

— A mão direita do Senhor fez maravilhas,/ a mão direita do Senhor me levantou,/ Não morrerei, mas, ao contrário, viverei/ para cantar as grandes obras do Senhor!

— A pedra, que os pedreiros rejeitaram,/ tornou-se agora a pedra angular./ Pelo Senhor é que foi feito tudo isso;/ Que maravilhas ele fez a nossos olhos!

10. SEGUNDA LEITURA *(Cl 3,1-4) (Pág. 67, nº 4)*

Carta de São Paulo apóstolo aos Colossenses:

Irmãos: 1Se ressuscitastes com Cristo, esforçai-vos por
alcançar as coisas do alto, 2onde está Cristo, sentado à direita
de Deus; aspirai às coisas celestes e não às coisas terrestres.
3Pois vós morrestes, e a vossa vida está escondida, com Cristo,
em Deus.
4Quando Cristo, vossa vida, aparecer em seu triunfo,
então vós aparecereis também com ele, revestidos de glória.

— Palavra do Senhor.

— Graças a Deus!

10. SEGUNDA LEITURA (Opcional) *(1Cor 5,6b-8)*

Primeira Carta de São Paulo apóstolo aos Coríntios:

Irmãos: [6b]Acaso ignorais que um pouco de fermento leveda a massa toda? [7]Lançai fora o fermento velho, para que sejais uma massa nova, já que deveis ser sem fermento. Pois o nosso cordeiro pascal, Cristo, já está imolado.

[8]Assim, celebremos a festa, não com velho fermento, nem com fermento de maldade ou de perversidade, mas com os pães ázimos de pureza e de verdade.

—Palavra do Senhor.

— Graças a Deus!

11. SEQÜÊNCIA *(Pág. 68, nº 5)*

Cantai, cristãos, afinal:
"Salve, ó vítima pascal!"
Cordeiro inocente, o Cristo
abriu-nos do Pai o aprisco.

Por toda ovelha imolado,
do mundo lava o pecado.
Duelam forte e mais forte:
é a vida que enfrenta a morte.

O rei da vida, cativo,
é morto, mas reina vivo!
Responde pois, ó Maria:
no teu caminho o que havia?

"Vi Cristo ressuscitado,
o túmulo abandonado.
Os anjos da cor do sol,
dobrado ao chão o lençol...

O Cristo, que leva aos céus,
caminha à frente dos seus!"
Ressuscitou de verdade.
Ó Rei, ó Cristo, piedade!

12. EVANGELHO *(Jo 20,1-9) (Pág. 68, nº 6)*

13. ACLAMAÇÃO AO EVANGELHO

— Aleluia, Aleluia, Aleluia
— Aleluia, Aleluia, Aleluia
— O nosso cordeiro pascal, Jesus Cristo, já foi imolado. Celebremos, assim, esta festa, na sinceridade e verdade.

— O Senhor esteja convosco!
— Ele está no meio de nós.
— PROCLAMAÇÃO do Evangelho de Jesus Cristo, escrito por São João.
— Glória a vós, Senhor!

1No primeiro dia da semana, Maria Madalena foi ao túmulo de Jesus, bem de madrugada, quando ainda estava escuro, e viu que a pedra tinha sido retirada do túmulo.

2Então ela saiu correndo e foi encontrar Simão Pedro e o outro discípulo, aquele que Jesus amava, e lhes disse: "Tiraram o Senhor do túmulo, e não sabemos onde o colocaram".

3Saíram, então, Pedro e o outro discípulo e foram ao túmulo. 4Os dois corriam juntos, mas o outro discípulo correu mais depressa que Pedro e chegou primeiro ao túmulo. 5Olhando para dentro, viu as faixas de linho no chão, mas não entrou.

6Chegou também Simão Pedro, que vinha correndo atrás, e entrou no túmulo. Viu as faixas de linho deitadas no chão 7e o pano que tinha estado sobre a cabeça de Jesus, não posto com as faixas, mas enrolado num lugar à parte. 8Então entrou também o outro discípulo, que tinha chegado primeiro ao túmulo. Ele viu, e acreditou.

9De fato, eles ainda não tinham compreendido a Escritura, segundo a qual ele devia ressuscitar dos mortos.

— Palavra da Salvação.
— Glória a vós, Senhor!

---

13. EVANGELHO (Opcional)

Em lugar do Evangelho acima (Jo 20,1-9), pode-se escolher:
1. O Evangelho da Vigília Pascal, Mt 28,1-10, pág. 186.

Ou:

2. O Evangelho dos discípulos de Emaús, Lc 24,13-35, como segue.

13Naquele mesmo dia, o primeiro da semana, dois dos
discípulos de Jesus iam para um povoado, chamado Emaús,
distante onze quilômetros de Jerusalém.
14Conversavam sobre todas as coisas que tinham acon-
tecido.
15Enquanto conversavam e discutiam, o próprio Jesus
se aproximou e começou a caminhar com eles. 16Os discípulos,
porém, estavam como que cegos, e não o reconheceram.
17Então Jesus perguntou: "O que ides conversando pelo
caminho?" Eles pararam, com o rosto triste, 18e um deles, cha-
mado Cléofas, lhe disse: "Tu és o único peregrino em Jerusa-
lém que não sabe o que lá aconteceu nestes últimos dias?"
19Ele perguntou: "O que foi?" Os discípulos responde-
ram: "O que aconteceu com Jesus, o Nazareno, que foi um pro-
feta poderoso em obras e palavras, diante de Deus e diante de
todo o povo. 20Nossos sumos sacerdotes e nossos chefes o en-
tregaram para ser condenado à morte e o crucificaram.
21Nós esperávamos que ele fosse libertar Israel, mas,
apesar de tudo isso, já faz três dias que todas essas coisas acon-
teceram!
22É verdade que algumas mulheres do nosso grupo nos
deram um susto. Elas foram de madrugada ao túmulo 23e não
encontraram o corpo dele. Então voltaram, dizendo que tinham
visto anjos e que estes afirmaram que Jesus está vivo. 24Alguns
dos nossos foram ao túmulo e encontraram as coisas como as
mulheres tinham dito. A ele, porém, ninguém o viu".
25Então Jesus lhes disse: "Como sois sem inteligência e
lentos para crer em tudo o que os profetas falaram! 26Será que
o Cristo não devia sofrer tudo isso para entrar na sua glória?"
27E, começando por Moisés e passando pelos Profetas, explica-
va aos discípulos todas as passagens da Escritura que falavam
a respeito dele.
28Quando chegaram perto do povoado para onde iam,
Jesus fez de conta que ia mais adiante. 29Eles, porém, insisti-

ram com Jesus, dizendo: "Fica conosco, pois já é tarde e a noite
vem chegando!" Jesus entrou para ficar com eles.
30 Quando se sentou à mesa com eles, tomou o pão,
abençoou-o, partiu-o e lhes distribuía. 31 Nisso os olhos dos dis-
cípulos se abriram e eles reconheceram Jesus. Jesus, porém,
desapareceu da frente deles.
32 Então um disse ao outro: "Não estava ardendo o nos-
so coração quando ele nos falava pelo caminho, e nos explica-
va as Escrituras?"
33 Naquela mesma hora, eles se levantaram e voltaram
para Jerusalém onde encontraram os Onze reunidos com os
outros. 34 E estes confirmaram: "Realmente, o Senhor ressusci-
tou e apareceu a Simão!"
35 Então os dois contaram o que tinha acontecido no
caminho, e como tinham reconhecido Jesus ao partir o pão.

— Palavra da Salvação.

— Glória a vós, Senhor!

---

14. PROFISSÃO DE FÉ

(Símbolo Niceno-constantinopolitano)

Creio em um só Deus, Pai todo-poderoso, criador do céu e da terra,/ **de todas as coisas visíveis e invisíveis**./ Creio em um só Senhor Jesus Cristo,/ Filho Unigênito de Deus,/ **nascido do Pai antes de todos os séculos:/** Deus de Deus, luz da luz,/ Deus verdadeiro de Deus verdadeiro;/ **Gerado, não criado,/ consubstancial ao Pai./** Por ele todas as coisas foram feitas./ **E por nós, homens, e para a nossa salvação,/ desceu dos céus:/** e se encarnou pelo Espírito Santo,/ no seio da Virgem Maria, e se fez homem./ **Também por nós foi crucificado sob Pôncio Pilatos;/ padeceu e foi sepultado./** Ressuscitou ao terceiro dia, conforme as Escrituras,/ **e subiu aos céus,/ onde está sentado à direita do Pai./** E de novo há de vir, em sua glória,/ **para julgar os vivos e os mortos;/ e o seu reino não terá fim./** Creio no Espírito Santo,/ Senhor que dá a vida,/ e procede do Pai e do Filho;/ **e com o Pai e o Filho é adorado e glorificado:/ Ele que falou pelos profetas./** Creio na Igreja, una, santa, católica e apostólica./ **Professo um só batismo/ para**

remissão dos pecados./ E espero a ressurreição dos mortos/ e a vida do mundo que há de vir. **Amém.**

15. ORAÇÃO DA COMUNIDADE

— Caríssimos irmãos e irmãs: Na alegria de Cristo ressuscitado, elevemos nossos corações a Deus, nosso Pai, e digamos com fé:

— Senhor, dai-nos a vida nova em Cristo!

1. Para que a Santa Igreja tenha meios de levar a mensagem da salvação a todos os povos, rezemos!

2. Para que o Papa e todos os Pastores da Igreja conduzam com sabedoria e amor o rebanho que Cristo lhes confiou, rezemos!

3. Para que os povos do mundo inteiro tenham governantes honestos e competentes, que promovam a justiça social, a solidariedade e a paz, rezemos!

4. Para que todos os que sofrem encontrem em Cristo ressuscitado o consolo e a esperança, rezemos!

5. Por todos os agonizantes, para que morram na paz do Senhor e sejam recebidos na glória do Cristo ressuscitado, rezemos!

(Outras intenções)

— Senhor, Pai de misericórdia, acolhei com bondade os nossos pedidos e fazei que a ressurreição de Cristo produza verdadeira renovação espiritual em toda a Igreja. Por Cristo, nosso Senhor.

— Amém.

LITURGIA EUCARÍSTICA

16. CANTO DAS OFERENDAS

17. ORAI, IRMÃOS E IRMÃS

— Orai, irmãos e irmãs, para que o sacrifício da Igreja, nesta pausa restauradora na caminhada rumo ao céu, seja aceito por Deus Pai todo-poderoso.

— Receba o Senhor por tuas mãos este sacrifício,/ para glória do seu nome,/ para nosso bem/ e de toda a Santa Igreja.

18. ORAÇÃO SOBRE AS OFERENDAS

TRANSBORDANDO de alegria pascal, nós vos oferecemos, ó Deus, o sacrifício pelo qual a vossa Igreja maravilhosamente renasce e se alimenta. Por Cristo, nosso Senhor.

— Amém.

19. ORAÇÃO EUCARÍSTICA *(Pág. 68, nº 7)*

(Escolher entre a I, pág. 123; a II, pág. 127; e a III, pág. 129)

— O Senhor esteja convosco!
— Ele está no meio de nós.
— Corações ao alto!
— O nosso coração está em Deus.
— Demos graças ao Senhor, nosso Deus.
— É nosso dever e nossa salvação.

NA VERDADE, é justo e necessário, é nosso dever e salvação dar-vos graças, sempre e em todo o lugar, mas sobretudo neste dia em que Cristo, nossa Páscoa, foi imolado. Ele é o verdadeiro Cordeiro que tira o pecado do mundo. Morrendo, destruiu a morte e, ressurgindo, deu-nos a vida. Transbordando de alegria pascal, nós nos unimos aos anjos e a todos os santos, para celebrar a vossa glória, cantando (dizendo) a uma só voz:

— Santo, Santo, Santo, Senhor, Deus do universo! O céu e a terra proclamam a vossa glória. Hosana nas alturas! Bendito o que vem em nome do Senhor! Hosana nas alturas!

20. RITO DA COMUNHÃO

— Obedientes à palavra do Salvador e formados por seu divino ensinamento, ousamos dizer:

— PAI NOSSO...

— Livrai-nos de todos os males, ó Pai, e dai-nos hoje a vossa paz. Ajudados pela vossa misericórdia, sejamos sempre livres do pecado e protegidos de todos os perigos, enquanto, vivendo a esperança, aguardamos a vinda do Cristo Salvador.

— Vosso é o reino, o poder e a glória para sempre!

— Senhor Jesus Cristo, dissestes aos vossos Apóstolos: eu vos deixo a paz, eu vos dou a minha paz. Não olheis os nossos pecados, mas a fé que anima vossa Igreja; dai-lhe, segundo o vosso desejo, a paz e a unidade. Vós, que sois Deus, com o Pai e o Espírito Santo.

— Amém.

— A paz do Senhor esteja sempre convosco!

— O amor de Cristo nos uniu!

— No Espírito de Cristo ressuscitado, saudai-vos com um sinal de paz.

— Esta união do Corpo e do Sangue de Jesus, o Cristo e Senhor nosso, que vamos receber, nos sirva para a vida eterna!

— Cordeiro de Deus, que tirais o pecado do mundo,/ tende piedade de nós./ Cordeiro de Deus, que tirais o pecado do mundo,/ tende piedade de nós./ Cordeiro de Deus, que tirais o pecado do mundo,/ dai-nos a paz.

— Senhor Jesus Cristo, o vosso Corpo e o vosso Sangue, que vou receber, não se tornem causa de juízo e condenação; mas, por vossa bondade, sejam sustento e remédio para minha vida.

— Eu sou a luz do mundo; quem me segue não andará nas trevas, mas terá a luz da vida. Eis o Cordeiro de Deus que tira o pecado do mundo.

— Senhor, eu não sou digno(a) de que entreis em minha morada,/ mas dizei uma palavra e serei salvo(a).

21. CANTO DA COMUNHÃO

22. ANTÍFONA DA COMUNHÃO *(1Cor 5,7-8)*

— O Cristo, nossa Páscoa, foi imolado; celebremos a festa com pão sem fermento, o pão da retidão e da verdade, aleluia!

23. ORAÇÃO DEPOIS DA COMUNHÃO

OREMOS: Guardai, ó Deus, a vossa Igreja sob a vossa constante proteção, para que, renovados pelos sacramentos pascais, cheguemos à luz da ressurreição. Por Cristo, nosso Senhor.

— Amém.

24. MENSAGEM *(Pág. 68, nº 8)*

25. CANTO FINAL

26. BÊNÇÃO

— O Senhor esteja convosco!

— Ele está no meio de nós.

— Deus, que pela ressurreição do seu Filho único vos adotou como filhos e filhas, vos conceda a alegria da sua bênção.

— Amém.

— Aquele que, por sua morte, vos deu a eterna liberdade, vos conceda, por sua graça, a herança eterna.

— Amém.

— E, vivendo agora retamente, possais no céu unir-vos a Deus, para o qual, pela fé, já ressuscitastes no batismo.

— Amém.

— Abençoe-vos Deus todo-poderoso, Pai e Filho + e Espírito Santo.

— Amém.

— Levai a todos a alegria do Senhor ressuscitado; ide em paz e o Senhor vos acompanhe, aleluia, aleluia!

— Graças a Deus, aleluia, aleluia!

QUARTA PARTE

INSTRUÇÕES PARA OS MINISTROS ORDENADOS

(Presbíteros e Diáconos)

Observações

1. As sugestões para a preparação das Celebrações partem de uma preocupação em cumprir um dos princípios fundamentais da Liturgia. As celebrações não devem ser reduzidas à execução de ritos e leituras, mas exigem uma participação ativa e consciente da Comunidade. Há um intuito pedagógico-pastoral, que os pastores devem levar em conta, ao preparar as Celebrações e ao acolher uma ou outra sugestão, a partir da sensibilidade litúrgico-espiritual da Comunidade celebrante e dos elementos culturais de cada região do país.

2. Para as Homilias, não se oferece um esquema feito, mas sim pontos de aprofundamento, que podem ser aproveitados de forma avulsa, neles encaixando o tema recorrente da Campanha da Fraternidade.

I. DOMINGO DE RAMOS

"Toda língua confesse que Jesus Cristo é Senhor, para glória de Deus Pai."

1. Introdução

Toda a Liturgia do Domingo de Ramos é uma proclamação antecipada do Kirios, o Senhor Ressuscitado. Antes de iniciar a recordação dos sofrimentos e da morte de Jesus, a Liturgia faz questão de assegurar a fé atual do Povo de Deus em Jesus, como o Senhor vivo e vencedor. Por isso, não irá escandalizar-se quando o apresentar como o "Servo sofredor", mas vai confessar que o seu caminho de dor é simultaneamente o seu caminho de glória.

Portanto, não é o lado teatral da Semana Santa que conta. O importante é o quanto a copiosa Redenção se atualiza e penetra como graça libertadora na vida daqueles que participam das celebrações. E a Campanha da Fraternidade de cada ano põe sempre em destaque alguma necessidade social que clama por Redenção.

2. Sugestões para Preparar a Celebração

a) *Preparar as ruas com um tapete de folhas, por onde passará a procissão.*

b) *Um burrinho real pode ser usado, colocando sobre ele alguma figura representando Jesus: pode ser uma criança, significando o inocente que será condenado; ou algum símbolo, como a figura de um cordeiro ou de uma Cruz.*

c) *A proclamação da Paixão deve ser bem preparada. Ser criativa para comunicar melhor. Algumas sugestões:*

— criar mais movimentos para a Assembléia, fazendo com que mudem mais vezes de posição: sentados (P. ex.: Ceia: 26,14-29; Julgamento: 26,57-75; 27,1-30), de pé (P. ex.: Agonia e prisão: 26,30-56; Caminho da Cruz: 27,31-50; Enterro: 27,55-66); ajoelhados (P. ex.: Morte: 27,51-54);

— usar projeção de slides ou cartazes com desenhos ou frases que destaquem os vários episódios da Paixão;

— entremear os vários episódios com cantos correspondentes cantados por todo o Povo;

— fazer a proclamação da Paixão ao longo de uma procissão, à semelhança de uma Via-Sacra, que poderia ser ao redor da própria igreja, ou então fazer com que o grupo de Leitores se movimente dentro da igreja;

— enquanto possível, durante a proclamação da Paixão, proporcionar às crianças um outro local onde possam ter uma catequese apropriada sobre o Domingo de Ramos, através de Catequistas, usando vídeos, cantos, teatrinhos etc. As crianças voltariam à igreja para a procissão das Oferendas.

3. Pontos para a Homilia

a) Jesus entra em Jerusalém montado sobre um jumento, à semelhança de um rei entrando solenemente em sua capital. Ele sabe que a cidade será o lugar da sua paixão. Por isso, deixa bem evidente que o caminho do sofrimento não será o fracasso do seu Reino, mas sim a forma paradoxal de sua entronização.

Jesus optou radicalmente pelo caminho do Amor. Ele é a expressão do Amor misericordioso do Pai pelo homem. Na Paixão de Jesus, o Amor misericordioso do Pai transforma-se em Amor redentor, que prefere sofrer a violência do que ser violento com os homens (Is 50,4-7). Eis a "Kénosis" de Amor, o aniquilamento total do Verbo, cantado pelo hino paulino (Fl 2,6-11). É uma encarnação da existência humana até o seu ponto mais profundo e doloroso, para resgatá-la por dentro.

b) A Paixão escrita por Mateus não é uma crônica jornalística. É uma proclamação evangélica da significação daqueles últimos acontecimentos em Jerusalém. A comunidade de Mateus não têm dúvida: com a Paixão de Jesus, encerra-se a era antiga, isto é, todo o Velho Testamento, e nasce a Nova Aliança, que marcará a Igreja de Jesus.

Os distúrbios cósmicos e os mortos que deixam suas sepulturas simbolizam essa mudança no próprio ritmo do tempo passado, que se abre para um novo tempo. O véu do templo que se rasga desfaz por completo o sentido do templo material como lugar divino. Um novo e eterno Santuário começa a se manifestar no corpo ensangüentado de Jesus: eis o lugar do encontro definitivo e perfeito entre o divino e o humano.

c) A narrativa da Paixão desenvolve-se em vários episódios interligados entre si: a última Ceia é o rito significante do que está por acontecer; a Agonia no Horto revela o âmago da Redenção, que é a obediência do homem à Vontade do Pai; o Julgamento expõe o mistério do Mal em sua intencionalidade destrutiva do homem; o caminho da Cruz traduz a solidariedade divina de Deus com o sofrimento humano; a Morte violenta manifesta o gesto maior de Amor de Deus, que une misericórdia e redenção em um só ato.

d) Eis a que ponto chegou o Amor infinito de Deus pelo homem. Ele se faz solidário com a própria natureza do homem, marcada pelo mal e pela morte. Ele assumiu até o mais profundo todas as conseqüências de sua Encarnação e o fez por Amor. O perdão que brota da Paixão não é um mero acerto de contas entre pessoas, mas uma reconciliação que atinge toda a natureza humana. Ela é redimida e libertada de seu condicionamento original (Cl 1,20).

e) A Comunidade que acompanha Jesus na procissão de Ramos, aclamando-o como Senhor, deve continuar seguindo os seus passos também na Paixão. Isto significa assumir a vida e a história, reconhecer o pecado e o mal a partir de Jesus e junto com Jesus. O pequeno ramo simboliza cada um de nós, enquanto queremos permanecer ligados ao tronco principal, Jesus. Desligados dele, tornamo-nos galho seco, que será jogado fora e queimado: nossa existência fica sem direção, sem força e sem significado, principalmente em suas experiências negativas de mal e de dor. Não existe outro caminho que leve à Ressurreição. Não é o caminho dos milagres e dos privilégios, do poder e da satisfação humana.

f) E a solidariedade de Jesus conosco tem como resposta a nossa solidariedade com todo o ser humano que sofre. É a partir da dor dos mais fracos, da paixão de cada ser humano, assumidas no amor, que a vida supera a morte e o amor derrota o mal.

II. QUINTA-FEIRA SANTA

"Amai-vos uns aos outros como eu vos amei"

1. Introdução

Eucaristia, Sacerdócio, Mandamento do Amor costumam marcar esta celebração nitidamente pascal. A Quinta-feira santa não deveria ser sentida como um hiato de alegria durante a Semana Santa, mas como a abertura do Tríduo Pascal.

Ela oferece o rito que antecede, confere significação e perpetua o acontecimento pascal.

A adoração e o silêncio que encerram a celebração não devem aparecer como expressão penitencial, mas como convite à interiorização e contemplação da novidade e da perfeição da Nova Páscoa realizada por Jesus e oferecida a nós em forma de Sacramento.

2. Sugestões para Preparar a Celebração

a) *O Pão é um símbolo adequado para esta celebração. Criar um momento de Benção e de Partilha do pão pela Comunidade, talvez no final.*

b) *No início da celebração eucarística, fazer uma entronização solene do Óleo do Crisma, benzido na Missa do Crisma. É interessante que seja trazido por cristãos adultos e comprometidos pastoralmente. Talvez a comunidade possa ser convidada a fazer algum gesto evocativo do sacramento da Crisma, com um pequeno diálogo ou oração de renovação.*

c) *Fazer com que a cerimônia do Lava-pés seja significativa para a Comunidade; evitar uma simples execução de rito feita com alguns coroinhas. Uma forma é fazer com que os diversos ministérios eclesiais (catequistas, coordenadores de pastorais), as diversas relações de família, as diferentes profissões e serviços na sociedade (professores, médicos, funcionários etc.) sejam vistos dentro da dimensão do Lava-pés: 12 pares lavam-se os pés, a começar pelo Presidente da celebração. Ou então, o próprio Presidente lava os pés de 12 pessoas representativas dos diversos ministérios praticados na Comunidade: doentes, idosos, crianças, pobres, etc. O tema da CF pode inspirar outras modalidades ou personagens para esta cerimônia.*

d) *Enquanto possível, nesta Eucaristia possibilite-se ao maior número possível de fiéis a Comunhão sob duas espécies. Se não for possível oferecer a todos, ao menos a todos os responsáveis diretos pelas pastorais.*

e) *O rito de Desnudamento do altar, no final da celebração, deve constituir um gesto litúrgico visível e bem participado pela Comunidade: convidar alguns Leigos para que ajudem a fazê-lo.*

3. Pontos para a Homilia

a) Aquele que nos amou até o fim quer nos amar para além do fim. É como se a Eucaristia fosse uma continuação de seu mistério de Encarnação: mesmo quando a violência de alguns homens mata este corpo com o qual tanto amou os homens e tanto bem lhes fizera, Jesus quer continuar presente e descobre, no pão e no vinho partilhados fraternalmente durante uma ceia, a forma de continuar visível.

Mais do que o mistério da transubstanciação, o essencial são o gesto e as palavras de amor que transformam o rito da Ceia na entrega total e constante de sua vida por nós: "Tomai, todos, e comei...Tomai, todos, e bebei..." E este rito da nova Páscoa tem como contexto as palavras cheias de Ternura de Jesus aos seus discípulos, que se iniciam no Lava-pés e no mandamento do Amor e vão do Cap. 13 ao 17 do Evangelho de S. João.

b) Para o Povo de Deus da Antiga Aliança a Ceia pascal era um rito familiar celebrado anualmente que perpetuava e atualizava a libertação da escravidão do Egito: escravidão pessoal e social, política e religiosa. Jesus retoma essa mesma Ceia, antecipa sua celebração, aprofunda o seu sentido libertador, e leva-a à perfeição, transformando-a num sacramento de Comunhão íntima entre o divino e o humano.

Eucaristia é Vida nova e eterna que brota da morte de um por todos; Eucaristia é Libertação definitiva da eterna ameaça do poder da morte e do mal, que produz todas as escravidões; Eucaristia é sinal realizador de uma nova fraternidade ao redor de uma mesma mesa para partilhar de um mesmo Pão; Eucaristia é porta de entrada para uma experiência de um Amor mais profundo e mais fecundo do que todos os amores possíveis entre os homens.

c) Em uma sociedade marcada pela competição, pela diferença de papéis, pelo sonho de dominar o outro e de ser servido, o Lava-pés é um compromisso eucarístico de viver no mundo sem ser do mundo. É o gesto de quem prefere servir a ser servido. Eis a revolução de Jesus capaz de provocar vida para todos e vida em abundância. Existe um único caminho para aceitar e viver tal opção: o mandamento do Amor fraterno de Jesus. Um Amor maior do que o mandamento herdado do Antigo Testamento.

Já não se trata apenas de "amar o próximo como a si mesmo", mas de AMAR-NOS UNS AOS OUTROS COMO JESUS NOS AMOU. É o compromisso de um Amor fraterno incondicional, caracterizado pela gratuidade, pela generosidade, pela doação total de si, que nenhum critério humano é capaz de sustentar. Somente a fé-acolhimento do Amor infinito de Jesus por nós tem força para provocar em nós o desejo de dar resposta semelhante em nossa forma de amar o outro.

d) Todo o ministério eclesial só é evangélico enquanto testemunha e perpetua essa atitude de Lava-pés por amor. Desde os mais simples serviços dentro da Comunidade até o ministério sacerdotal dos Párocos, dos Bispos e do Papa buscam sua raiz neste Jesus da Quinta-feira Santa. Eles não são herdeiros do sacerdócio do Antigo Testamento. Quando Jesus ordena: "Fazei isto em memória de mim", Ele não se refere apenas à renovação do rito da Ceia, mas à própria atitude de servir com amor e por amor ao irmão. Só assim, o rito eucarístico adquire sua autêntica significação.

Estes critérios eucarísticos devem ser assumidos não só por aqueles que exercem ministérios eclesiais. Também as relações familiares, a vida profissional e os diversos papéis sociais daqueles que querem ser discípulos de Jesus devem beber nesta fonte da Quinta-feira Santa a sua espiritualidade evangélica, que os ajuda a colaborar com a construção do Reino de Deus no meio dos homens, espalhando as sementes de uma Civilização do Amor.

III. SEXTA-FEIRA SANTA

A) CELEBRAÇÃO LITÚRGICA

1. Introdução

A Sexta-feira santa é a proclamação da realização plena de todas as promessas de Deus e de todas as esperanças do homem. Quando Jesus grita: "Tudo está consumado", ele não se refere tanto ao fim quanto à plenitude de sua missão redentora. A tal ponto chegou o Amor. Nem o mal nem a Cruz foram capazes de dobrá-lo. E deste Amor brota a Vida plena. Mais do que qualquer outro símbolo tradicional do amor, como o coração, a própria Cruz se transfigura como símbolo maior deste Amor que cria a Aliança eterna entre o céu e a terra, entre Deus e o homem.

Se o homem crucifica o Filho de Deus, Deus ao olhar para o Filho crucificado vê sempre o homem. Já não é possível deixar de amar o homem. Seria deixar de amar o seu próprio Filho.

2. Sugestões para Preparar a Celebração

a) *Por mais austera que pareça a Celebração da Sexta-feira Santa, é preciso cuidar bem para que seja comunicativa e participada.*

b) *Um cuidado especial com as Leituras, principalmente a da Paixão: é importante ilustrá-las, visualizá-las, fazer participar através de intervenções de cantos, aclamações, cartazes, slides, símbolos, ou até representação semiteatral. Mais uma vez, é pedagógico que as crianças tenham uma Celebração da Palavra em outro local, adaptada a elas.*

c) *Sendo a Cruz o símbolo central deste dia, as várias comunidades ou segmentos da Paróquia podem ser convidadas a trazer uma pequena cruz de madeira, com inscrições que apontem os seus sofrimentos e pecados atuais. No momento da Oração universal, cada um apresenta a sua cruz com uma súplica correspondente. Mesmo as pessoas podem ser convidadas a trazer seu pequeno crucifixo para serem bentos no final da Celebração.*

d) Na Oração universal: *distinguir entre quem convida e o Presidente que recita a oração. Pessoas diversas encarregar-se-ão do convite e, durante a pequena pausa, podem colocar um pouco de incenso sobre o turíbulo ou recipiente fixo, significando a súplica que sobe até Deus. Se não houver incenso (serve também resina de mangueira), cada pessoa traz uma vela acesa e permanece segurando-a até o fim da Oração universal.*

e) É importante valorizar a Adoração da Cruz, dando tempo para que o povo possa tocar na Cruz e fazer de fato a sua homenagem pessoal durante a própria Celebração. Se de fato parecer cansativo demais para a Comunidade, fazer com que venham por famílias ou então em grupos, conforme as associações, movimentos, setores, ministérios etc. para um instante de adoração.

3. Pontos para a Homilia

a) O Verbo assumiu este momento último de sua Encarnação: mergulhou no mistério da maldade e da morte humana, assumindo-as plenamente. "Tomou sobre si as nossas doenças, carregou nossas dores... Foi esmagado pelas nossas iniqüidades"(Is 53,4-5). Fez-se solidário com todo o homem que sofre, que peca e que morre. Por isso, é capaz de "compadecer-se de nossas fraquezas" (Hb 4,15). O essencial de seu sacrifício não é a figura de holocausto sangrento, mas a sua obediência total ao projeto do Pai. Eis o homem plenamente obediente a Deus, que se torna "para todos os que lhe obedecem fonte de salvação eterna"(Hb 5,9).

b) A realeza de Jesus, que transparece na Paixão escrita por S. João, é humanamente desconcertante. É um proclamar-se rei não da sociedade, mas da humanidade. Ou seja, Jesus não é rei segundo os esquemas de poder da sociedade, mas torna-se o Senhor da própria natureza humana, enquanto penetra-lhe no próprio âmago e a liberta definitivamente. É Ele quem a desata das amarras do mal e da morte e a conquista definitivamente para si.

Jesus vivencia tão profundamente este mistério, que parece até estar alheio aos fatos que as autoridades vão provocando sobre ele. Há em Jesus uma dignidade interior e uma liberdade de amor que nenhuma ameaça ou violência consegue abalar.

c) Mais do que ser julgado, é Jesus quem parece estar julgando aqueles que não o aceitam. Por isso, sua condenação traz a marca da represália e do ódio daqueles que se sentem perdidos diante dele. Faz da Cruz o seu trono real, e dela irradia-se uma força de atração sobre os homens de todas as gerações (Jo 12,32).

Nenhum poder do Mal foi capaz de fazê-lo desistir de amar o homem, de perdoá-lo e de doar generosamente sua vida pela salvação de todos. Quando entrega o seu Espírito, antes que morrer, trata-se de uma entrega que fecunda um novo nascimento: de seu lado aberto nasce a nova Comunidade-Igreja (Jo 19,30.34).

d) Eis porque as narrativas da Paixão constituíram os primeiros núcleos do Evangelho: se os fatos eram dolorosos, a mensagem proclamava um sentido redentor e era acolhida pelas primeiras Comunidades realmente como uma "Boa Notícia". Não havia lugar para "se ter dó" de Jesus. Tudo era anúncio pascal, grito de esperança acontecida, que repercutia principalmente naqueles que se preparavam para ser batizados ou para se reconciliar com a Comunidade. A imagem do Senhor Ressuscitado presidia toda a memória da Paixão.

e) Esta certeza de uma vitória conquistada uma vez para sempre compromete o cristão com a história presente, que ainda se insurge contra Jesus e o seu Reino de justiça, de paz e de amor fraterno. Há uma paixão real acontecendo na vida de tantos pequenos da nossa sociedade, há uma descendência de "fariseus, saduceus, sacerdotes", políticos e poderosos que continuam a sustentar o "corpo de iniqüidade", a cultura da maldade e da morte que esmagam tantos "cristos" dos nossos dias.

Já não somos impotentes diante do sofrimento e do mal. A solidariedade com Jesus e, através da sua Cruz, a solidariedade entre nós, pode fazer com que a Páscoa seja não apenas um rito anual, mas a segurança de uma Graça libertadora que nos será dada abundantemente, na medida do nosso compromisso com o caminho de Jesus.

B. AS SETE PALAVRAS DE JESUS NA CRUZ

1. As Sete Palavras

a) "Jesus dizia: **Pai, perdoa-lhes! Eles não sabem o que fazem**". (Lc 23,34)

b) "Jesus lhe respondeu: **Em verdade eu te digo: ainda hoje estarás comigo no paraíso**". (Lc 23,43)

c) "Ao ver sua mãe e, ao lado dela, o discípulo que ele amava, disse à mãe: **Mulher, este é o teu filho**. Depois disse ao discípulo: **Esta é a tua mãe**. Dessa hora em diante, o discípulo a acolheu consigo". (Jo 19,26-27)

d) "Pelas três da tarde, Jesus gritou com voz forte: **Eloi, Eloi, lamá sabachtáni**, que quer dizer: **Meu Deus, meu Deus, por que me abandonaste?**". (Mc 15,34)

e) "Depois disso, Jesus, sabendo que tudo estava consumado, e para que a Escritura se cumprisse até o fim, disse: **Tenho sede**". (Jo 19,28)

f) "Ele tomou o vinagre e disse: **Tudo está consumado**". (Jo 19,30)

g) "E Jesus deu um forte grito: **Pai, em tuas mãos entrego o meu espírito**". (Lc 23,46)

2. Sugestões para Preparar o Sermão

a) Acender 7 velas e ir apagando uma a uma, após cada reflexão.

b) Enquanto possível, fazer a pregação ao lado de um Crucifixo bem grande.

c) Fazer com que as Sete Palavras sejam escritas em faixas de papel ou em outra forma qualquer, e sejam gradativamente apresentadas à comunidade. Podem ser introduzidas na Comunidade por jovens ou pelos grupos, enquanto se canta algum refrão conhecido e próprio para o momento.

3. Pontos para o Sermão

a) As últimas Palavras de Jesus sintetizam tudo o que ele viveu e ensinou enquanto esteve conosco. Vamos contemplar a imagem do Crucificado e deixar que suas Palavras, uma a uma, penetrem bem dentro de nossos corações.

b) Como nosso Mestre, ele nos anuncia sua última Mensagem, mais com o coração do que com a voz, já por se extinguir.

c) Como nosso Irmão maior, ele fala em nome de todos nós. Nele, estamos todos nós. Com nossas esperanças e nossos desesperos. Com nossa coragem e nossos medos. Com nossas virtudes e nossos pecados. Com nossa vida e nossa morte.

4. O Sermão

Primeira Palavra: **"Pai, perdoa-lhes! Eles não sabem o que fazem!"***(Lc 23,34).*

a) Jesus anunciara a misericórdia infinita do Pai para conosco, que chegara ao ponto de nos enviar o seu Filho único. Insistiu sobre o valor de quebrar o círculo da violência, mesmo que fosse necessário oferecer a outra face (Mt 5,39). Ensinou que era preciso perdoar não apenas 7 vezes, mas 70 vezes 7 (Mt 18,22).

b) Agora, traído, desrespeitado, dilacerado pela raiva e pela violência, crucificado como o pior de todos os malfeitores, ele transforma sua Mensagem num testemunho vivo: **"Pai, perdoa-lhes..."** É o momento em que o Filho, esmagado por causa de nossos pecados, chega ao ápice de seu amor por nós e clama ao Pai que nos perdoe.

c) "Eles não sabem o que fazem". É verdade que não sabem que crucificam o Filho querido de Deus. Mas sabem que estão cometendo uma injustiça e uma violência contra um ser humano indefeso. Por isso, precisam ser perdoados. Porque Jesus assumiu a nossa natureza, toda a injustiça e toda a violência contra qualquer criatura humana, é um crime que atinge necessariamente o Verbo de Deus encarnado. E, igualmente, toda palavra e todo gesto de perdão repetem a palavra e o gesto de perdão de Jesus (Mt 25,31-46; Jo 20,23).

d) O perdão é a essência da Redenção. Todo o mistério da Encarnação, da vida e da pregação de Jesus se resume no perdão que o Pai quer dar ao homem e que os homens devem oferecer-se uns aos outros, com a mesma gratuidade do perdão que recebem do Pai (Mt 6,14-15; 18,21-35). Não haverá uma nova Criação, uma nova Criatura e um Reino de Deus na terra, sem o perdão sincero, gratuito, total. Esta primeira Palavra de Jesus sobre a cruz é suficiente para realizar a Redenção abundante, e para começar um novo Reino de perdão, de paz, e de autêntica fraternidade.

Segunda Palavra: **"Em verdade te digo: ainda hoje estarás comigo no paraíso"** *(Lc 23,43).*

a) Dois malfeitores foram crucificados ao lado de Jesus. A tradição encarregou-se de dar um nome àquele que estava à sua direita: Dimas. Dimas representa todas as pessoas que se deixaram tocar pela 1ª Palavra de Jesus: a sua súplica de perdão. O perdão gratuito, total, libertador, santificador, que não tem hora nem condições para ser dado. Basta que seja desejado e aceito.

b) Dimas não era discípulo, não era apóstolo, jamais seguira Jesus. Não possuía mérito algum. Tudo o que fez foi assumir sua própria situação de pecador e balbuciar talvez sua única oração durante a vida: *"Jesus, lembra-te de mim quando entrares no teu reinado"* (Lc 23,42). Foi o suficiente para que a misericórdia divina o penetrasse e o transformasse em São Dimas.

c) Se perdoar é uma forma divina de amar, pedir perdão é um jeito humano de suplicar para ser amado e para amar de novo. Deus jamais recusa tal pedido. Estar com ele no paraíso é refazer a sua paz e o seu amor dentro de nós. No gesto de absolvição e no abraço divino da comunhão eucarística repetem-se para nós as palavras de Jesus a Dimas:*"Ainda hoje estarás comigo no paraíso."*

Terceira Palavra: **"Mulher, este é o teu filho. Esta é a tua mãe"** *(Jo 19,26-27).*

a) O perdão brota do amor gratuito. E o amor fecundo sempre gera a doação. Jesus sobre a cruz é a doação total. Sua vida é entregue até o último suspiro. Estabelece uma aliança nova com o seu próprio sangue, que escorre até a última gota sobre os homens, sobre a nossa terra, sobre todo o universo.

b) O perdão de Jesus não guarda mágoas. Mesmo sobre a cruz, ainda caçoado por todos, Jesus revela que o verdadeiro perdão encerra em si o máximo da doação. Olha para sua Mãe, único bem que ainda não lhe foi tirado e que continua bem perto dele. Olha para o discípulo, certamente João, o único que resta da sua tão sonhada Comunidade. Os outros discípulos e apóstolos estavam dispersos e amedrontados. Como se fosse o último e mais valioso ponto de seu testamento, Jesus nos doa sua Mãe como nossa Mãe: *"Mulher, este é o teu filho."*

c) Maria é o sacramento do Filho, o sinal luminoso de sua presença, que jamais se apagou. Por isso, será ela a célula-mater de sua Igreja pascal, a primogênita de todas as redimidas. Ao discípulo-símbolo de todos os que proclamarão a fé em sua morte e ressurreição, Jesus recomenda: *"Esta é a tua Mãe"*. O acolhimento da Mãe autentifica a Comunidade pascal dos que seguem e seguirão Jesus. Como um selo vivo de garantia divina, Maria nos dá a segurança de onde encontrar a verdadeira Igreja de Jesus. Onde está Maria, aí está a Igreja. Eis a vontade explícita de Jesus, eis o dom final de seu amor redentor por todos nós. Sua Mãe é e será sempre nossa Mãe também, que nos gera à semelhança de seu próprio Filho, por obra do Espírito Santo.

Quarta Palavra: **"Eloi, Eloi, lemá sabachtáni? — Meu Deus, meu Deus, por que me abandonaste?"** *(Mc 15,34).*

a) Nas três primeiras Palavras, Jesus ainda tem forças para comunicar-nos os dons maiores de seu Reino: o perdão e sua Mãe. A partir desta quarta Palavra, sua solidariedade com o ser humano leva-o a assumir o mais profundo da dor e do pecado de todos os homens. Despoja-se ainda mais de qualquer sinal do divino. Manifesta-se apenas como o Homem das dores, representante de toda a humanidade sofrida e pecadora.

b) *"Meus Deus, meu Deus, por que me abandonaste?"* Seu grito ecoa através de todos os séculos, como o clamor de todo o homem que busca a Deus e se vê distante e como que abandonado por ele. Representa o grito de todas as religiões e de todas as filosofias. É o clamor de angústia de todos os pobres, excluídos e injustiçados de um mundo sem Deus. É o grito de medo diante do mistério do mal e do pecado, que enche a história humana de trevas. Jesus fêz ouvir apenas as primeiras palavras do Salmo 21. Não é um salmo de desespero, mas sim de clamor e de confiança do pobre sofredor. Os outros versos do Salmo certamente foram balbuciados por Jesus até proclamar: *"Quanto a mim, para ele viverei..."* (Sl 21,31).

c) Não há uma resposta imediata ao grito de Jesus. Assim como não existe um porquê visível para o sofrimento do ser humano. Há, porém, uma evidência de fé para quem contempla o Crucificado e escuta o seu grito: Deus está dentro do sofrimento humano, assim como a natureza divina está indissoluvelmente unida à natureza humana na pessoa de Jesus. Seu grito de abandono ecoa dentro de seu próprio ser. E a resposta, se não pode ser imediata, é segura e virá a seu tempo, na vitória sobre o mal e sobre a morte. Uma vitória que ele partilha com todo aquele que toma sobre si a cruz e o segue com fidelidade.

Quinta Palavra: **"Tenho sede"** *(Jo 19,28)*.

a) Ao grito de abandono, Jesus acrescenta: *"Tenho sede"*. Mais uma vez, como à beira do poço de Jacó (Jo 4,5-34), ele empresta voz a todo ser humano, sedento de amor e de vida, de justiça e de paz, que os poços do mundo não conseguem saciar. Quem tem sede de amor, tem sede de Deus. O sofrimento físico da sede terrível que atormentava Jesus recorda com nitidez o Salmo 21,16: *"minha língua ficou colada ao paladar"* e o Salmo 68,22: *"Como alimento me deram fel, quando tive sede deram-me vinagre."* Em Jesus encontra-se, ao mesmo tempo, o homem sedento e a fonte de água viva, capaz de saciar para sempre todas as nossas sedes (Jo 4,10).

b) Neste momento final, quase como se quisesse testar tudo o que anunciara, Jesus faz-se aquele pequenino de Mt 25,35: *"Eu estava com sede..."*. Sua morte começa a ser o julgamento final do homem. A cruz transforma-se em trono, de onde o Filho do homem começa a separar ovelhas e cabritos. Nem discípulos, nem apóstolos, nem sacerdotes, nem escribas atendem ao seu apelo. Um soldado molha uma esponja na mistura de vinagre e a aproxima de seus lábios. Será este o primeiro *"bendito de meu Pai"* (Mt 25,34), precedendo a tantos outros na entrada do Reino?

c) Mais do que a sede física, que abrasava o seu corpo moribundo, Jesus retoma a quarta Bem-aventurança proclamada por Ele: *"Felizes os que têm fome e sede de justiça, porque Deus os fará ficar satisfeitos"* (Mt 5,6). Não é uma esponja úmida que irá saciar tal sede. É preciso inaugurar um Reino, que seja um projeto novo em que o empobrecido, o injustiçado, o excluído e todos os pequeninos do mundo sejam saciados em sua fome e sede do essencial para viver e conviver com dignidade e amor. Jesus clama em nome de todos eles e sabe que o Pai irá ouvir o seu clamor: *"Vede, humildes e alegrai-vos!... pois o Senhor atende os pobres"* (Sl 68,33-34).

Sexta Palavra: **"Tudo está consumado"** *(Jo 19,30).*

a) *"Tudo está consumado"*. Nos lábios de Jesus moribundo não soa como um fim inevitável, mas como a proclamação de uma missão assumida e cumprida com fidelidade até o fim. Todas as profecias, toda a história e toda a esperança do Velho Testamento estão cumpridas. Jesus é o ponto de chegada e de realização completa da salvação. Nele e por ele, todos os homens de todos os tempos são salvos, uma vez por todas. O valor e a validade do Antigo Testamento consistiam em ser um anúncio-preparação do Messias Salvador. Em Jesus, acontece o momento pleno de Deus dentro da história humana. Encerra-se o momento do anúncio-espera. Acontece o momento da realização-consumação, que se chama Jesus. Consuma-se a revelação de Deus ao homem, em tudo o que o homem precisava, precisa e precisará para a sua salvação.

b) Ele viera para cumprir a vontade do Pai. Uma vontade que se foi manifestando nas contradições de tantos fatos inesperados, que Jesus foi enfrentando com amor e coragem. Talvez desejasse ter tido mais tempo para anunciar o Reino e firmar a fé de seus seguidores. Contudo, a perfeição para Deus não consiste no volume de obras feitas, mas na fidelidade em fazê-las. E o mais importante ele havia feito: revelara Deus como o Pai da misericórdia e proclamara uma Boa Notícia aos pobres, plantando a semente de um Reino de fraternidade entre os homens. À semelhança do relato da Criação (Gn 1,31), Jesus contempla a sua missão como uma nova Criação, que se completa com sua morte na cruz. A cruz será a árvore da vida que Deus entrega aos homens, para que não sejam dominados pela morte (Ap 2,7).

c) *"Tudo está consumado"*. A partir de Jesus, a história humana terá uma imagem concreta do Deus verdadeiro, não apenas a sombra ou o esboço, como acontecera até então. O momento da história, após o acontecimento-Jesus, já não será de espera, mas sim de atualização constante e crescente daquilo que vimos e ouvimos (At 4,20). Novas visões ou supostas mensagens divinas podem apenas enganar, jamais, porém, acrescentar algo novo a tudo o que se realizou em Jesus, e que foi testemunhado e transmitido por seus Apóstolos.

d) *"Tudo está consumado"*. Encerra-se a missão de Jesus, começa a missão da Igreja. Ela nasce do lado aberto do Senhor (Jo 19,34), como testemunha e sinal vivo do Mistério Pascal, definitivamente cravado na história humana. Ela não existe por si própria, mas depende totalmente desta cruz e deste Senhor crucificado. Ela terá de anunciar e testemunhar não algo por acontecer, mas algo que aconteceu e de que ela é um sacramento: o Reino de Deus presente no meio dos homens, até o fim dos séculos (Mt 28,20).

Sétima Palavra: **"Pai, em tuas mãos entrego o meu espírito"** (Lc 23,46).

a) *"Saí de meu Pai e vim ao mundo; outra vez deixo o mundo e vou para o Pai"* (Jo 16,28). Aquele que volta ao Pai leva consigo toda a humanidade, com o mistério da vida e da morte que envolve cada ser humano. Ao acolher o espírito de Jesus, o Pai acolhe o espírito de todo homem que toma a sua cruz e segue com fidelidade seu Filho. Este é o momento supremo e final da Encarnação do Verbo eterno de Deus na realidade existencial e histórica do homem. Como um processo de amor, o Verbo vai se encarnando em cada instante do existir do homem, desde a concepção até o desenvolvimento da vida, que nasce, cresce e morre. E na medida que assume o existir humano, Jesus vai realizando a redenção de todo homem, em virtude de sua própria pessoa humana e divina. Encarnação e Redenção se conjugam constantemente na existência de Jesus. Nele, com ele e por ele somos todos redimidos, dentro de nosso próprio ser. Eis o mistério pascal definitivo, escondido e atuante na vida de Jesus de Nazaré.

b) Agora chegou o momento do último ato, a morte, aquela que simboliza tudo o que existe de negativo e de destrutivo na existência de todos os homens. E Jesus a encarna de forma total. Sua última Palavra, antes de entregar o espírito, expressa a fé, a esperança e o amor do ser humano, capaz de superar os próprios limites e de penetrar no infinito. A dignidade no morrer revela o valor e o significado da vida. Após ter mergulhado no mais profundo da miséria do homem, até a experiência de abandono de Deus, Jesus parece reunificar novamente a consciência de Filho único de Deus e de filho do homem. Sua voz expressa a confiança total do filho. Volta a chamar Deus de Pai. Em suas mãos entrega seu espírito humano, na certeza de que não será destruído para sempre.

c) O salmo 30, onde Jesus colhe suas últimas palavras (30,6), traduz o abandono total nas mãos de Deus, quando tudo parece perdido e sem sentido. Quando a opressão e a perseguição roubam o direito à própria vida, esta vida é depositada com confiança nas mãos de Deus: *"Pela tua justiça salva-me!... vem depressa livrar-me,... livra-me do laço que me armaram, porque és minha defesa"* (Sl 31,2-5). O abandono nas mãos do Pai é a salvação para quem se sente abandonado até mesmo por Deus. O medo de Jesus é o nosso medo, a oração de Jesus é a nossa oração e a morte de Jesus é a nossa morte. Só assim, poderemos também exclamar: *"Onde está, ó morte, a sua vitória? Onde está, ó morte, o seu ferrão?...Graças a Deus, que nos dá a vitória por Nosso Senhor Jesus Cristo"* (1Cor 15,55.57).

C. O DESCIMENTO DA CRUZ

1. Sugestões para Preparar o Sermão

a) *Deverá haver ao menos um grande Crucifixo, a que o pregador possa referir-se.*

b) *É um momento propício para atualização do tema da Campanha da Fraternidade, através de simbolismos ligados à Cruz. Faixas com inscrições, gestos de desprender o Corpo de Jesus, luzes etc. podem ajudar a visualizar este momento.*

c) Ser despregado da Cruz deve dar o sentido de esperança de libertação para o homem, pregado às cruzes da vida e das estruturas de pecado do mundo. Fazer com que a Cruz de Jesus seja vista como um símbolo de Redenção mais do que de dor ou de morte. Um facho de luz sobre a Cruz ou ramos verdes que gradativamente são distribuídos ao longo da Cruz podem evidenciar este sentido de vida nova.

> *"Havia um homem bom e justo, chamado José, membro do Conselho, o qual não tinha aprovado a decisão nem a ação dos outros membros. Ele era de Arimatéia, uma cidade da Judéia, e esperava a vinda do Reino de Deus. José foi ter com Pilatos e pediu o corpo de Jesus. Desceu o corpo da cruz, enrolou-o num lençol e colocou-o num túmulo escavado na rocha, onde ninguém ainda tinha sido sepultado. Era o dia da preparação da Páscoa, e o sábado já estava começando..."* (Lc 23,50-54).

2. Pontos para a Homilia

a) Jesus é descido da cruz. Os textos evangélicos não nos sugerem muito, mas não é difícil contemplar com os olhos da imaginação e com os sentimentos do coração o que representou aquela cena final. Aos pés da cruz restam certamente aquelas poucas mulheres, o Apóstolo João, e Maria, Mãe de Jesus. Mais uma vez, surge alguém que estava fora de cena, chamado José, de Arimatéia. Alguém que costumamos qualificar de "comprometido com o sistema", pois era membro daquele Conselho ou sinédrio, que decidira pela condenação de Jesus. Mesmo assim, José de Arimatéia foi fiel à sua consciência e, se não conseguiu livrar Jesus, também não aprovou a decisão dos demais. Nada pôde fazer. Restou-lhe este gesto final de piedade, esta "obra de misericórdia". E ele o faz, ainda que receba a reprovação de seus colegas de Conselho, como provavelmente aconteceu.

b) Ao contemplar o corpo inerte de Jesus, que tantas pinturas representam sobre o colo de Maria, relembramos aquele pequenino corpo deitado sobre uma manjedoura, na gruta de Belém: "E o Verbo de Deus se fez carne e habitou entre nós" (Jo 1,14). De tal modo Deus nos amara, que fez do corpo humano o seu maior sacramento: "Nele habita a plenitude da divindade" (Cl 1,19). Deus começa a ser fisicamente solidário com o ser humano. A garantia da presença divina se manifesta através dos gestos desse corpo, gerado no seio de Maria: gestos que abençoam, que devolvem a vista, o ouvido e a fala, que fazem andar, que perdoam e que ressuscitam. Gestos que se estendem sobre todo o povo, para anunciar o Reino das Bem-aventuranças. Gestos que acariciam as crianças ou multiplicam o alimento para a multidão faminta.

c) Eis este corpo divino, inerte, machucado terrivelmente pela violência daqueles que não aceitam o seu Reino. Podem aceitar até alguns conselhos; não, porém, a transformação completa de uma sociedade, onde já estavam bem encaixados e acomodados. Não querem que estes braços voltem a abençoar, não permitirão que estes pés pisem novamente o pó dos caminhos humanos, levando a Boa Nova da paz e da esperança aos pobres e excluídos (Is 52,7). Preferem que Deus continue encerrado e controlado dentro de seus templos suntuosos. Não aceitam o templo vivo do corpo humano (1Cor 6,19), porque pretendem continuar usando-o, manipulando-o, violentando-o, e massacrando-o a seu bel-prazer.

d) Diante do corpo de Jesus, que ressuscitará gloriosamente ao terceiro dia, devemos recitar o Credo do corpo humano, tal como se revelou no Filho de Deus feito carne:

— Creio na dignidade do corpo humano, desde o primeiro instante de sua concepção até o último suspiro, e que está destinado a participar da ressurreição de Jesus.

— Creio na dignidade do corpo da mulher e do corpo do homem, do corpo da criança e do corpo do ancião, do corpo do jovem e do corpo do adulto. Corpo que nos foi dado não para ser banalizado, vendido ou violentado, mas para ser o sacramento vivo da comunicação do amor e da vida.

— Creio na sacralidade da vida humana, que só a Deus pertence, tão unida ao corpo, que só através dele se manifesta e se desenvolve. Vida, que é dom concedido para desabrochar e florir, e que nenhuma criatura jamais pode sentir-se no direito de tirá-la.

— Creio que corpo e espírito formam a pessoa humana à imagem e semelhança de Deus, e são destinados à santificação, como templo vivo do Espírito Santo. Amém.

IV. SÁBADO SANTO

Hoje é noite de festa, porque
"o Senhor ressuscitou verdadeiramente, aleluia".

1. Introdução

Esta é uma noite sacramental. A proclamação da Ressurreição do Senhor, mais do que um ato de fé, deve ser celebrada como uma atualização da Graça Pascal para a Comunidade. A História da Salvação, resumida nas diversas Leituras, converge para a alegria e a certeza de uma participação atual no Projeto pascal de Deus.

Celebrar é integrar-se nessa mesma História, é tornar-se hoje personagem vivo de uma Salvação que continua acontecendo através da presença viva de Jesus Ressuscitado. Daí, a centralidade e a importância da Liturgia Batismal, que significa este mergulho do homem no mistério da Morte e Ressurreição do Senhor.

A Eucaristia une-se fortemente ao Batismo, como parte de uma só realidade sacramental: tornar-se um só Corpo com o Senhor Ressuscitado. A própria Liturgia do Sábado Santo, quando bem celebrada e participada, evidencia por si mesma a melhor Mensagem de Páscoa, que dispensa uma Homilia especial.

2. Sugestões para Preparar a Celebração

a) *Fazer uma verdadeira fogueira, suficientemente distante da igreja, para que possibilite uma procissão de todos os fiéis. Cada* *família pode ser convidada a trazer algum pedaço de madeira ou um graveto, que juntará à fogueira, com o sentido de participar na realização deste fogo novo.*

b) *Ao proclamar as palavras que acompanham a incisão do Círio, o Celebrante deve fazê-lo recitando ou cantando, convidando a Comunidade a repeti-las.*

c) *Círio pascal: cantar o Precônio à luz das velas, fazendo com que a Comunidade participe do canto através de aclamações. (P. ex.: Vem, amigo, vem, irmão,/ hoje é Páscoa do Senhor./Vem, Senhor Jesus. Amém.)*

d) *Liturgia da Palavra: preparar de tal forma que não seja cansativa, seja participada e comunicativa.*

— fazer uma entrada solene da Bíblia, que será colocada perto do Círio pascal e incensada antes de começar as Leituras. Se possível, fazer entrar 2 Bíblias, uma aberta no Antigo Testamento, e outra no Novo Testamento.

— fazer as leituras em forma dialogada.

— alternar entre ler, contar espontaneamente ou até cantar o conteúdo das Leituras.

— usar slides, cartazes com os temas, representação visual, corporal.

— cantar os Salmos de meditação ou substituir por cantos conhecidos, que expressem o tema da Leitura proclamada.

e) *Antes do Glória, montar e enfeitar o altar principal, fazendo uma procissão.*

f) *Mais uma vez, enquanto possível, levar as crianças para um outro local onde tenham uma Celebração da Palavra adaptada a elas. Fazê-las irromper na Comunidade no momento do Glória, com cantos e gritos de alegria.*

g) *Liturgia batismal: deve ser feita de tal modo que realmente seja percebida como parte integrante da Celebração pascal. É a Ressurreição de Jesus que se comunica sacramentalmente ao ser humano. O melhor é realizar um verdadeiro Batizado, principalmente se for de adulto. O sentido da Vigília pascal se expressa melhor no Batismo de imersão, que poderia ser feito principalmente com crianças, à semelhança da imersão do Círio pascal. Na Ladainha de todos os Santos, acrescentar também os Santos de devoção da Comunidade. Se não for cantada, fazer com que pessoas ou grupos de pessoas façam as invoca-*

ções de alguns Santos. Na renovação das promessas do Batismo, ao invés de aspergir com água benta, providenciar algumas vasilhas nas quais a água batismal seja distribuída e apresentada à Comunidade, para que possa fazer o Sinal da Cruz.

h) *O abraço da Paz pode ser dado no fim da Celebração, de modo que permita uma troca alegre e demorada de Feliz Páscoa entre todos os participantes da Celebração.*

3. Pontos para a Homilia

a) A Vida venceu a Morte, o Amor venceu o ódio. Proclamar a Ressurreição de Jesus é confessar a fé em uma nova Criação, que refaz a antiga, marcada inexoravelmente pelo mistério do mal e da morte. É ter a segurança de Jesus como nosso novo Adão, princípio de uma humanidade nova. Hoje, Deus pode olhar para o universo criado por Ele e ver de novo que tudo o que criara era e é "muito bom". O dia da Páscoa é festa de nascimento, é o primeiro dia de uma nova Criatura, refeita totalmente por Deus.

b) Em Jesus, o ser humano volta a obedecer a Deus de forma incondicional, até ao sacrifício da própria vida. Mais do que Abraão, talvez movido pelo temor, agora é o Amor misericordioso que move Deus a sacrificar o seu Filho único por nós, e é o Amor redentor que faz Jesus assumir ser o novo Isaac, que desta vez não foi poupado. Nesta obediência de Amor está o essencial da Redenção do homem desobediente e distante de Deus.

c) Quando o homem se faz obediente primeiramente a Deus, Deus se compromete a fundo com a sua libertação. Não quer e não permite que o seu Povo seja escravo de outros deuses e de outros homens. Ele continua a escutar o clamor de seu Povo e a oferecer Jesus como novo Moisés, capaz de libertar o ser humano de suas escravidões externas a partir de uma libertação mais profunda. Jesus chega até os "egitos" do mal e da morte, que se aninham na própria natureza do ser humano, e o toma pela mão para fazê-lo participar de sua Ressurreição.

d) Esse novo Êxodo e esta nova Aliança, cujo preço foi a Cruz, só se explicam através do Amor infinito e incondicional que Deus manifesta pelo homem, diz-nos o profeta Isaías. Um Amor tão forte que faz com que a humanidade seja vista por Deus como uma Esposa sempre querida e sempre recuperada, apesar de suas inúmeras infidelidades. Por isso, o profeta Baruc lança um forte apelo para que correspondamos a essa confiança tão grande que tem Deus por nós e tomemos o caminho da obediência fiel ao seu Amor: os mandamentos de Deus são mandamentos de Vida e de Luz.

e) O próprio Jesus Ressuscitado nos dará a força de amar necessária para sermos fiéis ao seu Amor, garante-nos o profeta Ezequiel: Ele nos lavou com as águas puras do Batismo para nos dar um novo coração e um novo Espírito. De onde nos vem tamanha certeza? Do fato incontestável e central de nossa fé cristã: Jesus morreu e ressuscitou por nós, proclama São Paulo. Jamais voltará a morrer. E nós, que fomos batizados, isto é, mergulhados no mistério de sua Morte, também já participamos da vitória de sua Ressurreição. Estamos vivos para Deus em Cristo Jesus para sempre.

f) O Aleluia de Jesus é o nosso Aleluia. As experiências de encontro com Jesus Ressuscitado, narradas pelos Evangelhos, transformaram os primeiros discípulos em testemunhas públicas e anunciadores corajosos do Projeto redentor de Deus em favor do homem. Hoje, as nossas experiências de contato com a Palavra de Deus, de união entre nós como Comunidade e de comunhão eucarística com Jesus devem nos levar também a assumir uma nova Evangelização da nossa sociedade, fazendo ecoar com força o nome de Jesus Ressuscitado, como único Senhor da nossa História, e proclamando o valor da Vida e do Amor como critério fundamental na construção da sociedade humana. Maria é a Estrela dessa nova Evangelização pascal, tão urgente quanto necessária, para que a humanidade comece a construir uma civilização mais justa, mais humana e feliz.

V. DOMINGO DA RESSURREIÇÃO

"Nós somos testemunhas de tudo o que ele fez...
Deus ressuscitou-o ao terceiro dia."

1. Introdução

O Domingo da Páscoa deve ser celebrado como o "Dia do Senhor" mais do que qualquer outro domingo. E deve integrar na alegria da Celebração pascal os mais variados aspectos de manifestação de festa da Comunidade local: a refeição, o folclore, a música, o jogo, a dança, a quermesse, o passeio etc. É um dia todo ele celebrativo e, enquanto possível, comunitário. A Eucaristia pode trazer uma marca própria de "Missa das Crianças" ou "Missa dos Jovens", significando a Vida nova que brotou do sepulcro vazio. A celebração deve abrir um espaço ainda maior para a alegria, a saudação pascal, os votos de paz.

2. Sugestões para Preparar a Celebração

a) *Fazer com que o acender o Círio pascal seja um ato comunitário e participado, dando o sentido de presença viva de Jesus Ressuscitado e de testemunhas da Ressurreição por parte daqueles que o acendem. Grupos significativos e dinâmicos da Comunidade podem ser convidados a fazê-lo durante o período pascal.*

b) *Preparar uma entrada solene da Bíblia, no início da Liturgia da Palavra ou antes da proclamação do Evangelho.*

c) *Solenizar também a procissão das oferendas, com partilha de bens e de alimentos para os mais necessitados. As crianças podem ser convidadas a partilhar também os seus brinquedos e seus doces. Alguns cartazes podem trazer escritos os frutos principais da Páscoa, desejados pela Comunidade, a partir da Campanha da Fraternidade.*

d) *A saudação da Paz pode ser dada pelas Crianças (ou pelos Jovens), que percorreriam a Comunidade, levando a todos os votos de Feliz Páscoa.*

3. Pontos para a Homilia

a) Pedro toma a iniciativa de proclamar publicamente a sua experiência da Ressurreição de Jesus. Ele reconhece que Aquele que lhe aparecera ressuscitado é o mesmo a quem acompanhara a partir da Galiléia, fazendo o bem a todos, e que terminara suspenso ao madeiro da cruz. "Com Ele comemos e bebemos depois de ressuscitado dos mortos". E, por isso, tornam-se testemunhas escolhidas por Deus para proclamar que Jesus é verdadeiramente o Senhor da História, o juiz dos vivos e dos mortos. A fé cristã torna-se uma certeza que não pode ficar escondida. Sem Jesus Ressuscitado não há perdão, não há salvação.

b) Maria Madalena vai ao sepulcro no primeiro dia da semana: é o alvorecer de uma nova criação. A constatação do sepulcro vazio será fundamental para nos garantir que os discípulos não tinham tendência alguma para imaginar ressurreições. Pelo contrário, temem que o corpo de Jesus tenha sido roubado. A tampa de pedra deslocada, as faixas colocadas à parte, o sudário dobrado, aos poucos, vão se transformando em sinais que fazem despertar a fé nas promessas de Jesus.

c) Só o amor, como testemunha o discípulo que acompanha Pedro, é capaz de apressar a busca de quem se ama e de aguçar os sentidos para perceber os sinais de sua presença. Por isso, ele viu e acreditou. Os outros discípulos irão necessitar de muitos outros sinais e experiências, antes de se tornarem testemunhas fiéis do Senhor Ressuscitado. Quem ama está aberto para crer. Quem não ama, nega até mesmo as evidências da fé.

d) A celebração da Páscoa convida o homem a buscar as coisas do alto, como ordena S. Paulo. Já não pode ficar escravizado pelas forças negativas ou pelas desesperanças desta terra. Há uma esperança acontecida e oferecida a todos aqueles que ressuscitaram com Cristo. É a vitória da Vida sobre a morte, do Amor sobre o mal. "Cristo, que leva aos céus, caminha à frente dos seus!"

e) Ainda que essa realidade permaneça oculta por enquanto, o cristão faz parte de uma "nova massa", purificada do "velho fermento da malícia e da perversidade". É algo novo, puro e cheio daquela verdade que traz em si todas as promessas de libertação e de aliança definitiva de Deus com os homens. A celebração da Eucaristia é sempre celebração pascal, que revela em sinais essa nova criação e aponta a Páscoa definitiva, quando o Amor penetrar e transformar todas as coisas.

VI. PROCISSÃO DO ENCONTRO

1. Pontos para o Sermão

"Mulher, eis aí teu filho!
Filho, eis aí tua mãe!"

"Pilatos o entregou a eles para que fosse crucificado. Levaram então Jesus consigo. E, carregando a cruz, saiu para o lugar chamado Calvário, em hebraico Gólgota, onde o crucificaram e com Ele outros dois, um de cada lado e Jesus no meio."(Jo 19,16-17)

a) A vida é a arte dos encontros. A morte é o efeito dos desencontros. Há o encontro de um homem e de uma mulher para gerar a vida humana. Há o encontro que une uma família para que possa alimentar a vida. Há o encontro que une raças, que constrói uma pátria e que identifica um povo. Há o encontro com Deus, que dá significação à vida humana e confere a direção final à sua História, para que não acabe em destruição da vida.

b) Mas há também os desencontros, que geram a morte, tanto em forma gradativa como de maneira violenta. Há os desencontros entre o homem e a mulher, que matam o gosto de viver e provocam carências irrecuperáveis nos filhos. Há os desencontros dentro de casa, que fazem murchar o amor e roubam todo o sabor da convivência familiar. Há os desencontros provocados pelas discriminações, pelas injustiças sociais, pelos racismos e fanatismos, que negam o direito de viver a milhões de seres humanos e multiplicam violências e guerras. Há os desencontros com Deus, que deixam o homem sem sentido de viver e sem direção para construir os projetos de sua História. Por isso, há uma massa de desencontrados em todos os lugares, levando sobre os ombros uma cruz que lhes foi imposta injustamente.

c) O encontro de Jesus com sua Mãe é um símbolo de todos os encontros e de todos os desencontros humanos. Jesus experimentava a conseqüência final do desencontro. Ele deve morrer e deve sentir a morte, passo a passo, como uma dissolução lenta e dolorosa. A cruz sobre as costas era o castigo por todos os desencontros que havia provocado com sua presença, com sua mensagem e com seus gestos de perdão e de cura, de vida e de amor. Era o desfecho do desencontro final entre Deus e o homem.

d) Mais uma vez, o amor é mais forte do que o ódio, o anseio do encontro é mais profundo do que todo o poder do desencontro. A Mulher que se aproxima torna-se neste momento o símbolo de toda a humanidade que procura e quer encontrar-se com Deus, ainda que debaixo de uma pesada cruz. Bendita Virgem Maria, que nos representa a todos e, neste momento de desencontro universal, sai ao encontro de seu Filho e nosso Salvador. Ela arrasta consigo todos os desencontrados do mundo que anseiam redescobrir a arte do encontro. E é aqui, neste momento de dor e de dissolução, que se reconstrói o princípio único gerador de todos os encontros.

e) É em Jesus e com Jesus que a humanidade tem de se encontrar, principalmente a partir da sua situação de dor, para que também sua cruz termine em Ressurreição. "Quem quiser ser meu discípulo, renuncie a si mesmo, tome sua cruz e me siga. Pois aquele que pretender salvar a sua vida, há de perdê-la; e quem perder sua vida por amor de mim, há de encontrá-la."(Mt 16,25). Só quem segue Jesus não acaba na cruz, mas com Ele chega certamente até a Ressurreição. Quem egoisticamente quer salvar apenas a sua vida, acabará por perdê-la.

f) Viver é encontrar-se. E para encontrar-se é preciso aceitar perder algo da própria vida, para dar espaço à vida do outro. Só assim é possível amar, unir-se em comunhão e viver uma vida plena. É uma arte divina, pois, sem a Graça de Jesus, o homem dificilmente sai do seu casulo individualista para qualquer forma de encontro.

Por isso, encontrar-se com Jesus é o princípio de todos os encontros que geram vida. Na convivência entre o homem e a mulher, dentro da família, na labuta de cada dia dentro da sociedade, somam-se as experiências de encontros ou de desencontros, de vida ou de morte. E Jesus nos faz entender que nem mesmo a cruz mais pesada precisa provocar desencontros e morte total. Ele a transformou num instrumento de encontro, cujas hastes, vertical e horizontal, unem o céu e a terra, o divino e o humano, e mantêm as pessoas unidas entre si.

Maria Santíssima é a especialista de Deus na arte do encontro. É a Ela que devemos recorrer imediatamente, quando nossa vida dá sinais de cansaço no amor e ameaça ir em direção ao desânimo e aos desencontros.

— Mãe, fazei-nos encontrar Jesus no dia-a-dia de nossa vida, para que, através dele, toda a nossa existência seja de fato uma arte de encontros, até o encontro final convosco na Casa do Pai!

2. Alternativa:

"Mulher, eis aí teu filho!
Filho, eis aí tua mãe!"

a) Mulher, eis aí teu Filho

Mulher, lembras-te daquela criança tenra, aconchegada em teu colo?

— eis aí o teu Filho!

Lembras-te do adolescente curioso, que ficara no templo entre os doutores?

— eis aí o teu Filho!

Lembras-te do jovem carpinteiro com quem convivias, que calejava suas mãos trabalhando junto com o pai?

— eis aí o teu Filho!

Lembras-te, Mulher, do profeta corajoso, que derrubou os poderosos de seus tronos e ergueu os humildes, que deixou os ricos de mãos vazias e saciou de bens os famintos, que abriu os olhos aos cegos, libertou os escravizados, fez andar os paralíticos e deu voz aos mudos?

— eis aí o teu Filho!

Olha agora o seu rosto ensangüentado, sua coroa de espinhos: aí está a tua criança, o teu adolescente, o teu jovem, o teu filho querido.

Tu nos deste um Filho sadio e bonito. Nós o devolvemos desfigurado e agonizante.

Tu nos deste um Irmão forte e corajoso, nós o apresentamos agora fraco e vencido.

Senhora, não é essa a imagem do teu Filho. Na verdade, Ele tornou-se o nosso retrato. Ele assumiu o nosso rosto, tomou sobre si as nossas dores e misérias. Ele nos amou ao ponto de chegar ao fundo do nosso poço para encontrar-se definitivamente conosco.

Em seu corpo coberto de chagas estão os corpos de todos os homens e mulheres, cujos corações trazem feridas incuráveis. Tantas famílias infelizes, cujo matrimônio tornou-se uma cruz insuportável. Tantas crianças às quais é negado o direito de viver e de amar. Tantos jovens desorientados e destruídos em seus sonhos. Aí estão os milhões de pessoas empobrecidas pela ganância de poucos.

Enfim, Senhora, em seu corpo de dor identificam-se todos aqueles que perderam o significado da própria existência e já não têm porquê viver, porquê amar, porquê lutar. Todo o mistério do nosso Pecado desabou sobre Ele e marcou todo o seu corpo, todo o seu semblante.

Deixa, Senhora, que Ele continue o seu caminho de dor até o fim. É a nossa única e última esperança de vida e de amor, de perdão e de paz. Não o impeças, por favor. A nossa libertação está próxima.

Mãe, dá-nos teu Filho mais uma vez.

b) "Filho, eis aí tua Mãe!"

Eis a Mulher que seguiu o teu caminho até o fim. Eis a Mulher do Sim, que foi capaz de sacrificar todos os seus sonhos pessoais para tornar-se a Serva do Senhor e de todos nós. Eis a Mulher de José, eis a Mulher-esposa, eis a Mulher-mãe. Eis a Mulher simplesmente mulher, na dignidade humilde de filha querida de Deus. Eis aquela que acreditou e que sabia guardar a tua Palavra bem dentro do coração, mesmo quando não a compreendia. Eis aquela que proclamou com alegria nossa total libertação, talvez sem imaginar o quanto te custaria.

Eis aí a tua Mãe, eis aí a nossa Mãe. Ela inverteu o nome de Eva em Ave e preferiu a árvore dolorosa da Cruz à árvore perigosa do paraíso. Ela está perto de ti nesta caminhada, assim como está sempre perto de nós em nossas passagens de dor e de pecado.

Ela é o símbolo da humanidade sofrida de todos os tempos, da humanidade vítima do mal, da humanidade fiel que não desiste de confiar e de construir esperança. Nas lágrimas e na espada que transpassaram o seu coração estão a dor e o arrependimento de todos nós, que te amamos e que em ti confiamos. Só tu tens palavras de vida eterna.

Filho, dá-nos de novo tua Mãe!

VII. PROCISSÃO DO ENTERRO

1. Pontos para o Sermão

"Se o grão de trigo morrer,
produzirá muito fruto"(Jo 12,24)

"Havia um homem bom e justo, chamado José, membro do Conselho, o qual não tinha aprovado a decisão nem a ação dos outros membros. Ele era de Arimatéia, uma cidade da Judéia, e esperava a vinda do Reino de Deus. José foi ter com Pilatos e pediu o corpo de Jesus. Desceu o corpo da cruz, enrolou-o num lençol e colocou-o num

túmulo escavado na rocha, onde ninguém ainda tinha sido sepultado. Era o dia da preparação da Páscoa, e o sábado já estava começando. As mulheres, que tinham vindo da Galiléia com Jesus, foram com José, para ver o túmulo e como o corpo de Jesus ali fora colocado. Depois voltaram para casa e prepararam perfumes e bálsamos. E, no sábado, elas descansaram, conforme ordenava a Lei" (Lc 23,50-56).

a) Eis até que ponto chegou o Amor de Deus por nós. Ele abaixou-se até a mansão dos mortos, Ele aceitou ser enterrado para atingir o ponto final, o limite último e inevitável de uma existência humana. Esse mergulho do Filho de Deus até o âmago da natureza humana acontece dentro de uma história dolorosa, em que a maldade do homem expressa tudo que é capaz de realizar de mais doloroso e de mais injusto sobre a vida de um ser humano.

b) "Povo meu, que te fiz eu? Dize em que te contristei?" Que crime tão hediondo cometera Jesus? Será porque criara o universo e nele colocara a terra tornando-a habitável entre tantas estrelas e planetas? Ou, talvez, porque havia criado o homem e a mulher à sua imagem e semelhança, dando-lhes a liberdade de amar, de dispor da terra e de ser feliz? Ou ainda terá sido porque entrara em nossa história, fazendo-se à nossa imagem e semelhança, para dar uma Boa Notícia ao pobre e devolver a vista ao cego, para libertar os oprimidos e abrir as portas das prisões aos encarcerados, para perdoar os arrependidos e sarar as feridas dos corações, enfim para oferecer a todos uma vida nova e vida em plenitude? Em que foi que Deus errou para que fosse assim castigado pelo homem? Como é possível que o homem acompanhe o enterro de seu Deus?

c) O paradoxo do grão de trigo é doloroso por si mesmo. Não há nascimento sem alguma dor. E quando é toda a humanidade de todas as gerações que precisa nascer de novo, o parto será com certeza terrivelmente mais doloroso (Rm 8,22). Eis a semente da nova humanidade que foi lançada à terra: o corpo de Jesus de Nazaré. O mistério da maldade humana não é superior à generosidade do Amor de Deus, que transforma a violência destrutiva em início de uma nova vida.

Enterraram o corpo, não porém, o Amor e a Vida. Quando todos os fatos trazem a aparência de um fracasso total, há um mistério mais profundo sendo atuado por Deus no seio da História. Dessa semente brotou a Videira nova, cujos ramos somos nós. Quem permanece unido a Ele, participa de sua vida e produz muitos frutos. Desse grão de trigo caído por terra foi feita uma massa nova, não fermentada pelo mal, que se transformou numa Hóstia viva agradável a Deus.

d) O verdadeiro enterro, aquele que faz desaparecer a vida, não é o de Jesus. É o enterro daqueles que o traem como Judas, daqueles que o negam como Pedro, daqueles que sentem medo e se acovardam como Pilatos. E aqueles que à semelhança dos fariseus, dominam as pessoas e as impedem de viver e de amar, são os verdadeiros sepulcros caiados ou cadáveres ambulantes, já apodrecidos e fétidos. Esses enterram definitivamente a própria vida, porque sepultaram a própria significação da vida do homem. Sepultaram o amor, a misericórdia, a justiça, a honestidade, a verdade.

e) Por isso, antes do que sepultar Jesus, o importante é enterrar tudo o que em nós existe de pecado, de maldade, de falsidade. Nossas ganâncias e nossos medos, nossas omissões e nossos interesses egoístas, nossas mesquinhezas e nossas mediocridades. Nossas dores e nossas feridas, nossos ressentimentos e nossos desesperos, nossas raivas e nossos ódios, coloquemos bem fundo no sepulcro de Jesus, rezando intimamente para que possamos ressuscitar com Ele com uma nova mentalidade, feita de fé, de esperança, de amor e de coragem de viver. Que esta procissão do enterro torne-se um símbolo do nosso Batismo, que o renove profundamente. "Pelo Batismo fomos sepultados com Ele, para que, assim como Cristo ressuscitou dos mortos, pela glória do Pai, da mesma forma nós também caminhemos numa vida nova."(Rm 6,4)

f) A solidariedade corajosa de José de Arimatéia, de Nicodemos e das mulheres discípulas de Jesus dão-nos a certeza de que sempre existe uma pequena comunidade, que acompanha a procissão com sentimentos de amor efetivo. Nós pertencemos a esta pequena comunidade na medida em que nos fazemos solidários não apenas com a imagem de Jesus morto, mas principalmente quando somos capazes de ver as imagens vivas de Jesus em nossos dias, enterrados na miséria e nos pecados da sociedade, vítimas das injustiças, das violências, e das ganâncias.

g) Nesta procissão, caminha conosco Maria, Mãe de Jesus e nossa Mãe. Ela não nos repreende por tudo aquilo em que nós próprios também colaboramos com a Paixão e Morte de seu Filho. Ela é solidária com a nossa fraqueza e olha por nós com amor de Mãe, intercedendo pela nossa plena ressurreição. Que Ela permaneça sempre conosco, como permaneceu com os Discípulos de seu Filho. Que Ela nos leve sempre de volta a Jesus, quando o perdemos de vista ou quando o deixamos enterrado em nossos pecados.

2. Sugestões para Preparar a Cerimônia

a) *Onde é possível realizar o descimento da Cruz, convém aproveitá-lo para fazer uma representação que atualize o sofrimento atual do ser humano, principalmente dentro do tema da Campanha da Fraternidade.*

b) *Ao longo da procissão, preparar faixas com "slogans" que destaquem a mensagem atualizada da Semana Santa, que invoque as libertações sociais que a Comunidade necessita e resuma as afirmações principais da Campanha da Fraternidade do ano.*

c) *Em alguns lugares o povo tem a tradição de dar um beijo na imagem do Senhor morto. É mais uma oportunidade para evangelizar, fazendo com que a devoção seja mais significativa, através dos vários grupos, movimentos, pastorais etc. Destacar e dar uma significação ao beijo das crianças, dos jovens, dos casais, dos homens e das mulheres, dos idosos, dos doentes etc. Uma pequena paraliturgia pode ser preparada para este momento.*

QUINTA PARTE

INSTRUÇÕES PARA MINISTÉRIOS LEIGOS

Introdução

O documento conciliar Sacrosanctum Concilium (SC) e a Instrução Geral do Missal Romano (IGMR), ao se referirem à atuação na liturgia, falam de serviço, função, parte, encargo, ministério, ministério particular, ofício (Cf. SC 11, 14, 19, 21, 26, 28; IGMR nn. 58-73.127-152).

Olhando para as celebrações litúrgicas da Semana Santa, devemos considerar como um *serviço litúrgico* as atividades, funções e papéis que ajudam na participação ativa e consciente da assembléia e na realização plena da celebração.

São atividades exercidas pelos fiéis, movidos pela fé. Não precisam do reconhecimento da comunidade. Devem ter certa consistência e estabilidade, vistas como necessárias à realização das ações litúrgicas.[1]

I. DOMINGO DE RAMOS

1. Preparar

— ramos;
— carvão;
— incenso;
— talha de barro ou turíbulo;

1. *Faculdade de Teologia N. S. da Assunção-SP. Centro de Liturgia. "Ministérios litúrgicos nos primeiros séculos da Igreja" (apostilado). Texto provisório, circulação interna, p. 2-3. 7ª Semana de Liturgia, 18 a 22 de outubro de 1993.*

— água benta;
— cruz processional;
— velas;
— mesa pequena;
— paramentos vermelhos (capa ou casula para o sacerdote);
— livro dos Evangelhos.

2. Pessoal e Serviços

— Apanhadores dos ramos (serviço que deve ser feito no dia anterior);
— Preparadores(as) dos ramos (separar os molhos);
— Ornamentadora da cruz processional (colocar na haste da cruz um ramo grande e bonito);
— Ornamentadoras da Igreja (enfeitar a igreja com muitos ramos, criando ambiente festivo e alegre);
— Arrumadeiras da pequena mesa (preparar uma mesa, enfeitando-a, para se colocarem os ramos, a água benta, a talha de barro ou o turíbulo e o incenso);
— Distribuidores(as) dos ramos (distribuir logo após a bênção dos ramos e antes da proclamação do Evangelho);
— Carregadores(as) das talhas de barro ou do turíbulo;
— Carregador (acólito) da cruz processional;
— Carregadores (acólitos) das velas ladeando a cruz processional;
— Organizadores e animadores da procissão com os ramos bentos;
— Leitores: o diácono ou, na falta dele, o sacerdote proclama o Evangelho da entrada de Jesus em Jerusalém. A história da Paixão que será lida na missa pode ser feita também por leigos(as).

II. QUINTA-FEIRA SANTA

A. MISSA DO CRISMA

1. Preparar

a) Na sacristia ou em outro lugar apropriado:
— todo o necessário para a missa;
— vasos com óleos;
— perfumes para a preparação do crisma, se o Bispo quiser fazer pessoalmente a mistura;
— o pão, o vinho e a água para a missa, que serão levados na procissão dos óleos.

b) Em lugar conveniente do presbitério:
— uma mesa para receber os óleos, colocada de modo que o povo possa ver e acompanhar a ação litúrgica.

2. Pessoal e Serviços:

— sacerdotes para acompanhar a procissão dos óleos;
— um sacerdote ou diácono para levar o óleo do crisma;
— ministros para levar os perfumes e os outros óleos;
— fiéis para levar o pão, o vinho e a água.
(Cfr. pág. 49, nº 7.)

B. MISSA VESPERTINA DA CEIA DO SENHOR

1. Preparar

a) em lugar conveniente do presbitério:
— vaso(s) ou âmbula(s) com partículas a consagrar para a comunhão do dia seguinte;
— véu de ombros;
— carvão;
— incenso;
— talha de barro ou turíbulo;
— tochas e velas.

b) no lugar onde se faz o lava-pés:
— assentos para as pessoas designadas;
— jarro com água e bacia;
— toalhas para enxugar os pés;
— toalha (ou gremial de linho) para o celebrante cingir a cintura;
— material necessário para se lavarem as mãos após o lava-pés.

c) na capela onde se guarda o Santíssimo Sacramento:
— sacrário ou cofre para a reposição;
— luzes (velas, lamparinas);
— flores e outros ornamentos adequados.[2]

2. Pessoal e Serviços

— Pessoas designadas para o rito do lava-pés;
— Ministros que auxiliam o sacerdote, ou o Representante, no lava-pés;
— Tocadores do sino (durante o canto do Glória, tocam-se os sinos, que permanecerão depois silenciosos até a Vigília Pascal);
— Arrumadeiras do lugar da reposição do Santíssimo Sacramento;
— Carregador (acólito) com a cruz processional;
— Carregadores (acólitos) que levam os castiçais com as velas acesas;
— Carregador(a) da talha de barro ou do turíbulo;
— Transportadores das tochas (ladeando o Santíssimo Sacramento);
— Desnudadoras do altar: o serviço da mesa deve ser feito logo em seguida da procissão com o Santíssimo Sacramento;
— Tiradores das cruzes da igreja (não sendo possível tirar as cruzes, é conveniente cobri-las).

---

2. Congregação para o Culto Divino, Cerimonial dos Bispos (Cerimonial da Igreja), São Paulo, Salesiana Dom Bosco — Paulinas, 1988, p. 99-100.

III. SEXTA-FEIRA SANTA

Celebração da Paixão do Senhor

1. Preparar

— paramentos de cor vermelha;
— a cruz (coberta com o véu; para prender o véu, usa-se alfinete ou fita crepe);
— dois castiçais;
— tapete, almofadas ou genuflexórios desguarnecidos (para a prostração);
— Missal;
— Lecionários;
— toalhas;
— corporais.

2. Pessoal e Serviços

— Arrumadoras da cruz para a procissão;
— Preparadoras do lugar para a celebração da Paixão do Senhor;
— Leitores(as): uma leitura do Antigo Testamento (profeta Isaías) e as leituras do Novo Testamento: Epístola aos Hebreus e a história da Paixão do Senhor;
— Salmista ou cantor;
— Transportadores (acólitos) dos castiçais;
— Carregadores(as) da cruz para a adoração;
— Apresentadores(as) da cruz para a assembléia;
— Arrumadeiras do altar (serviço de mesa);
— Transportadores(as) do pão consagrado para a distribuição aos fiéis.

IV. VIGÍLIA PASCAL

Ressurreição do Senhor

1. Preparar

a) para a bênção do fogo:

— uma fogueira (num lugar fora da igreja, onde o povo se reúne);

— o Círio Pascal;

— cinco grãos de incenso; um estilete;

— utensílio adequado para acender a vela com o fogo novo;

— lanterna para iluminar os textos a serem lidos;

— velas para os que participam da vigília;

— incenso;

— talha de barro ou turíbulo;

— utensílio para se tirar as brasas acesas do fogo novo e deitá-las na talha de barro ou turíbulo;

— tochas (acompanharão o Círio Pascal).

b) para a proclamação da Páscoa (Exulte)
e para a liturgia da palavra:

— candelabro para o Círio Pascal, posto junto à mesa da Palavra;

— uma estante (ou duas) para o(a) cantor(a) proclamar o Exulte e para os leitores da liturgia da palavra;

— Lecionários;

— foguetes e sino.

c) para a liturgia batismal:

— potes, jarros ou recipientes adequados, com água;

— aspérgio ou um ramo apropriado para se lançar a água benta;

— quando se administram os sacramentos da Iniciação cristã: óleo dos catecúmenos, santo crisma, vela batismal, Ritual do Batismo.

2. Pessoal e Serviços

— Montadores da fogueira;

— Acendedora do fogo novo;

— Carregador(a) do Círio Pascal;

— Carregadores das tochas (acompanharão o Círio Pascal);

— Carregadores(as) das talhas de barro ou dos turíbulos;

— Apagadores e acendedores das luzes da igreja;

— Cantor(a) da proclamação da Páscoa (Exulte);

— Leitores; são propostas nove leituras: sete do Antigo Testamento e duas do Novo Testamento (Epístola e Evangelho). Por razões pastorais pode-se diminuir o número de leituras do Antigo Testamento, sendo que a terceira (Êx 14,15-15,1) não pode ser omitida;

— Salmista(s) ou cantor(es) para os Salmos Responsoriais das leituras;

— Arrumadeiras do altar (enfeites e adornos apropriados, no momento em que se entoa o Hino de Louvor);

— Batedores dos sinos;

— Soltadores de foguetes; (ao entoar o hino Glória a Deus nas alturas, tocam-se os sinos e soltam-se os foguetes);

— Carregadoras dos jarros ou potes, com água;

— Benzedeiras (ministras ou ministros) para aspergirem a assembléia com a água benta;

— Apresentadores(as) dos catecúmenos;

— Organizadores(as) da procissão até a pia batismal ou ao batistério;

— Servidoras(es) da mesa do pão.

ÍNDICE

SEGUNDA PARTE

TERCEIRA PARTE

QUARTA PARTE

QUINTA PARTE